フンボルトのコスモス思想

自然科学の世界像

木村直司著

南窓社

フンボルト兄弟はともに学者としてゲーテとシラーにより高く評価されていた。ドイツでは1968年の大学紛争を機に伝統的な教養理念が批判され、兄ヴィルヘルムの影響力が後退し、代わって弟アレクサンダーの自然知が脚光を浴びてきた。しかし前者には言語における地理学的視点、後者には人文学的見地という相互補完的な面があった。

1806年に描かれた南米旅行中の若いフンボルト
(F.G. ヴァイチュ画)

まえがき

私の相続した遺産はなんと素晴らしく広大であろうか。
時間は私の財産、私の田畑は時間。
（ゲーテ『西東詩集』「格言の書」から）

古代ローマの「門の神」ヤーヌスのような二面性をもった自然に対し、人間の文化を縮図のように体現しているミュージアム（Museum）は、もともとギリシア語・ラテン語でミューズの女神を祀る殿堂を意味していた。それがルネサンス以後、人文主義とバロックの時代になると、一般に学者の書斎を含意するようになった。たとえばゲーテの『ファウスト』第一部冒頭の「夜」の場面で、ファウストのペダンティックな学僕ワーグナーが「人生は短く、芸術は長し」と長大息するのは、主人公の狭いゴシック風丸天井の部屋（五五八行以下）においてである。周知のように、ファウスト博士はここでまだ、レンブラントの銅版画にあるように、世俗に染まるまえの真摯な汎知学者として描かれている。

ところがドイツだけでも、現在、いわゆる博物館（ムゼーウム）は四千以上あるといわれる。いわゆると断ったのは、この名称を付された施設は、王侯貴族の珍しい骨董品陳列室から国公立博物館に至るまで、自然と芸術、歴史と文芸、技術と文化、さらにはボタン・指抜き・人形・パン・トランプなど考えられうる限り多種多様な領域を網羅しているからである。何百年にもわたって収集された各種コレクションはまた、比較的簡素なキャビネットから最新式の空気調整設備をそなえた室内にまで及ぶ建物の中で展示されている。展示物は高価なガラス容器、マイセンの陶磁器、計り知れない価値のある絵画・彫刻、夥しい博物標本、先史時代の出土品、冬山のアルプスで発見された稀有のアイスマン、近代の科学的機器、初期の自動車・機関車・飛行機など数限りない。美術館も本来 Museum の一種であることを考えると、博物館は図書館に優るとも劣らぬ文化史と自然史の宝庫である。

ヨーロッパの代表例としてウィーンのマリア・テレジア広場に、宮殿のように豪壮な建物のなかに自然史博物館（Naturgeschichtemuseum）と美術史博物館（Kunstgeschichtemuseum）が向かい合って立っている。博物館の展示物は原理的に自然と芸術で、それぞれに歴史性が認められているのである。日本語で正当にも自然史博物館と呼ばれる前者の博物館の構成も、伝統的な博物学が岩石をはじめ自然界事物の収集・記載を中心とする自然誌から古生物学をへて、いわゆる進化論的な自然史へと発展していくプロセスを反映している。植物園が王宮に近接してあるため植物部門が閉鎖に近い状態にあるのに対し、動物部門は現代の専門的な分類に即して陳列され、いろいろな貝・珊瑚・魚の化石や恐竜などの復元骨格のほか、さまざまな動物の剝製や巨大模型像が生きいきとした姿で無数に展示されている。二〇〇九年のチャールズ・ダーウィン生誕二百年、『種の起源』刊行百五十年には、十月九日から翌年の四月五日まで、子供たちのためにさえ啓蒙的な楽しい特別展示展がかなり広いスペースを使って企画されていた。ダーウィン自身は、最初リンネの種の不変説信奉者であったのであり、牧師になろうと考えていたとさえ言われるので、彼の進化論が果たして無神論であったのか否か、「進化」という啓蒙主義の進歩主義的な訳語の面からも綿密な再検討が必要と考えられる。またそれを系統発生説にまで拡大解釈したエルンスト・ヘッケル（一八三四―一九一九）や、人間の背徳的動物性にまで展開させていったフロイト以後の受容史的影響にも注意を払わなければならない。そうしなければ、ダーウィンの進化論は生物学思想としてよりも、むしろ社会ダーウィニズムとして不当に誤解ないし濫用される恐れがある。

詩人的科学者ゲーテの後継者と目されるアレクサンダー・フォン・フンボルト（一七六九―一八五九）は、私見によればゲーテ時代のまだ博物学的自然研究の種々異なった分野を拡大しただけではなく、それに、天文学・物理学・化学・地質学・植物学・古生物学などから近代における科学的地理学の新しい研究分野をみずから開拓して付け加えていった。しかしゲーテ的自然科学者としてのフンボルトの特徴は、彼の自然の見方が同時に人文学的であったことである。すなわち彼は一方で、天と地に関する自分自身と同時代の科学的研究成果を長い一生にわたり集大成し、他方でそれについて哲学的・文学的・歴史的に考察することを怠らなかった。彼にとって人類の「認識の木」の根は古代ギリシアの自然哲学にまで及び、その生長は理性と悟性の光だけではなく、感性・想像力・ファンタジーという豊かな水分によって連綿と培われていたのである。

実際、フンボルトは最後の偉大な博物学者であると同時に自然学的「地球学の開祖」（西川治）とも呼ばれる。「自然学」とは Physik が在来の博物学から近代の物理学へと発展していく過渡期の一般物理学の呼称である。しかし現代の物理学的・生物学的・天文学的地球科学も理論と実践においてなお依然として発展途上にある。それゆえ彼が晩年の主著『コスモス』（一八四五―六二）において自分の課題としたのは、原著第一巻の序論的考察において指摘されているように「自然のさまざまな種類の楽しみ」を読者のあいだに目覚まし、「世界法則の科学的探究」の意義を明らかにするだけではなかった。ましてそれは、自然全体の学「コスモス論」を自然科学すべての教科（個々の研究分野）の詳細かつ体系的な叙述により達成することではなかった。彼はそれを第一巻の第二序論「自然学的世界記述の限定と科学的取り扱い」において明確に述べている。これは第二巻の本論「自然学的世界観の歴史」についても直接当てはまる。その意図は十九世紀後半いらいの、人間を疎外した地球物理学における科学史的事実を細大漏らさず叙述することではなく、自然にもとづく人間の世界観が発展拡大されていく歴史的過程の主要時期を展望しようとすることであった。三つの章からなる序論「自然研究への刺激手段」につづき、その冒頭に「自然学的世界観の歴史は自然全体の認識の歴史であって、地球空間および天体空間に作用するさまざまな力の協調を把握しようと努力する人類の描写である。したがって、それが表示しているのは種々の見解の一般化における進歩のさまざまな時期であり、われわれの思想史の一部である。この部分がそうであるのは、感性的現象のさまざまな対象、球形となった物質の形態、それに内在しているさまざまな力に関係している限りである」と言われているとおりである。一言でいえば、経験科学的研究にもとづく自然哲学である。

とりわけダーウィンはフンボルトを先達として尊敬し、フンボルトも『コスモス』においてダーウィンを優れた後進として高く評価し、その研究成果にたびたび言及している。両者がまだ属していたゲーテ時代の根本的特徴は、人間がまだ客観的自然研究から疎外されていないことで、たとえばフンボルト初期の科学的エッセイ集『自然の諸相』（一八〇八）は、中南米探検旅行における彼の自然の見方が即物的であると同時に文学的、「静穏ではあるが興奮させ」未知の自然の一連の景観を絵画のように都会の人間のまえに繰り広げている。彼が細心の注意をはらって努めていたのも、『コスモス』における と同様、「種々の生きいきとした描写により自然観照の楽しみを高めると同時に、科学の到達した現状にしたがい、さまざまな力の調和的相互作用への洞察を深めること」（第二版および第三版への序言）であった。彼にとって自然とは、ゲーテにおけると同様、最初なお地上の自然、すなわち地球、地球の自然学、地球の哲学であり、のちに初めて彼は天と地の森羅万象を考えるようになった。すなわち、世界はもはや単なる地上の自然でも遠い宇宙だけでもなく、両者を包括する万有となったのである。

このような自然体験の仕方は、文学的にアダルベルト・シュティフター（一八〇五—六八）の教養小説『晩夏』（一八五七）の第一部において、フンボルトのアメリカ旅行記の書名と著者名を挙げながら主人公ハインリヒにより詳細に叙述されている。「（書棚に）私が見出したのはヘルダー、レッシング、ゲーテ、シラー、シェイクスピアのシュレーゲル＝ティーク訳、ギリシア語のオデュッセウス、それからまたリッターの数冊の地球記述、歴史家ヨハネス・ミュラーの人類史、アレクサンダーとヴィルヘルム・フンボルトであった。私は詩人たちを脇において、アレクサンダー・フンボルトの『新大陸熱帯地方紀行』を手にとった。私はそれをすでに知っていたが、何度読んでも好きだった。」とくに第二部における地球の歴史に対する彼の地質学的問題意識と山々の測量に対する静かな情熱はフンボルトを髣髴とさせる。また主要登場人物の一人で自然と芸術に精通したリザハ男爵にはゲーテの悠揚迫らない面影が感じられ、事実、作中でこの詩人的科学者はその後フンボルトよりさらに大きな役割を演じている。これらの関連は、ニーチェがエッカーマンの『ゲーテとの対話』だけでなく、『晩夏』をも愛読していたことにより意義深いものとなる。ちなみに、若いシュティフターが学んだ高地オーストリアのクレムスミュンスターのベネディクト会修道院（創立七七七年）付属ギムナジウムには「数学塔」と名づけられた天文台が一七四八－五九年に設置され、自然科学の学習が奨励されていた。彼は自然の情景を画家としても描いており、ゲーテのように多数の風景画を遺している。

しかしボヘミアの森の詩人シュティフターがハプスブルク王朝のカトリック的伝統に深くねざしていたのに対し、フンボルトは北ドイツ・プロテスタンティズムのプロイセン出身であり、プロイセンは十九世紀においてドイツ・ナショナリズムの代名詞であった。このプロイセン＝ドイツは普墺戦争と普仏戦争に勝利しヨーロッパの覇権を握ったものの、第一次世界大戦に敗北したのち、第二次世界大戦においてほとんど壊滅してしまった。米英仏露の戦勝連合国は政治的プロイセンをヨーロッパ史から抹殺しようとさえした。しかしワイマールを中心とするドイツ十八世紀文化はあくまでも文化遺産として残った。なぜなら、この意味の精神的ドイツは、カントやヘルダー、ハインリヒ・フォン・クライストなど北ドイツ出身者、ゲーテやグリム兄弟など中部ドイツ出身者、ヴィーラント、シラー、ヘーゲル、ヘルダーリンなど南ドイツ出身者たちにより形成されたからである。そしてドイツ文化の重心が徐々にプロイセンの首都ベルリンへ移行していったときも、フンボルト兄弟（口絵表）のような人々はなおヨーロッパ的に考え、国際的に活躍していた。後年、プロイセン国王ヴィルヘルム四世の侍従でありながら、徹底してナショナリズムに反対だったのがまさに民衆の友アレクサンダー・フォン・フンボルトであった。

自然科学が国際的かつ学際的であることを私につとに教えてくれたのは、むかし読んだ鈴木三重吉・中谷宇吉郎共編修訂版『少年少女科学　理化学編』（冨山房、初版昭和十五年）であった。それは児童向け文芸雑誌『赤い鳥』に連載された科学読み物をまとめたものであるが、中谷宇吉郎の序文「日本の科学」はいま読み返しても名文である。雪博士が戦前すでに、科学の中で新しい方向の部門を開拓していくためには、「自然科学許りでなく、文化科学も十分勉強して西洋の科学の根元をなしてゐる希臘哲学のやうなもの迄遡らねばならないと思ふ」と書いているのである。また最初の文章「太陽の話」（中村晴夫）は、あたかもフンボルトが子供に語っているかのように――「ふしぎな音」（瀬沼孝二）の文章に彼の名が挙げられている――自然の統一性について平易な言葉でありながら非常に説得力があった。

「太陽は地球に対して熱帯、寒帯を作つたり、四季の変化をおこしたりするばかりでなく、地球面の水を蒸発させて雲を作つたり、雨や雪をふらしたり、高気圧や低気圧をおこして風を出したりします。ですから、もし太陽というものがなかつたとしたら、舟をはこぶ川というものもなくなり、帆船を走らす風もなく、水はみんな氷になつたまゝ溶けないし、草も木も穀物も枯れつくしてしまひ、動物は一さい生きてゐることが出来なくなつてしまひます。われ〳〵が日常利用している石炭でも石油でも、ガス、電気でも、そのもとをたぐると、一つとして太陽のおかげによらないものはありません。人間が古くから、万象に生命を与へるこの太陽を、尊いものとして崇拝してゐたのも偶然ではないわけです。」

『ロゴスの彩られた反映』（南窓社、二〇一六年）の「まえがきに代えて」において著者はすでにアレクサンダー・フォン・フンボルトにたびたび言及していたが、「結語」においても中世と近代における自然に対する基本的態度の差異およびフンボルトに体現されているドイツ性とヨーロッパ性の緊張をはらんだ精神的統一の問題にあえて注意を促していた。前者の問題は全被造世界を静的な存在（ラテン系の考え方）とみなすか、動的な生成のプロセス（ゲルマン系の考え方）と捉えるかに懸かっており、後者はヨーロッパの中央に位置するドイツが単純なナショナリズムでは破綻をきたさざるをえない西欧文化全体への構造的依存性に由来している。本書がさらに明らかにしたいのは、フンボルトが自然研究者としてドイツ古典主義のイデアリスムスの精神（第六章4）を十七世紀いらいの全ヨーロッパ的自然科学の合理的精神と結びつけたことである。これだけが精神的なものに操作された人間性のさまざまな力を社会の進歩に役立たせることができるのである。

そのうえ筆者は前著において科学史的な独自の章をもうけ、「フンボルトによる中国の地理学的発見」をすでに紹介しておいた。日本文化はいうまでもなく、古代から江戸時代まで一衣帯水の中国との密接な精神的交流から成立している。現地へ行ってみると、とくに中世までの日本文化の少なくとも半分は中国文化と大差ないという印象を禁じえない。それは第一印象として韓国へ行ってもほとんど同じである。ベトナムは昔のサイゴンを往路一週間しか見たことがないので何とも言えないが、越南といわれていた時代までは広義の中国文化圏に属していたと思われる。西安（昔の長安）をはじめ諸都市に多数の仏教寺院が存在しているにもかかわらず伝統的中国そのものが明白に儒教国であるのに対して、日本は神道国なのか、仏教国なのか、それとも儒教国なのか未だに判然としない。少なくとも確かなのはキリスト教国ではないことである。キリシタン文化が文化遺産として認められたとはいえ、日本文化の一部になったとは言いがたい。十八世紀いらい日本人が積極的に取り入れた蘭学は、キリスト教抜きのヨーロッパ文化であった。近代中国も実は因襲的な儒教主義から脱却し、主として欧米の非キリスト教的思想、とりわけドイツのマルキシズムとアメリカのプラグマティズムにもとづいて成立したものである。しかしながら、これらの比較文化的諸問題は将来の課題であって、ゲルマニストとしての私にいまできることは、精々、ゲーテ時代の枠内でフンボルトの科学史的位置を可能な限り確認することである。

フンボルト生誕二百五十周年に向け刊行するこのささやかな書物は、五十年以上にわたりご厚誼を頂いた慶應義塾大学名誉教授の故岩崎英二郎先生のご霊前に深い感謝の念をもって捧げたい。師弟関係はなかったが、ドイツ留学から帰国後まもなく私は高名なドイツ語学者の面識を得るさいわいに恵まれ、前後して故人となられたフンボルト財団事務総長ハインリヒ・プファイファー博士の援助のもとに、とりわけ中国および韓国のゲルマニストたちとの共通の友人としてアジアにおけるゲルマニスティクの国際交流に協力できることになったのである。とくに思い出深いのは、一九九〇年の国際ドイツ語学文学東京大会（ＩＶＧ）の開催直前、理事会のため再統一まえのベルリンへ行ったとき、一緒にテーゲルのフンボルト邸を訪れ、現在の当主のご好意でヴィルヘルム・フォン・フンボルトのかつての書斎と、一隅に家族墓所の設置された広い庭園を見学させて頂いたことである。

なお戦後いつの頃からか、わが国では動植物ともに生物名はカタカナで表記するようになった。たとえばヒトとは、人まして人間ではなく、哺乳動物霊長類のホモ・サピエンスのことである。ばらを薔薇と書く人はさすがにもういない。しかし、ゆりも黒百合となるともうカナ表記はなじまない。まして桜草や水仙、雪割草や撫子その他多くの草花もカタカナで表記されると単なる植物名になり、すっかり詩情を失ってしまう。いま「スイカズラ」という植物の名をあげられても、スイセンのように明確なイメージをすぐ思い浮かべられる人は少ないと思われる。山野に多いスイカズラ科のつる性低木のことである。花冠の奥に蜜があり、吸うと甘いためこの和名があり、また冬でも葉の一部が残るため漢方で忍冬《にんどう》と呼ばれるとのことである。そのうえ昔の独和辞典によれば、そのドイツ語名はJelängerjelieber（長くいればいるほど好きになる）とある。冬の寒さを忍んで春を待つ可憐な姿はなんとなく想像できる。

アレクサンダー・フォン・フンボルト究極の問題は宇宙における生命力の起源であったが、この度、篋底に眠っていた草稿が早春の寒さにもめげず生にめざめ、陽の目を見ることになったのは、研究者冥利に尽きると言わなければならない。いつもながら南窓社社長岸村正路氏のご理解と編集者松本訓子氏のご協力には感謝の言葉もない。

二〇一七年七月十一日、北アルプス山荘「忍冬」にて

木村直司

フンボルトのコスモス思想　目次

目次

フンボルトのコスモス思想

——自然科学の世界像——

序章　世界研究旅行者フンボルトのプロフィール

粗野な未開人たちは驚嘆しつつ不安げに周囲を見回し、生きるために必要最低限の欲求を満たそうとする。これに反し、恵まれた精神の持主は広大な世界現象を注視し、生起することを観察し、現在あるものを予感に満ちて、あたかもそれが生じつつあるかのように言い表す。

（ゲーテ『箴言と省察』「倫理的なもの」から）

世界研究旅行者としてのフンボルトは、ドイツの一般読者に啓蒙的な南米探検旅行記『自然の諸相』により知られるようになった。なるほど彼以前すでに、フランスの物理学者ラ・コンダミーヌが一七三五年から四六年にかけて今日のエクアドルとアマゾン河へ探検旅行し、ブーゲンヴィル船長がフランス最初の世界周航を成功させた（一七六六―六九年）。そしてイギリスのジェイムズ・クック船長が三回の世界周航（一七六八―八〇年）をおこない、第二回目には、のちにフンボルトの師友となるゲオルク・フォルスターが父親の牧師かつ博物学者ラインホルトとともに参加していた。しかし、フンボルトの中南米旅行はその規模と科学的認識の多様性により先人をはるかに凌駕していただけではなく、ゲーテ時代の只中においてドイツ・イデアリスムスの精神で遂行された点に精神史的に大きな意義があった。彼の意図は最初から、個々の認識を探究することではなく、自然の統一、すなわちコスモスとしての森羅万象を根底において支配している世界の普遍的法則を把握することだったのである。

しかしながら十九世紀の八〇年代末に語られた、一見、天上を呪詛する「人間よ大地に忠実なれ」というニーチェの言葉（『ツアラトゥストラかく語りき』第一部）と、「地球は青かった」という宇宙飛行士ガガーリン（一九三四―六八）の宇宙空間からの第一声（一九六一年四月十二日）は、対照的であると同時にきわめて象徴的である。ここには二十世紀の現代における宇宙（コスモス）と人間性（フマニテート）の新しい関係がいみじくも暗示されているように思われるからである。十八世紀のゲーテ時代において人間は、先行するヨーロッパ啓蒙主義にもかかわらず、まだ多かれ少なかれ自然と調和的に生きているかに見えた。当時、自然は人間をなお包括する、単なる外的自然以上のものであった。ところが十九世紀後半から実証的自然科学が発達するにつれて数学的・技術的世界がみるみるうちに進展し、その合理的目的思考により、田園に囲まれたのどかな人間生活を駆逐しはじめたのである。この危機的状況に直面し、ゲーテ時代の古典主義者やロマン派の人々は自然と精神の統一性が失われたことを慨歎し、憧憬の念をもってギリシア・ローマの古典古代ないしキリスト教的中世に向かう傾向があった。当時のベルリンでは、知識階級のあいだで知性と心情、無味乾燥な合理主義と一種のヴェルテル的感傷主義が併存していた。それは十九世紀において破綻をきたす、張りつめた弓づるの両端のような緊張と危険性をはらんでいた。

これに対し、ヴィルヘルム・フォン・フンボルト（一七六七―一八三五）のような人文学者だけではなく、感性豊かな自然科学者たちも科学の一面性に憂慮し、自然そのものの中になお高次の精神的調和を見出そうと努力していた。ゲーテ的自然研究の後継者かつ完成者とみなされるアレクサンダー・フォン・フンボルトもその一人であるが、彼はプロイセン王フリードリヒ二世（大王）治下のベルリンで、奇しくもナポレオンや画期的な古生物学者キュヴィエなどと同年の一七六九年九月十四日に生まれた。ベルリンの人口は当時、約十五万人であった。フンボルト家の貴族の称号は祖父に一七三八年あるいは一七八三年五月十六日にプロイセン国王から授与された。母方のコロン家は一七八六年にプロイセンの高官であった叔父との姻戚関係（ブリュッヒャー将軍の従姉妹）から初めて爵位を得たので、後者の日付の場合、フンボルトはもともと市民の出であったことになる。いずれにしても彼は世襲貴族ユンカーであることをことさら誇りにしたことはなく、自然研究者およびリベラルな思想の持主としてその肩書きをあまり名乗らなかったといわれる。

フンボルトはもちろん、ドイツあるいはヨーロッパでは、ゲーテと同じくことさら称揚される必要のない著名な著述家である。彼の肖像画はゲーテのそれと同様に数多く描かれ、記念碑や彫像はドイツだけではなく南北アメリカの各地に見出される。しかし彼はわが国では残念ながら賞讃されるほど多く読まれることのなかった偉人のひとりである。そこには原典がフランス語あるいはドイツ語であったり、フランス語原文からの後世のドイツ語訳が必ずしも適切でなかったりするなど、さまざまな文献学的な問題がある。以下の諸章において彼の自然研究全般について論及するまえに、世界中を研究旅行したこの偉大な人文学的科学者の精神的プロフィールをとりあえず略述しておきたい。フンボルトはたしかに出自・身分・友人・教養・財産・機会・地位・名声に人一倍恵まれていた。しかし彼の九十年におよぶ生涯と自然科学者としての著述活動を改めて概観すると、その天賦の才能や多種多様な業績に驚嘆するというよりは、そのために営々辛苦した長年の努力とそのために身をさらした危険の多さに感嘆せざるをえない。

フンボルト兄弟には再婚した母が連れてきた五歳年長の異父兄が一人いた。しかし彼は将校になったことのほか遺産相続のとき話題になるだけで、アレクサンダーは二歳年上の兄ヴィルヘルムと双子の兄弟のように教育された。幼時から「小さな薬剤師」と呼ばれていた植物収集家の彼は青年時代から孜々として勉学に励み、ヨーロッパ各地のほか中南米（イベロアメリカ）からロシア・西シベリアまで旅したのち、特に晩年にはベルリンで毎日、深夜まで科学的主著『コスモス』執筆に努めていたといわれる。しかし彼が高齢にもかかわらず、自然研究への最初の刺激をあたえたものとしてそこで挙げているのは、感銘深いことに幼少年期に見たり読んだりしたヨハン・ゲオルク・フォルスター（一七五四―九四）による南海の島々の叙述、ガンジス河の沿岸を描いた、ロンドンのウォーレン・ヘイスティングの家にあったホッジズの絵、ベルリン植物園の古い塔の中にあった巨大な竜血樹（第四章1）のことである。『自然の諸相』巻末の「アンデス山脈山の背からの南海最初の眺望」にはすでに、「子供時代のさまざまな印象、人生の偶然的な事情により心のなかで呼び覚まされるものは、後年になり科学的研究、発展的企画のモチーフとなることがよくある」といわれている。

時代のならわしとして、市民階級の有能な青年たちは一般に、大学で各種博士号を取得し、家庭教師として王侯貴族の子弟たちを教えることで頭角をあらわしていった。一七七九年一月の夫の死後、母エリザベートはフンボルト兄弟の教育に出費を惜しまなかった。彼女が依頼した幾人もの家庭教師たちのうち、ヨアヒム・H・カンペ、クリスティアン・W・ドーム、カール・L・ウィルデナウは、それぞれ言語学者・財政学者・植物学者として後世に名を残している人物である。とりわけ一七七七年以来の家庭教師ゴットロープ・J・クント（一七五七―一八二九）は母親の信任が篤く、間もなくフンボルト家の執事となって兄弟の全財産を不在中も管理し、最後にはプロイセン政府の官吏に登用された。アレクサンダーは、たしかにベルリンの宮廷教会で王家と同じ母方のプロテスタント・カルヴァン派の洗礼を受けている。しかし彼の生涯において目立つのは、彼が青少年期において、善かれ悪しかれ誰からも宗教的な薫陶を受けていないように見えることである。彼が南米で見聞したカトリックの布教活動も、キリスト教のポジティブな面をなんら示すものではなかった。

時代環境として重要なのは、ベルリンの啓蒙主義である。それはフリードリヒ大王周辺の貴族社会では、彼に招聘されたヴォルテールを代表とするフランス啓蒙主義の影響下にあった。アカデミックな世界では医学のほか独自の自然研究というべきものはまだ、『コスモス』のもとになったフンボルトのいわゆる「ベルリン講義」（一八二七）まで確立されておらず、ヘーゲルの弁証法哲学とシュライエルマッハー流の主情主義的宗教性が支配的であった。知識階級を形づくりつつある教養ある市民たちのあいだでも、レッシングの盟友であるユダヤ人哲学者モーゼス・メンデルスゾーン（一七二九―一七八六）が中心人物であった。彼の娘のひとりがドロテア・ファイトであって、才気煥発な彼女は銀行家の夫と離婚してロマン派の理論的指導者フリードリヒ・シュレーゲル（一七七二―一八二九）の妻となり、ウィーンで彼とともにカトリックに改宗して文壇に大きな影響を及ぼしていた。また才媛とうたわれたヘンリエッテ・ヘルツやラヘル・レヴィンのようなユダヤ系ドイツ人女性たちは文芸サロンを開いて、フンボルト兄弟など若い知識人たちのあいだで社交会的役割を果たしていた。クントはヘルツの夫である医師のマルクス・ヘルツの友人で、若いヴィルヘルムは一時期、彼女に心酔していた。ゲーテに関する多数の優れた書簡的エッセイを書いたレヴィンは、のちにはるか年下のファルンハーゲン・フォン・エンゼ（一七八五―一八五八）と結婚したが、彼はゲーテの崇拝者であったばかりではなく、アレクサンダー・フォン・フンボルトの親友でもあった。ユダヤ人の市民権獲得のために健筆を振るったのが、かのクリスティアン・W・ドームであった。

きわめて啓発されるところ多い、一七八九年秋のライン旅行の折に面識を得ていたゲーテの友人フリッツ・ヤコービ（一七四三―一八一九）に宛てた同年の手紙のなかに記されたフンボルトの自己描写がある。弱冠二十歳の彼は、自分を兄と対比させながら、当時すでに次のように書いている。

「彼と私のあいだにあなたが見出すのは非常に大きな違いです。われわれの全く同じ教育にもかかわらず、幼時から気質・性格・傾向、学問的な事柄における方向さえ互いに変わっていく一方でした。彼の頭脳は私のより敏捷で成果をあげ、彼の想像力はより活発で、彼の美的センス、芸術的感受性はより鋭敏です。たぶん彼自身熱心に実技を身につけ、素描や銅版画制作に励んでいるからです。全体として彼はあらゆる意味で新しい観念を理解し、事物そのものの本質を把握する力に秀でています。私により多くある能力は、さまざまな観念を展開し、互いに比較し、発展させていくことです。彼と私の差異を私はこのように確定し、他のすべての、些細な相違点をもここから説明したいと思います。」

とくに、さまざまな観念の展開・比較・発展というのは、のちに「理念的結合」（コンビネーション）についてしばしば語る彼の研究者としての特徴を的確に言い表したものである。
　この世界研究旅行者の生涯はその後、主要な三つの時期に分けられる。彼は青年期においてフランス人医師エメ・ボンプラン（一七七三―一八五八）とともに中南米探検旅行をおこない、その成果を壮年期にパリで全三十巻の「アメリカ旅行記」として集大成し、過渡期のロシア・西シベリアにおける調査研究後、円熟した老年期に科学的主著『コスモス』全五巻をベルリンで「自然学的世界記述草案」として刊行したのである。ロシア皇帝ニコライ一世の招聘で行なわれたアジア旅行の浩瀚な報告書は同行者グスターフ・ローゼとクリスティアン・G・エーレンベルクとの共同執筆になる地質、鉱物および気象に関する観察記録であり、フンボルト特有の文学的香気を欠いた、どちらかといえば地誌学的資料集である。しかしながら、彼の畢生の書『コスモス』ほど「書物にもその運命がある」(Habent sua fata libelli) というテレンティアーヌス・マウルスの言葉が当てはまるものは数少ないと思われる。天下の名著と謳われながら、それはいまだに邦訳されていないからである。

　数多いフンボルトの肖像画のなかで有名なのは、ベルリンのナショナルギャラリーにある、一八〇六年F・G・ヴァイチュの描いた南米オリノコ河畔の探検旅行者の姿である（口絵裏）。ここで『自然の諸相』時代の若々しいフンボルトは一八〇〇年ころに愛好された熱帯服を着て描かれている。彼はバナナ科植物の暗い木陰のもと、岩石のベンチに腰かけて棕櫚の葉などを前に観察を書き記している。彼の背後に立てかけてあるのはシリンダー気圧計（バロメーター）である。遠くには地平線のかなたに海もかすかに見られる。これに対し『コスモス』を執筆中の老大家は、ベルリンでの講義姿を含め威厳のあるポートレートから戯画までさまざまに様式化されている。フンボルトがパリで二十年を費やして完成した青年時代の自然研究成果「アメリカ旅行記」はなるほどその一部が『新大陸赤道地方紀行』として翻訳紹介されている。また彼にはすでにフランス人ピエール・ガスカールおよびイギリス人ダグラス・ボッティングの日本語に訳された二つの伝記があり、邦語研究文献も近年のものが十点は刊行されている。しかし注目すべきことに、ドイツ人の手になるフンボルト伝の邦訳はまだ見当たらない。ヘルムート・デ・テラの優れた伝記『アレクサンダー・フォン・フンボルトとその時代』(ヴィースバーデン、一九五九年)も実は一九五五年のアメリカ版のドイツ語訳である。ドイツで愛読された最初のゲーテ伝(一八五五)がイギリスのジャーナリスト、ジョージ・H・ルイス(一八一七―七八)の独訳であったことを思い出させる。ハンノー・ベックの二巻本伝記やヘルベルト・スクルラなどドイツ人専門家による評伝の翻訳出版も、カール・ブルーンスの三巻本「学術的伝記資料」(一八七二)にもとづく邦人研究者による伝記的研究と同様、英独仏からの視点と評価の微妙な違いを知るため、わが国におけるフンボルト受容史における意義深い仕事として俟たれるところである。

最近の傾向として顕著に見られるのはむしろ、ダニエル・ケールマンの小説『世界の測量　ガウスとフンボルトの物語』に代表される冒険家フンボルトについての自由奔放な伝記的関心である。これについては、アメリカの著名なゲルマニストであるテオドール・ツィオルコウスキーがドイツの評論誌『ワイマール論叢』に寄稿した、啓発されるところ多い論文「二十一世紀の小説におけるアレクサンダー・フォン・フンボルト」(二〇一六年三月)がある。フンボルトの形姿は人間関係の面で下僕のザイフェルト、友人で中南米旅行への同伴者エメ・ボンプラン、ゲーテ、シラーその他ロマン派の詩人たちと個人的に関係づけられ、科学的テーマとしては好んで現代の探検旅行、空想小説(失踪したボンプランを探すフンボルト最後の旅）、パラレル物語（別人格化した同性愛者的フンボルト）などに主題化されるのである。グローバル時代に初期の世界旅行者かつ奴隷制反対者フンボルトは北アメリカや南米のどこででも共感を呼び起こし、作家の想像力や恣意的なフィクションのままに今後もポピュラーになりうるのである。また科学者たちも、十九世紀における自然科学の細分化のあと、アインシュタインの理論により宇宙の統一性にふたたび関心を抱き始めたといわれる。

とはいえ欧米の作家たちのなかで、中期および後期の研究室ないし書斎の老フンボルトの形姿に興味をもつ人はひとりもいない。一九五九年のフンボルトの死後百周年をへて、その間に自然科学は比較にならぬほど進歩し、南米の政治的・経済的事情も著しく変化したので、フンボルトの科学的成果や当時の社会批判はたしかにある程度まで時代遅れである。それらを考慮しつつこの研究旅行者を正当に評価することは、ほんらい専門の科学史家の課題である。しかしフンボルトの文献学的研究の見地からはやはり、その生涯がイベロアメリカ旅行、ロシア・シベリア旅行、理念的世界遍歴『コスモス』執筆という三十年ごとの三つの時期に明確にわけられる人文学的自然科学者アレクサンダー・フォン・フンボルトの偉大な業績そのものが客観的な研究テーマとされなければ

書斎の老フンボルト
アドルフ・マイヤー＝アビッヒ
『フンボルト』ロロロ伝記叢書
（ハンブルク、1967年）所収

ならない。その際、いわゆる外国ゲルマニストの責務はまず、『自然の諸相』（一八〇八）以外ほとんど読まれていないフンボルトの原典を自他のためにできるだけ精確に自国語へ翻訳することである。翻訳を楽譜の演奏になぞらえれば、そこには解釈の当否以前に、技術的巧拙という基本的問題があるとはいえ、古典的作品は遅かれ早かれとにかく翻訳されなければならない。さもなければ、その不滅の価値も受容する側の文化にとって埋もれたままに終わる恐れがあるからである。とくに全四巻の難解な著作『コスモス』の、少なくとも最初の二巻が日本語で読まれるようにならない限り、フンボルトをその時代のなかで適切に評価することはできないであろう。

フンボルトにとって、いわゆる植物観相学および植物地理学の構想を促したイベロアメリカ探検旅行（一七九九―一八〇四年）におけるさまざまな体験は、彼の長い研究生活における最初の決定的な出来事であった。当時スペインは政治的にフランスにまったく依存していたため、対立するイギリスはスペインの内外における港を封鎖し、本国と植民地との交通を妨害していた。それにもかかわらず彼は、スペイン政府の特別な庇護のもとに一七九九年七月十六日にベネズエラのクマナに上陸し、一八〇〇年十一月二十四日に新バルセロナからいったんキューバ島のハバナに向けて出発している。その詳細な記述が『新大陸赤道地方紀行』（一八一四―二五）であり、それは序論のあと第一部第一章「諸準備―機器―スペインからの出帆―カナリア諸島への寄港」で始まっている。第二章の内容は「テネリフェ滞在―サンタ・クルスからオロタバへの行程―テイデ峰山頂登山」である。カナリア諸島のテネリフェ滞在が全旅行の意義深い序幕であるにもかかわらず、この当該の章は邦訳のさい紙幅の理由から省略されてしまった。しかし八杉龍一編『自然と人間』〈西欧文化へ招待〉12（一九七一）に、部分訳である畑正憲訳「カナリー諸島　A・v・フンボルト『新大陸熱帯地方旅行記』より」が印刷公表されている。

新大陸における一年四か月におよぶ最初のベネズエラ探検旅行には、スペイン北西端の港町ラ・コルーニャから大西洋上のカナリア諸島テネリフェを経由して新世界のクマナに至る（一七九九年六月五日から七月十六日まで）約六週間の船旅が先行している。その詳細な報告がまさに「アメリカ旅行記」第一部第一章後半と、とりわけ第二章である。出発まえ、三十歳の少壮研究者フンボルトはすでにマドリードから、一七九九年六月五日付で友人カール・フォン・モル（一七六〇―一八三八）に宛てて次のように学問的決意を記している。

「カリフォルニアからパタゴニアまで、私が遍歴しようとしている大陸を一瞥してみてください。この素晴らしい大自然の中でのなんという享受でしょうか。何にも依存せず、楽しい心で、躍動する気持でかの地域に近づいた人間は恐らくほかにいないでしょう。私はさまざまな植物と動物を収集し、温度、電気、大気の電磁気の組成を調査し、それらを分析し、地理的経度と緯度を測定し、山々を測るでしょう。しかし、これらすべては私の旅の主目的ではありません。私の唯一のほんらいの目的は、自然におけるすべての力の協調作用と相互作用を調査研究し、生命のない自然が動植物の生命ある世界へおよぼす影響です。」

たしかに『自然の諸相』「初版への序言」の「いたるところで私は、物質的自然が人間性の精神的情緒とその種々の運命に及ぼす永遠の影響を指摘した」という結びの言葉はこれに対応している。

これらの片言隻語に現れているのは、宗教的関心のほとんどない若い研究者の南アメリカの大地に対する燃えるような知識欲と冷静な哲学精神である。それゆえ、彼がこの序幕の船旅において何を体験し、それを科学的にいかに取り扱い記述したかということは、その後のオリノコ川、キューバ、アンデス山脈、メキシコへの中南米旅行の試金石として極めて意義深いものである。とりわけ顧慮しなければならないのは、当時の植民地勢力が自分たちの海外領土をいかなる外国人に対しても秘密にしていたことである。とくに植民地に関するなんらかの統計的資料を公表することは、厳罰をもって禁じられていた。それゆえ、まだ学位も取得していない若い自然研究者フンボルトとその同行者である四歳年下のフランス人医師かつ植物学者エメ・ボンプランにスペインの宮廷が西インドの領土への入国を許可しただけではなく、科学的研究を可能にするあらゆる特許状を付与したということは、思いがけない僥倖であった。それはフンボルトにより帰国後の最初の著書『植物地理学論考』においてすでに感謝の念をもって表明されている。

フンボルトはそれ以前一七九七年、ドレスデンにおける遺産相続の手続き後、パリ在住の兄ヴィルヘルムを訪問するまえに、学友のレオポルト・フォン・ブーフ（一七七四―一八五三）と南イタリアおよびシチリアへ研究旅行しようとしたが果たせなかった。また、同じくナポレオン治下における政情不安のためエジプト探検旅行も断念せざるをえなかった。参加を予定していたフランスのボーダン船長の世界周航がさらに延期されたとき、フンボルトはボンプランとマルセーユからアフリカのアルジェへ行こうとした。しかし、そのため予定していたスウェーデンのフリゲート艦はマルセーユへの航海の途中海損をこうむり、代わりのラグーサの船も遅延してしまった。この偶発的事件のため二人の研究者は、フランスの旅行者たちのように、自由獲得闘争をしていたテュニジアに捕らえられずにすんだ。しかしながら、このような不運続きのなかで遂にラ・コルーニャからカナリア諸島に向け船出するにさいし「われわれはサン・アントニオ城塞をじっと見詰めた。当時、マラスピナが不運にもそこに国事犯として捕らえられていたのである。この卓越した研究者が遍歴して大きな成果をあげた国々を訪れるため、私がヨーロッパを去ろうとしているこの瞬間に、私の思いはかくも悲しい対象のもとにあまり留まりたくなかった」と述べられているのはまさに意味深長である。なぜなら、一七八九年から南アメリカの北海岸を測量していたマラスピナは、一七九五年に小艦隊とともに戻ってきたとき政治的な嫌疑をかけられ、スペイン王の命で逮捕されてしまったからである。恐らく同様な運命に見舞われるかもしれないことを念頭に、フンボルトは探検旅行を終えた五年後にスペインにはもはや寄港せず、フランスのボルドーへ直行している。

この探検旅行の成果であるフンボルトの「アメリカ旅行記」はありきたりの紀行文ではなく、さまざまな旅行体験にもとづく研究報告であり、なおたびたび論及するように、彼による自然の図表的記述は「自然絵画」という言葉で表示される。彼がフランス語に由来する「自然絵画」という表現をはじめて用いたのは、ゲーテに捧げられたドイツ語版『植物地理学論考』（一八〇七）においてであり、その意図は彼のもっとも読まれた科学的エッセイ集『自然の諸相』初版への序言において言い表されているように、「自然の全体像の展望、さまざまな力の相互作用の実証、熱帯諸国の直接の観照が感知する人間にあたえてくれる喜びを新たにすること」であった。もとより、大自然のさまざまな景観を科学的だけではなく美的に取り扱うことには、多種多様な困難が立ちはだかっている。第二版および第三版への序言において、それは率直に容認されている。

「文学的目的と純粋に科学的目的を結合すること、想像力に訴えると同時に知識を増すことにより人生を思想で豊かにしたいという願いは、個々の部分の配列と、統一ある構図として要請されるものを達成することを困難にしているのである。」

中南米旅行後まもなく発表されたいくつかの科学的エッセイを集大成したフンボルトの『自然の諸相』(一八〇八)は、自然の絵画的記述として一般読者むけに書かれ、実際そのようなものとして好評を博した。それは自然科学的でありながら、なおロマン主義的な気分に満ちていた。しかしながら、科学者フンボルトの研究方法は自然のさまざまな性状を精確な測定値にもとづき比較することであった。事実、巻頭論文「草原と砂漠について」において、「困難ではあるが、有益な一般地理学の課題は、遠隔地における自然の性状を比較し、この比較研究の結果を概略的に叙述することである。部分的にまだほとんど知られていない多種多様な原因から、新大陸の乾燥と温度が少なくなるのである」といわれている。ここではアフリカとアジアおよび南アメリカが比較されているのであるが、この見地はある程度まだ限定された範囲内とはいえ、南米旅行の最初からテネリフェ島のさまざまな事象に適用されている。この意味で「一般地理学」とは比較地理学にほかならず、カナリア諸島は、アフリカ大陸をこえてヨーロッパ全般と、南米に到着してからのベネズエラのクマナ周辺およびオリノコ川奥地との比較を可能にする絶好の場所にあった。位置的にこれらの群島はまた、一八三五年ダーウィンが訪れた太平洋上のガラパゴス諸島と南米大陸の関係に類似している。

中南米における若いフンボルトが依然として脚光を浴びているのに対し、中期のロシア・西シベリアにおける調査は、ヨーロッパ奥地の地質と寒冷地の気象が研究の中心であったため、長いあいだ注目されなかった。しかしエコロジー（生態学）と大気汚染がグローバルな問題となるにつれ近年ようやく気候学的関心を集めるようになり、フンボルトによるアジア旅行の浩瀚な報告書はその資料的価値のため再び印刷公表されるようになった。問題は晩年の大著『コスモス』である。科学的著作の運命とはいえ、そこで記述されている個々のデータの多くは必然的に時代遅れとなっているようである。しかし自然現象の本質に通暁した老大家の自然観は昨今まさに再評価されつつあると言われる。過去の世紀の数学的自然把握はたしかに科学技術において最高の成果をあかししているが、同時にその精神的一面性と弊害も明らかになりつつある。

「測定可能なもの、計算できるものと並んで、形象的なもの、人間の側から見られたものが、自然観察の内部でふたたび固有の権利を主張しはじめたのである。客観性の理想は人間性を断念することができると信じたが、（ハイゼンベルクの）不確定性原理により数学的自然研究そのものに対する普遍妥当性を失ってしまったのである。」（フリッツ・クラウス）

このような見方によりフンボルト的自然解釈は新しい価値を獲得した。なぜなら、それは自然を計測するだけではなく、同時に「心情をよろこばせる」ことを直観的観察と考察の対象とみなしているからである。自然研究にはフンボルトによれば、理性や悟性だけではなく感情や想像力ないしファンタジー、要するに全人間が必要とされるのである。これはまさに科学技術により失われた人間の全体性の回復にほかならず、二十世紀以後の現代人の切実な関心事である。フンボルトは十九世紀においてすでに『コスモス』執筆により、自然科学研究の最前線に立ちながら、危機に瀕した人間性の復権をつよく提唱していたのである（第八章4）。

第一章　自然観および世界像としてのコスモス論

シナの海岸で砂粒がひとつ海に投げ込まれると、最高の完成度に達した観測はその作用をバルト海の沿岸で知覚できるに違いない。

（ゲオルク・クリストフ・リヒテンベルク）

1　新しい教科「植物地理学」の導入

自分を好んで「遍歴者」と呼んでいたフンボルトは、コスモス論への旅を起伏の多い山道になぞらえていた。

「いかなる新しい科学も、とくに計り知れない被造世界である全宇宙空間を包括する科学の研究は、遠い異国への旅になぞらえられる。誰かと一緒にそれを企画するまえに、そもそもそれが実行できるかどうかが問われる。自分自身の力を推し量るだけではなく、もしかしたら邪魔になるかもしれないという不当な心配をしながら、道連れたちの力をも不信の目で顧慮したりもする。われわれが生きている時代は、この企画の難しさを減少させてはいる。私が信頼を寄せているのは自然科学そのものの輝かしい現状で、その豊富さはもはや観察されたものの充実さではなく連鎖である。

教化されたいかなる悟性にも興味を吹き込む一般的研究成果は、十八世紀末から著しく増大した。個々の事実は孤立して存在することが少なくなった。さまざまな存在のあいだに開いていた割れ目は充塡される。」そして

「遠くまで遍歴することに慣れているため、私はそれでなくても旅の同行者たちに、本来そうであるよりも道程を平坦かつ快適に描いてきたかもしれない。これは、他の人々を山々の頂上へなんとかして連れていこうとする者たちの常套手段である。彼らは、たとえ全地方が霧で覆われたままでも、眺望のすばらしさを讃美する。彼らが知っているのは、このように覆い隠されていても神秘的な魔力があること、遠くの香気が感覚的に無限なるものの印象を呼び起こすことである。このイメージは精神と感情のなかに厳粛な予感にみちて反映されるのである。われわれが科学的経験により基礎づけられた一般的〈世界観〉にまで高まろうとする高い立場からも、すべての要請に応えることはできない。」

これらは『コスモス』への「序論的考察」に記されている言葉である。アレクサンダー・フォン・フンボルトにとって、それは同時に自らの長い研究生活の晩年における回顧でもあった。最初の中南米探検旅行（一七九九―一八〇四年）についての研究報告は、帰国後まもなくベルリンの科学アカデミーにおける二、三の学術講演として行なわれ、のちに『自然の諸相』において印刷公表された。その全行程と彼のコスモス論にとり重要な熱帯自然のさまざまな体験は本書第三章において詳述されることになるが、とりわけ途中のテネリフェ島における滞在経験と新しい教科「植物地理学」創始の経緯を記述した狭義のアメリカ旅行記『新大陸赤道地方紀行』は十年を閲して以下のように書き始められ

た。この引用箇所に簡潔に要約されている事柄は、『コスモス』の第一巻序言においてさらに詳しく繰り返されるように、フンボルトの自然研究にたいし決定的な意義を有していた。

「私が新大陸奥地を踏査するためヨーロッパを離れて以来、いまや十二年が過ぎ去った。少年時代から自然研究にいそしみ、高い山々に貫かれ、太古の森に覆われた、野生の美に溢れる国土のさまざまな魅力に心を躍らせて、私はこの旅行中よろこびを充分に味わい、しばしば落ち着くひまもない難渋な生活と切り離すことのできないさまざまな苦難をなんとも思わなかった。『草原と砂漠について』および『植物観相学試論』に関する考察の読者たちと分かち合おうと試みたかの多様な楽しみは、ところで、探検旅行の唯一の成果ではなかった。この旅行の目標は、科学の諸領域を広げることに向けられていたからである。多年にわたり私は種々の観測の準備をおこたらず、主にそれらのためにこの探検旅行はおこなわれたのである。熟練の技師たちが製作した容易にまた素早く操作することのできる種々の機器を装備していた。私は、私を特別に支援してくれた政府は、私の研究の邪魔をするどころか、絶えず理解と信頼を示してくれた。そのうえ私は、実り多い共同研究に不可欠の、博識の勇気ある友人の協力を得る幸いに恵まれた。ときおり襲い掛かってくるいかなる苦難と危険にさいしても、彼は沈着冷静に覇気を失わなかった。」

二人の探検旅行者の科学的目標は、まだ漠然と「世界の自然学」「地球の理論」、あるいは「自然学的地理学」とみなされていただけの植物地理学の確立であった。その成果は二十年以上に及ぶフンボルトのパリ滞在中に、判型の異なる三十巻の大著となってフランス語で出版されたが、フンボルトが世に問うた最初の研究書は第二七巻『植物地理学』(フランス語版一八〇五年、ドイツ語版一八〇七年)であった。そして、その詳細な年代順記述が『新大陸赤道地方紀行』全三巻（一八一四、一八一九、一八二五）であり、これはアメリカ旅行記全体の第二八、二九、三〇巻を占めていた。最初の南米体験であるベネズエラ滞在を扱ったこれら三部作のあと、第四部も計画されていた。それはキューバから再び南米に戻り、マグダレナ川沿いに今日のコロンビア、エクアドル、ペルーまでの旅とメキシコ滞在を記述する予定であった。その手稿はすでに印刷に付されるまでに完成していた。とはいえ、『自然の諸相』（決定版一八四九年）その他にすでに部分的に言及されていたこともあり、校正刷りは出版直前に破棄されてしまった。しかし、その間に彼は「近代最大の地理学者、もっとも斬新なテーマ別地図作成者、代表的研究旅行者」（ハンノー・ベック）として、欧米であまねく認められるようになった。

新大陸における一年四か月におよぶ最初のベネズエラ探検旅行には、スペイン北西端の港町ラ・コルーニャから大西洋上のカナリア諸島テネリフェを経由して新世界のクマナに至る（一七九九年六月五日から七月十六日まで）約六週間の船旅が先行していた。その詳細な報告がアメリカ旅行記の序論に続くとりわけ第二章である。第二章の内容は「テネリフェ滞在―サンタ・クルスからオロタバへの行程―テイデ峰山頂登山」である。カナリア諸島のひとつテネリフェ島はラ・コルーニャ出帆後における最初の寄港地であったが、フンボルトがサンタ・クルスに上陸し、この島に一週間滞在した主目的は、テイデ峰の山頂に登ることであった。それまで彼はヨーロッパにおいて三千メートル級の山に登ったことがなかったのである。探検旅行の嚆矢をなすカナリア諸島記述（本書第四章）の重要性は、それがジブラルタル海峡かなたの大西洋世界との最初の出会いであったばかりでなく、とくにその核心をなすテネリフェ島テイデ峰（ピック）登攀の体験がフンボルトにとって、南米アンデス山脈の山の背

「ベルリン講義」中のフンボルト
ハンノー・ベック編『現代のためのコスモス』（シュトゥットガルト、1978年）所収

を予感させる決定的な役割を果たしていたからである。彼が南米へ出かけたのは単なる冒険欲からではなく、未知の世界を体験し、科学的に研究し、絵画的に記述し、地理的に比較し、なんらかの仕方で地球に関する知見を拡大することであった。彼はヘルダーと同様に物質的自然をつねに精神的存在としての人間との関係において考えているのである。カントも四十七回繰り返した彼の自然地理学講義において常に、空間（地帯）と時間（歴史）内の存在である人間を考慮していたといわれる。

アメリカ旅行記の完成後、フンボルトはパリからドイツへ帰国した。彼の晩年の科学的主著『コスモス』（一八四五－六二）は一八二七／二八年のいわゆる「ベルリン講義」に遡る。この一連の公開講演は、教養ある一般の知識階級に最新の文芸・学術の成果を伝えるために開設され、アウグスト・シュレーゲルを皮切りに（一八〇一／〇四年）、引き続きフィヒテ（一八〇四／〇五年）、シュテッフェンス（一八二四年）、再度シュレーゲル（一八二七年）により行なわれた。ゆえにそれは、もともと広義のロマン主義者たちの催し物であった。彼らと親しい関係にあったフンボルトも、一八〇六／〇七年の冬に新しいアカデミー会員として講述し、これらの講演からとりあえず『自然の諸相』が成立した。彼における学問的関心事は最初から地球の成立と有機的生命の生成発展にあり、大著『コスモス』は天と地におけるさまざまな力の協調作用を統一的プロセスとして把握しようとする人類の努力を総括しようとするものであった。

未完に終わったとはいえ、フンボルトの『コスモス』全五巻は、副題に表示されているように「自然学的世界記述の試み」であった。現在読まれるのはとくに最初の二巻であって、第一巻は外界の自然を叙述の対象とし、第二巻が取り扱うのは人間の内面に映る自然である。これらにより、彼はそれまで万有（宇宙）の神秘を探求しようとした人類のあらゆる思想、あらゆる観察、あらゆる研究成果を総合的に集大成しようとしたのである。これら二つの範域から成立するコスモスの世界記述において彼は、個々のものを全体との関係においてのみ、すなわち広大な世界現象の部分としてのみ眺め、世界の諸法則をその共通の起源から考察しようとしていた。彼にとって自然は、原著第一巻の「序論的考察」に言われているように、「多様性のなかの統一、外形と混合における多様なものの結合、自然の事物と自然のさまざまな力の総体であって、生きた全体として存在する」。それゆえ、明晰な自然学的研究のもっとも重要な成果は、次のようなことである。

「すなわち多様性のなかに統一性を認識すること、個別的なものから、比較的最近の時代におけるいろいろな発見がわれわれに提供しているすべてのものを包括すること、個々のことがらを検証して分離し、それらの膨大な量に屈服せず、諸現象の覆い隠されている自然の精神を捉えるという人間の崇高な使命を自覚することである。このようにして、われわれの努力は感覚の世界という狭い限界を越え出ることができ、われわれは自然を把握しながら、経験的直観という素材をいわば観念により支配することに成功するのである。」

自然という客体に対応してここで表明されている人間の精神的主体性は、ヘーゲルとシェリングに代表されるドイツ観念論に特有の認識論的立場である。フンボルトはそれに必ずしも全面的に賛同しているわけではなく、自然の本質把握のしかたに関して彼がはるかに多くを負っているのは、ゲーテのメタモルフォーゼ（形態変化）論のほか特に画家的医師・哲学者カール・G・カールス（一七八九―一八六九）の生成論である。観察者に明らかにされるいかなる自然法則もより高次の未知の法則を予感させるからである。自然はカールスが卓越した仕方で述べているように「永遠に成長するもの、永遠に形成と展開のプロセスのうちにあるもの」で、この言葉はローマ人とギリシア人にさえ暗示されていた。

「有機体のさまざまな範型の圏域が拡大することは、地球空間がいろいろな探検旅行により探究され、生きている種々の動植物が死滅したものと比較され、顕微鏡が改良され普及すればするほど成就される。生きた形成物の多様性と周期的な変転のなかで、あらゆる形成の根源的秘密がたえず新たにされる。私の言わんとするのは、ゲーテによりあのように適切に取り扱われたメタモルフォーゼの問題で、この解決は、さまざまな形状をある種の根本的範型に理念的に還元しようとする欲求に対応している。」（「序論的考察」）

フンボルトはもともと、このようなゲーテ的精神でラテンアメリカの原始林とコルディリエーラ山系の山岳地帯へ出かけた。そして五年間の探検旅行から帰国すると、一八〇七年には最初のフランス語による中南米研究書のドイツ語版『植物地理学論考』をゲーテに捧げたのである。それにはすでに『コスモス』第一巻本論のもとになる「熱帯諸国における自然絵画と共に」という副題のための図版（一九〇頁）と、詩人ゲーテ（アポロ）が豊穣な自然の象徴であるエジプトの女神イージスのヴェールを、罰せられることなく持ち上げている銅版画が添えられていた。アンデス山脈のチンボラソ火山の麓で書いたこの論文を彼は帰国後一八〇五年に、ローマでヴァチカン公使を務めていた兄ヴィルヘルムのもとで完成した。科学的エッセイ集『自然の諸相』初版はその一年後に刊行されたのであるが、一八四九年の決定版には以下のような諸論文が収録されていた。

草原と砂漠について
オリノコ川の滝について――アトゥレスとマイプレスの急流地帯
原始林における動物の夜間生活
植物観相学試論
さまざまな地帯における火山の構造と作用の仕方
生命力あるいはロードス島の守護神物語
カハマルカの高地――インカ皇帝アタウァルパの旧首都
アンデス山脈山の背からの南海最初の眺望

主にヨーロッパから遠く離れた南米の現地で書かれた、一般読者むけのこれらの論文において、ロマン派の自然哲学の論議にはいっさい言及されていない。しかしロマン主義の哲学者シェリングの名は『植物地理学論考』の序言のなかで明記されている。自ら経験的自然研究にあくまで忠実であるとはいえ、彼は経験主義者と自然哲学者がつねに敵対関係にあるべきだという意見には決して与していないのである。彼の見解によればむしろ、経験科学的研究にもとづき高次の自然絵画もいわば一種の自然哲学を呈示すべきだというのである。

「このようにフンボルトは、後期の著作への序曲において意義深くも、強烈な熱帯自然に直面して脳裏に浮かんできた諸観念を詩的作品、（ゲーテの）植物のメタモルフォーゼおよび（シェリングの）自然哲学的著作、先験的イデアリスムスの体系と結びつけたのである。それは、それらから十九世紀の植物地理学的研究全般の基盤と見なされなければならない研究課題を展開するためである」（フリードリヒ・ムートマン『ゲーテ時代に照らして見たフンボルトの自然像』チューリヒ、一九五五年）。

2　外界の自然像記述「自然絵画」

動的自然観を目に見えるように描写するフンボルトに特徴的な方式が、いわゆる「自然絵画」である。一八〇五年、中南米旅行から帰国したあとの最初の研究報告『植物地理学試論』に彼はすでに画期的なグラフ的図示と詳細なデータを添えたが、「自然絵画」という用語はもともとフランス語に由来し、ドイツではつとに若いヘルダーが愛用していたので（第二章1）、ヘルダーの歴史的主著『人類史哲学考』（一七八四―九一）とフンボルトの自然史的主著『コスモス』が執筆の構想・規模・形式が類似していることもあり、両者の考え方の親近性は明白である。ただフンボルトは人文学的自然科学者として構図に配慮しながらより意識して、美術館におけるように、自分の自然画のまえで画家のように近づいたり離れたりしながら多種多様な叙述を過不足ないよう調節しているのである。

したがって、フンボルトの自然絵画における見地は二面的である。一つは経験的、他の一つは哲学的である。これらは十八世紀ヨーロッパにおいて、それぞれフランス啓蒙主義とドイツ・ロマン主義の自然思想に顕著であり、代表的な思想家と目されるのは、ルソーとシェリングである。フンボルトにとって、経験的研究は観察あるいは観測にもとづく自然の分析的考察であるが、観察も観測もドイツ語では同じ beobachten であり、考察も眺めること betrachten と同じ言葉である。すなわち、彼の自然研究の特徴は、自然の多種多様な事物をその形態とさまざまな力の作用の面から眺め、それらを観察したり観測したりしているうちに、おのずから哲学的考察へ、分析から綜合へと移行していくことである。なぜなら、彼の自然研究における究極の目的は個々のものの認識ではなく、自然そのもの、その担い手である地球と宇宙空間の全体をできる限り理解することにあるからである。

それゆえフンボルトは、彼の基本的見方である自然絵画の総論部分を「経験主義者は諸現象が直接に呈示するものを数え測定する。自然の哲学に保留されているのは、すべての現象に共通のものを把握し、諸原理に還元することである」と『植物地理学論考』の本論を締めくくったあと、それに続く各論の終わりのほうで、万年雪に関連して「私は不完全な帰納法の事例にもとづく思弁的推測をやめ、自分のプランに忠実に、経験的観測が直接あたえてくれるものへ還ることにする」と表明している。このような新しい高次の自然の哲学には、ロマン派のいわゆる先験的自然哲学と異なり、精緻かつ精確な経験科学的研究が基盤として常に先行しなければならないのである。しかし自然においてはいかなる物質もいかなる力も孤立して考察されてはならないため、フンボルトは哲学的な見方が同時に必要なことを改めて次のように強調している。

「外見的に相争うさまざまなエレメント（古代の諸元素）の種々の攪乱（摂動）の只中で支配している平衡関係は、動的なさまざまな力の自由な戯れから生じ、あらゆる自然学的研究の究極の目的である自然の完璧な概観が獲得されるのは、いかなる力、いかなる形の形成もなおざりにされず、それにより自然の哲学に豊かな実りを約束する広大な分野が準備されることによってのみである。」

現象学的経験と哲学的反省のこのような相関関係は、自然研究者フンボルトの成果を価値判断するさいの大前提である。彼はつねに科学と哲学両方の正当な要求に従おうと努めているからである。

このような方法論的見地に続きフンボルトの科学的問題提起はのちに次のように明記され、自然絵画の概念は「世界絵画」にまで拡大される。天と地の意味の世界の叙述は宇宙最果ての星雲から始まり、星辰の空間から惑星を伴った太陽系をへて地球に達する。物質的に両者を媒介するのは、流星として落下する小惑星の破片である隕石だけである。その内的および外的形態はさまざまな段階から成り、その間を種々の形成ないし造形力が永遠の諸法則に従い上下している。地球史は熱量・電磁気の発生、山岳の成立、火山の構造と作用とかかわり、これらの地層構造学的・鉱山学的領域から化石と海洋の世界からさらに気象学ないし気候学の世界へと導かれて行く。そして有機的生命の領域に達すると動植物の地理学さらには人類学と人間学の世界が開けてくる。

「われわれは宇宙空間の深淵とはるか彼方の星雲の領域で始める。そして段階的に、われわれの太陽系が属する星辰の層をとおり、大気と海洋に取り囲まれた回転楕円体の地球へ、その形態・温度・磁気、充溢する有機的生命のところまで降りてくる。この溢れる生命は光の刺激を受け、その表面で発展する。このように世界絵画が僅かの筆致で包括しているのは、不可測の天体空間ならびに動植物界の小さな顕微鏡的有機体である。これらはわれわれの淀んだ河川と岩石の風化した地殻に住んでいる。すべて知覚可能なもので、自然の厳密な研究があらゆる方向に現在まで探究したものは、描写のもとになる材料を形づくっている。それは自分自身のうちに、その忠実な真理のあかしを含んでいる。われわれがこのプロレゴメナ（序説）において立ち上げる記述的自然絵画はしかし、単に個々のものを追求しようとするのではない。それは完全であるために、あらゆる形態の生物、あらゆる自然の事物、自然のプロセスの列挙を必要とするわけではない。認識されたものと収集されたものの果てしない分散という傾向に抵抗して、秩序づける思想家は経験の豊富さという危険性を免れようと努めるべきである。」（『コスモス』本論「自然絵画」序論）

第一巻の長大な本論である自然絵画の叙述は、こうして地上の岩石につづき動植物界で終わる。なぜなら、普遍的被造物の最後に来るのは、物質的自然だけでなく精神的自然から成る二元的存在、まさに霊肉をそなえた人間だからである。それは本来、人文学者である兄ヴィルヘルムの専門領域であって、しかも偉大な同時代者ゲーテとシラーの卓越した人間性をフンボルトは身近に体験したばかりであった。この意味でフンボルトの自然観は必然的に人間観をも含んでおり、彼の地理学は本質的に自然を超え人文地理学的である。

「われわれは最も遠くの星雲と周行する連星から海と陸の動物界に住む最小の有機体と、凍てつく山頂の斜面にある剥き出しの絶壁を装う微細な植物の芽まで降りて行った。種々の現象はここで、部分的に認識された諸法則に従って秩序づけられることができた。他のより神秘的な法則は、有機的世界の最高の生命圏を支配している。すなわち、多様な形態を有し、創造的な精神力を賦与された、言語を生み出す人間の生命圏である。自然学的自然絵画が表示する限界で、知性の範域が始まり、遠くへの眼差しは別の世界の中へ沈潜していく。自然絵画はこの境界を表示して、それを越えていかない。」（『コスモス』第一巻「自然絵画」結語）

十八世紀ドイツにおいて古典古代のギリシア讃美はレッシング、ヘルダーをへて理論的にゲーテのヴィンケルマン論（一八〇五）において、個人的には、親交を結んだばかりのゲーテに宛てたシラーの一七九四年八月二十三日付の詩人の本質を的確に言い当てた有名な書簡において頂点に達する。究極においてニーチェもこの系列に属する。しかしながら、フンボルトはアリストテレスが非人間的な奴隷制度をギリシア人の自然的な権利として認めていたことを見逃さない。フンボルトの問題提起はゆえに自然科学者らしく、人間学的であるよりもまず人類学的である。「人類もまた万有と地球の有機体制全体に作用しているもろもろの力により成立したのであり、それゆえ、さまざまな人種もまた唯一の種の異なった現象形態（変種）とみなされうるのである。ゆえにフンボルトにとってはヘルダーにとってと同様、種々の人種の原理的な価値不同というものはありえない。彼がこのような想定につよく反対するのは、人類の統一性を主張しているからである。」（フリードリヒ・ムートマン）

「人類が一つであることを主張することにより、われわれは、高次の人種と劣った人種がいるといういかなる不愉快な仮定にも反対する。より柔軟に形成可能な、より高く教化された、精神文化により洗練された部族は存在するが、より高貴な部族などけっして存在しない。すべての部族は平等に自由へと定められており、この自由は、比較的粗野な状態においては個人に、国家生活においてさまざまな政治制度を享受している場合は国民全体に権利として備わっている。」

どの人種にも精神的表現手段として言語が与えられているのはそのためであり、種々異なった言語の特殊な現象形式と独自の特徴は、人間精神により恣意的に創り出されたものではない。もとより、言語と歴史はヴィルヘルム・フォン・フンボルトの研究領域であって、しかも彼にはヘルダーという偉大な先達がいた。アレクサンダーが第一巻の末尾に兄の『カーヴィ語序論』から引用しているヴィルヘルムの「優美な言葉」のなかで、人類が実現すべき理想としてより親しみ深いドイツ語の「人間らしさ」(Menschlichkeit) という理念について語られているのは、ラテン語のフマニタスにもとづくヘルダーの主著『人類史哲学考』の中心概念「フマニテート」に遠慮したためと思われる。

「歴史全体をとおし妥当性がますます拡大されて目に見えるようになる理念をわれわれが表示しようとするならば、また人類全体の完成ということはさまざまに異論を唱えられ、さらにもっと誤解されてきたが、何かある理念がそれを証明しているならば、それは人間らしさという理念である。この努力は、あらゆる種類の偏見と一面的見解が敵意をもって人間のあいだに打ち立てたさまざまな境界を取り払い、全人類を宗教・国家・肌色にかかわりなく一つの大きな兄弟のような種族として、一つの目的、すなわち内面の力の自由な発展を達成するために存続している全体として取り扱おうとする。これは社会性最後の究極の目標であり、同時に人間の、彼の本性により彼の中へ設定された、自分の生存を未確定のものへ拡大しようとする方向性である。人間は、目のまえに広がる大地と、自分で発見可能な限り、星のきらめく夜空を内面的に自分のもの、彼に考察と活動のために与えられたものとみなす。子供はすでに、狭い故郷を取り巻く丘や湖を越えて行こうとする。子供は（遍歴する）植物のように再びなろうと憧れる。なぜなら、人間のうちなる感動的なもの美しいものは、願ったものと失ったものへの憧れが彼をいつも守って、もっぱら瞬間に固執させるからである。人間の内奥の本性に深く根ざし、同時に彼のさまざまな至高の努力により必須なことは、種族全体を人間らしく善意をもって結びつけることを人類の歴史における偉大な指導理念の一つにすることだからである。」

人間が人間らしさを最もよく発揮できるのは、広義の芸術の領域においてである。それゆえ、アレクサンダー・フォン・フンボルトは、世界像を扱う『コスモス』の原著第二巻の序論「自然研究への刺激手段」において、不充分ながら自然感情について文学史的および美術史的考察を試みる。自然絵画が客観的世界の描写であるのに対し、主観的領域である心情の内部に見出されるのは種々の自然感情で、これらはしばしば想像力ないしファンタジーの作用と結びついている。そこで、自然研究への刺激手段には三種類あると言われるのである。すなわち個別的に、自然景観の美的取り扱い、動植物界の生きいきとした叙述で、当時のひじょうに現代的な文学的ジャンルである。次に風景画、とくにそれが植物観相学を把握しはじめた限りにおいて。そして、ますます普及しつつある熱帯植物の栽培と異国のさまざまな形状の植物の対照的配置である。

「ここで表示した刺激手段のいずれも、そのさまざまな歴史的関係からいってすでに、はるかに包括的な論文の研究テーマになるかもしれない。しかし私の著述の精神と目的によりふさわしく思われるのは、ごく少数の指導理念だけを展開することである。想起していただきたいのは、自然世界が種々異なった時代に、さまざまな部族のもとで思想と感情の世界に全く異なった作用を及ぼしたこと、一般的な文化状態において真面目な知識と奔放なファンタジーが入り交じりがちなことである。自然をその崇高な全き偉大さにおいて叙述するためには、その種々の外見的現象のもとにだけ留まってはならない。描写されなければならないのはまた、自然が人間の内部で反映され、この反映により、自然神話という霧に包まれたような国をさまざまの優美な形姿で満たしたり、造形美術の活動の気高い萌芽を育んだりする様子である。」

3　内面へ反映する世界像

こうして第二巻の序論において三章にわけて繰り広げられるのは、自然研究者の文学的および美術的分野における夥しい量の知識である。フンボルトが提供する自然感情と自然記述の歴史は、古典古代からゲーテ時代まで、中世文学の大部分が省略されるとはいえ、近代の詩歌と絵画に至るまで、ヨーロッパだけではなく、中近東からインドまで、ほとんどあらゆる国々と時代を網羅しているのである。彼が中国の唐詩選と山水画に言及できないのはやむをえないとしても、少なくともイギリス風公園に先立つ中国の造園芸術に感嘆の念をもって触れている。文芸の世界はもとより普遍的で、自然そのもののように境界はない。しかしフンボルトにはドイツ文学を誇らしく思う正当な理由がある。

「自然の〔二面的〕威力の恐ろしい領分は遍在しているが、これらの力は太古からの四大の不和葛藤を、厚い雲に覆われた空においても、生命ある物質の繊細な組織においても解きほぐし、一致和合へと結び合わせている。それゆえ、広い被造世界のあらゆる部分は、赤道から寒帯まで、春がつぼみを芽生えさせるところではどこでも、心情への感激的な力を享受することができるのである。われわれドイツの祖国はとりわけ、このような信念を抱く資格がある。南方の民族で、われわれの文学の巨匠〔ゲーテ〕を羨ましく思わない人々がいるであろうか。彼のあらゆる作品を貫いているのは深い自然感情である。それは『若きヴェルテルの悩み』、イタリアへのさまざまな追憶、『植物のメタモルフォーゼ試論』、抒情詩集においてそうである。彼よりも雄弁に、同時代者を〈万有の聖なる謎〉を解くように刺激し、人類の青春時代に哲学・自然学・詩歌を一つのきずなで巻きつけた緊密な結合を新たにするよう促した人がいるだろうか。彼以上に、かの精神的に故郷のような国に力強く引きつけた人がいるだろうか。そこでは

穏やかな風が青い空から吹きよせ、
ミルテの木は静かに、月桂樹は高くそびえる。」(『コスモス』第二巻序論I結語)

もとより風景画の歴史は、詩歌ほど詳細に扱われていない。彼がそれを叙述するのは、異なったさまざまな地方の相貌が直観的に描かれている限りにおいてである。風景画が異国への旅行熱をめざまし、自然感情を刺激するようにとの配慮である。そのため彼は専門の美術史家や、一八二六年に刊行されたカールスの「風景画についての新しい書簡」などを参照している。フンボルトは、風景がギリシア人のもとで神話的・歴史的情景の添景としてのみ現れ、徐々に舞台の情景描写となり、それからローマ人のもとで発展させられていった歴史から説き起こし、十五、六世紀のイタリア美術から十七世紀のフランス風景画およびオランダ画派の成立までに及んでいる。ヨーロッパで熱帯地方の風景

画的相貌に関心が持たれるのは十七世紀後半からである。

次にフンボルトは本論「自然学的世界観の歴史」において、普遍的世界史を科学史に限定し、「自然全体としてのコスモス概念の漸進的発展と拡大の主要契機」すなわち主要時期を概観する。フンボルトは人間精神の歴史のなかで、地球と万有が人間によりいかに発見されたかを探求するのである。彼にとり、外界の自然を自然絵画として記述するだけではコスモスの半分しか提示したことにならない。それには人間の内面に反映した自然も世界像として属しているからである。これはゲーテ時代においてのみ可能であった、地理学思想史における全く新しい着眼点であったと思われる。

「われわれはさまざまな客体の圏域から種々の感覚内容の圏内へ入っていく。観察の主要成果はファンタジーを除去されて純粋に客観的な科学的自然記述に属しているのであるが、厳密に配列されて本書の第一巻に自然絵画の形で呈示された。いまやわれわれが考察するのは、五官により感受されたイメージの感情および詩的気分にある想像力への反映である。われわれに対して開かれるのは内面の世界である。われわれがそれを精緻に研究するのは、この自然の書において――芸術哲学から要請されるように――さまざまな美的作用の可能性のなかで心情のさまざまな力の本質と精神活動の多種多様な傾向に帰着するものを探究するためではない。われわれが目指すのはむしろ、生きた直観の源泉を、純粋な自然感情を高める手段として叙述することである。それはとくに昨今、想像力を活性化することにより、自然研究への愛と遠い異国旅行への傾きに著しく作用した種々の原因を追求するためである。」（『コスモス』第二巻序論冒頭）

この哲学的かつ歴史的研究は「自然全体の認識の歴史、いわば諸現象の統一性と万有におけるさまざまな力の協調作用の関連についての思想の歴史」と定義されるので、この歴史の取り扱い方は、諸現象の統一性の概念がしだいに形成されていった時期を列挙することにほかならなくなる。この見地から区別されれのは、㈠自然法則の認識を求める理性の自立的努力、ゆえに、さまざまな自然現象の考察、㈡観察の地平を突然拡大した種々の世界的出来事、㈢感性的知覚の新しい手段の発明、いわば新しい諸器官の発明で、これらは人間を地上のさまざまな対象とも遠く離れた宇宙空間とも親しく交流させることになり、それらは観察を鋭くし多様化させる。この三様の視点がわれわれを導かなければならないのは、コスモス論の歴史が通り抜けなければならない主要な時期（主要契機）を定めるさいである。それらにより人間はしだいに、世界の大部分を知的に所有するに至ったのである。自然研究者フンボルトはいまや同時に万能の歴史家となり、理性が自然法則の認識を自立的に求めて努力した跡を追跡し、思いがけず観察の地平を広げた世界的出来事を探求し感性的知覚の新しい発明に向かうようになる。その際、彼は初期の予感と実際の知識を区別するのであるが、認識に対する前者の価値、すなわち創造的ファンタジーの意義を積極的に評価する。なぜなら、ギリシア人・中国人・インド人・中世人などの予感能力が言い表したさまざまな自然現象の関連、確実な経験、科学的研究はのちにしばしば正しかったことが確認されたからである。

こうしてフンボルトは科学的認識の諸段階を七つの大きな時期に分ける。最初の主要時期は地中海で、ヨーロッパ諸民族の最初期の文化の揺籃である。伝説的なアルゴー号の乗組員とフェニキア人たちの北東、南方、西方への航海の出発点である。アレクサンドロス大王の遠征はナイル河からインダス河まで東と西を混合し、ヨーロッパ人の世界観を自己の観察と他民族との交流により拡大した。プトレマイオス王朝時代に貿易は南方へ拡張され、インド洋との交易が増大した。百科事典的科学が自然のさまざまな見解を一般化した。ローマの世界支配はそれまで知られていた地方の境界を延長した。同時に中国とインドとの交易が隊商たちの大交通網により始まった。商業の発達にともないストラボンとプトレマイオスの大地理学書が成立し、プリニウスが『博物誌』を著した。アラビア人によるさまざまな征服に伴い自然科学がヨーロッパに入ってくる。フンボルトはセム語系の諸民族の自然とのかかわり方、とくに旧約聖書の詩篇やギリシア教父たちの自然感情にも注意をはらう。アラビアの薬学と化学の普及とともに自然地理学、天文学、数学の知識も広まり、それらの根がギリシアとインドの種族、とりわけアリストテレスの自然学に見出される。

十三世紀にいたり、アラビア人と中世末期およびルネサンスの航海者たちのもとで、自然研究者たちは理念的および経験的仕方で、地球空間における種々の発見の大事業と「それらをコスモス的思想圏へと拡大するため首尾よく利用する可能性」をしだいに準備するようになる。もとより、プラトン主義は自然哲学的考察には欠かすことのできない指針ではある。しかし教会博士のアルベルトゥス・マグヌス（一一九三―一二八〇）はアリストテレスの自然学的著作に注解をほどこすことにより新時代を画し、植物生理学的および自然地理学的諸問題に携わった。ロジャー・ベーコン（一二一九頃―一九四）は燃焼可能な混合物の爆発実験を行ない、理論的・実践的に光学の実験をした。ここで間接証明を受けるのは、思惟と存在のいずれが優先するかという、いわゆる唯名論論争である。このように中世も人類の発展過程のなかにあることが判明する。これらの自主独立の思想家たちが形づくる系列は、ドゥンス・スコトゥス、ヴィルヘルム・フォン・オッカム、ニコラウス・フォン・クーエスで始まり、ラムス、カンパネラ、ジョルダーノ・ブルーノからデカルトまで連なっている。

「この（新プラトン主義の）哲学を駆逐しながらアリストテレス哲学が精神のさまざまな動きに決定的な影響を獲得したとき、それは同時に二つの方向性をとり、思弁的哲学のさまざまな研究において、また経験的自然知の哲学的取り扱いにおいて現われた。これらの方向性において最初のものが、たとえ私の著述の研究テーマに疎遠であるように見えても、ここで触れないわけにゆかないのは、それが弁証法的スコラ哲学の時代の真っ只中において数人の気高い天分豊かな人物を知識の種々さまざまな分野における自主独立な思考へと駆り立てたからである。雄大な自然学的世界観は豊富な個々の観察を、さまざまな観念の一般化のための基体として必要とするだけではない。それが必要とするのはまた、人々の心情を強める準備であって、それは知識と信仰の永遠の戦いにおいて威嚇するさまざまな形姿に対し意気阻喪しないためである。これらの形姿は近代に至るまで経験科学のある種の領域の入口に立ちはだかり、これらの入口を閉ざしてしまおうと努めている。切り離してならないのは、人類の発展過程において均等に生気づけてきたもの、すなわち、知的自由への正当な権利の感情と、遠い空間におけるさまざまな発見への長く満たされない努力である。」（原著第二巻Ⅳ十五世紀）

近代自然科学が成立する契機は、いわゆる大航海時代である。それはヴァーキンガーと呼ばれる北欧ノルマン族の北アメリカへの航海で始まり、一方でノルウェーのベルゲンとアイスランドをへて世界最大の島グリーンランドのあいだ、他方でグリーンランドと北アメリカのあいだの交易関係の樹立により導入されていった。この意味で北アメリカはずっと以前からスカンジナビア人たちにより発見されていた。アイスランドは一〇〇〇年にハンガリーと同じくキリスト教化されたので十二、三世紀頃からヨーロッパ大陸との結びつきができ、「イスラント・サガ」と「エッダ歌謡」によりドイツ文学史の初期に組み込まれている。コロンブスによる中南米への航海とポルトガル人によるインドへの航海はそのずっと後のことであるが、スペインの征服者「コンキスタ」たちの時代、十五世紀末と十六世紀初頭に、地動説による新しい世界秩序がコペルニクスにより見出されたのは、たとえ公に告知されなかったにしても、クリストファー・コロンブス（一四五一―一五〇六）の没年、新大陸の発見後十四年のことであった。

最後の七番目の時期は「望遠鏡の使用による天体空間におけるさまざまな大発見――天文学と数学の主要時期、ガリレイとケプラーからニュートンとライプニッツまで――惑星の運行法則と万有引力理論」の時代である。この十七世紀には、望遠鏡の発明による天文学的知見の増大とともに数学の著しい進歩、光・熱・電気・磁気・化合のプロセスにおける自然学的認識がもたらされ、地球の性状がますます明らかになってきた。フンボルトがこれまで考察してきたのは二千年以上にわたり、そのさい彼は世界全体の発展する認識におよぼす外面的出来事の影響と、人間のさまざまな科学的努力の多面性および内的な連鎖に留意してきた。各時期はある時代の科学史的様相を目に見えるように描き出しているので、それらは一連の自然絵画を呈示しているとみなされる。彼が思ったのは、「七つのはっきり区分した項目において、いわば同数の個別（自然）絵画の順番で、自然学的世界観の歴史、すなわち世界全体のしだいに発展する認識の歴史を描写すること」であった。

「想像力の魔力的圏内にある芸術が元来まったく心情の内部にあるのに対し、知識の拡大はとりわけ、外界との接触にもとづいている。この拡大は諸民族の交流が増大するにつれ、多種多様かつ緊密になる。新しい器官（観測器械）の創造は、人間の精神的、そればかりでなく、しばしば自然学的な権力をも増大させる。光よりも速く思想と意思を地の果てまで伝達するのは閉鎖電流である。その始原的な自然の中の静かな営みは、有機組織の繊細な細胞の中におけるように、今われわれの五官には感知されないが、認識され、利用され、高次の活動へと目覚まされ、いつか計り知れない手段の系列に入り、これらの手段は個々の自然分野の支配と、世界全体のより生きいきとした認識へ近づけてくれることであろう。」（『コスモス』原著第二巻本論「自然学的世界観の歴史」結語）

4　自然認識を表現する絵画的手段

『コスモス』第一巻の「自然学的世界記述」と第二巻の「自然学的世界観の歴史」の中間にある「自然研究への刺激手段」という「文学的自然描写」「風景画」「造園芸術」の三章から成る項目は、ほんらい原著第二巻の序論というよりは、自然と人間を芸術により媒介する独自の本論とみなすべきものである。それは第一巻の二つの序論「自然のさまざまな種類の楽しみと世界法則の科学的探究」と「自然学的世界記述の限定と科学的取り扱い」がフンボルトの科学方法論であるのと同様である。このいわば第三の人文学的本論は、自然が人間の心情におよぼす作用を記述しており、心情はこの作用に刺激されて、反映された自然像を種々の芸術的手段をもちいて再現しようとするのである。

フンボルトがその表題の名を挙げているゲーテの唯一の文学作品『ヴェルテル』において忘れてな

らないのは、主人公がスイスを遍歴した画家という設定になっていることである。そして彼はロッテに出会う以前、書簡体小説冒頭二番目の有名な一七七一年五月十日付の手紙において、壮麗な自然をまえに次のように叫んでいる。「ああ、おまえの内部にかくも沸々とかくも熱烈に生動しているものを再現できたら、画紙に吹き込むことができたら、おまえの魂が鏡のようになれたら、どんなにいいだろうか、おまえの魂が無限の神の鏡であるように。」

「自然研究への刺激手段」執筆の根底に若いフンボルトのこのような自然体験があったとすれば、たしかに『コスモス』の他のあらゆる部分にゲーテないしヴェルテルの芸術家的精神が漲っていることが感じられる。人間は生成発展しつつ、言語を形成しながら感受し、直観し、認識し、造形しながら、世界全体と解き難く結ばれている。それはヘルダーの『人類史哲学考』（イデーエン）の精神と同じであり、科学に精通したゲーテの友人クネーベルが『色彩論』歴史編について、「真の深いフマニテートの精神がその至るところに支配している」と書いていることも首肯できる。『コスモス』が『イデーエン』だけでなく『色彩論』とも精神的親近性を生きいきと感じさせるということは、それらがゲーテ時代の精神を体現していることのあかしである。

もとより、フンボルトの世界的名声を今日まで確固たるものにしているのは、晩年の『コスモス』というよりは、むしろ若いフンボルトの「アメリカ旅行記」である。前者に言い表されたフンボルトの自然観も世界像も究極において後者の自然体験と認識にもとづいているからである。初期のフンボルトを科学的研究に駆り立てたのは、南洋諸国に対する憧れだけではなかった。彼も早くから真摯な汎知学者ファウストのように、「世界を奥の奥で統べているものを究めようとする」認識衝動にめざめ、それを旧大陸の文化的伝統ではなく新大陸の巨大な未知の山脈と無尽蔵の植物の世界のなかで探求しようとしたのである。それまでの数々の世界周航船団はつねに自然研究者と画家を同乗させていた。しかし、それらは島々か沿岸に寄航するのみで、科学者たちは大陸の奥深くまで入って長期にわたり探検する機会に恵まれなかった。一八六〇―六二年にプロイセン最初の外交使節団とともに来日した偉大な地理学者フェルディナント・フォン・リヒトホーフェン（一八三三―一九〇五）も、一八六〇年代末まで研究調査のため中国本土の奥地に入ることを許されなかった。

ところが中南米旅行の研究成果を『植物地理学論考』において発表するに当たり、フンボルトは、序言の冒頭において、ほとんど唐突に自然絵画という術語のもとに自然の全く新しい見方を提示することを宣言したのである（第五章4）。

「私がこの自然絵画のなかで集大成するすべての現象は、地球の表面と、これを包み込んでいる大気圏が呈示するものである。われわれの経験的知識の当今における状態、とくに気象学の状態を知っている自然学者たちは、かくも多くの研究テーマがかくも少ないページ数で扱われていることを見ても訝しく思われないであろう。それらの処理にもっと長い時間をかけることができたならば、私の著作はさらに短くなったことであろう。なぜなら、私の自然絵画は普遍的な見方、数字により表現される確実な事実だけを提起すべきだからである。」

彼のこれまでの人生が捧げられてきた経験的研究分野に忠実に、彼はこの著作においても、多種多様な現象を、事物の本性に透徹しながらこれらをその内的協調において叙述するよりは、並列的に列挙したのである。この告白は彼が判断されることを希望している方法論的立場を表示するもので、それによりまた同時に彼が指摘したいのは、いつか全く別種類の、いわば高次の自然絵画を自然哲学的に描くことが可能になるだろうということである。

たしかにフンボルトをもって、古典古代時代から何千年も何百年もつづいた博物学的探検旅行の伝統は終わった。時代を先取りするこの若い自然研究者は、同意を前提にしながらゲーテ宛に一八一〇年一月三日付で書いている。「彼ら（在来の自然研究者たち）が従事しているのは、ほとんど新しい種を探求することだけです。（中略）それがいかに望ましいことではあっても、それに劣らず重要なのは、その名称さえほとんど存在していない教科、植物地理学を研究することです。」そのうえ彼の自然の見方は美的・芸術的であり、これこそ彼の自然研究のゲーテ的特徴であった。「自然は感じられなければなりません。見て抽象するだけの人は、一世代にわたり、生命の充満した燃えるような熱帯世界で動植物を解剖して、自然を記述していると思うでしょうが、自然そのものには永遠に疎遠でしょう。」フンボルトは『植物地理学論考』の序言の中でさらに、「私ほど次のようなシステムに喜んで内的に参加したいと思わない者はいない。そのシステムは、原子論を失墜させながら、また物質の差異を空間占拠と密度のたんなる差異に還元する、かつて私も従っていた一面的な物の見方から遠ざかって、有機体制・気温・電磁気現象、これまでの自然学にはほとんどアプローチ不可能な諸現象に明るい光を広げることを約束している」。

しかしながら人文学的自然科学者である彼は、自然を科学的に研究するだけではなく、該博な歴史的・地理的知識にもとづき、自然の本質について絶えず思索をめぐらし、畢生の主著『コスモス』におけるように、自然と人間のかかわりにおける種々の結果である神話・詩文・美術など文化全般の省察も怠らない。

「なぜなら、自然におけるさまざまな対象の歴史がもちろん自然記述としてのみ考えられうるのに対し、ある深遠な思想家（シェリング）の発言によれば、自然のさまざまな変化も、それらが人間の出来事に対しても影響力をもつ場合、真に歴史的性格を帯びてくるからである。」

そのうえ彼の自然研究には、自然の合理的認識のほか、自然観照の楽しみという美的な見地も付け加わってくる。「一方で私がいつも望んでいたのは、私の自然絵画が多数の事実の集大成を学ぶ労をいとわない人々のなかに、新しい思いがけない観念を生みだすことができることである。他方でまた私が思っていたのは、私の草案が想像力に働きかけることができ、それに、驚異にみちた、しばしば恐ろしいが絶えず有益な大自然の観照から生ずる楽しみの一部をもたらしうることである。」

これらの特質は序言のあと『論考』のほんらいの表題「植物地理学論考ならびに熱帯諸国の自然絵画」にすでにある程度まで暗示されている。ここで叙述の前面に現れてくるのは、どちらかと言えばフンボルトの経験的研究である。そして出発点はいちおう植物である。しかし、植物は気候風土のなかで存在している有機物である。それを研究するためには、無機的な気候と風土、すなわち大気圏の諸条件と諸大陸における種々の生活環境を必然的に考慮しなければならない。その際、山脈と大気圏は両者の接点である。こうして植物学はおのずから外見的に地質学および気象学ないし気候学と密接に関係づけられ、内容的には火山学・地震学・水理学・電磁気学・光学・鉱物学・動物学さらには人間的な科学である農芸化学などと関係してくる。これらすべては、いわゆる「自然絵画」において目に見えるかたちで図示あるいは数量的データとして提示されているのである。

「この（ほとんど未知の）教科は植物を種々異なった気候風土におけるその分布の事情に従って眺める。その取り扱う対象がほとんど無際限であるとはいえ、それはわれわれの目に果てしない植物のカーペットをあらわにする。これは薄くあるいは厚く織られていて、すべてを生気づける自然がむき出しの地球体のうえに広げたものである。それは植生を永遠の氷河（高峰万年雪）の空気の希薄な高所から、海の深淵あるいは地球の内部深くまで追跡していく。ここでは地下の洞穴に隠花植物が生きており、それらを養っている蠕虫と同様に未知のままである。／この植物カーペットの上方の縁（上限）にあるのは、万年雪のそれのように、場所の緯度によりあるいは暖める太陽光線の傾斜により高低がある。しかし植生の下限はわれわれには全く未知である。なぜなら、両半球の地下植物について行なわれた精確な観察の教えるところによれば、地球の内部は、有機的萌芽が発展の余地と栄養のための酸素を含む液体を見出した至るところで生気をおびているからである。雲の層をこえて高く聳えるかの氷に閉ざされた絶壁には、スギゴケ類とさまざまな地衣類がはえている。それらに似た隠花植物は、色とりどりになったり真っ白になったりしながら、その柔らかい繊維質の織物を地下洞窟の鍾乳石の壁と鉱山の湿った材木のうえに広げていく。このように植生の両極限はいわば接近し、さまざまな形を生み出していくが、それらの単純な構造は生理学者たちによりまだほとんど研究されていない。」（『植物地理学論考』本論冒頭）

しかし植物地理学は植物を、それらが見出される気候風土と山の高さの違いに従って分類するだけではない。またそれは植物を、それらがそのもとで発生する気圧・気温・湿度・電圧の変化する度数に従って考察するだけではない。それは地球体の無数の植物を、動物と同様に、二つの部類に区別する。これらはその相互関係において（そしていわばその生活方法において）大いに離れている。「フライベルクの植生」（一七九三）の論文にすでに指摘されていたように、あるものはヨーロッパの温帯におけるように個別に分散して成長し、他の植物は群生して、アリやハチのようにさまざまな地域全体をおおい、そこから他のすべての彼らと異なる植物を締め出す。しかしながら、孤立植物と群生植物のすべてを精査するのはまさに個別科学の研究課題であって、もはや本章の自然哲学的考察の枠を越えている。これに対し、植物学者の研究対象はふつうフンボルトまで、植物学の観相学的小部分に限定されていたといわれる。

第二章　ヨーロッパ啓蒙主義のドイツ的展開

アレクサンダー・フォン・フンボルトが午前中、数時間、私のところに来ていた。私は長いこと彼を知っているが、彼には改めて驚嘆している。知識の量と生きた知見という点で彼に匹敵する者はいない。それに、あの多面性も私の知る限り比類がない。何を話題にしても彼はあらゆることに精通しており、われわれに溢れるほどの精神的財宝を与えてくれる。まるでたくさんの蛇口の付いた噴水のようで、容器さえ下にあてがえばいつでも爽やかな水が尽きることなく流れ出てくる。

（エッカーマン『ゲーテとの対話』一八二六年十二月十一日）

1　「疾風怒涛」の思想家ヘルダー

フンボルトはいかなる箇所でもヘルダーに言及していない。しかしこのゲーテの先達である真に生産的思想家ヘルダーは、その壮大な歴史学的主著『人類史哲学考』（一七八四―九一）により、彼に少なくとも間接的に大きな影響を与えていたに違いないのである。「私の骨の折れる労苦にみちた研究は、ヘルダーが『人類史哲学考』を執筆しはじめたことにより軽減されたばかりではなく、甘美なものとされた。われわれの毎日の対話は、水に覆われた地球の起源と、その上で大昔から発展してきた有機的な被造物が話題であった。太古の始原とその不断の継続的形成はいつも論じられ、われわれの学問的所有は、相互の伝達と論争により、日毎に浄化され豊かにされた。」(『ゲーテ形態学論集』「内容の序言」)

ドイツ文学史には「若いゲーテ」という明確な時代概念がある。それは一七四九年八月二十八日、マイン河畔フランクフルトで生まれた詩人ゲーテが、一七七五年十一月七日にワイマールに到着し、「ドイツの緑のハート」テューリンゲン地方で実り多い活動の新天地を見出すまでの時期である。その詳細は何よりも彼の自叙伝『詩と真実』に生きいきと叙述されている。ただしドイツ騎士団によって開拓された東プロイセンの田舎町モールンゲン(現在ポーランドのモラク)に生まれた、彼より五歳年長の独創的思想家ヨハン・ゴットフリート・ヘルダー(一七四四—一八〇三)について、同様に「若いヘルダー」ということが言われるとき、それは主として一七六六年から七六年まで、最初期の著作活動における創造的混沌の時期をさしている。

いうまでもなくヘルダーの生涯と思想は、その影響史・受容史・研究史を含め、ドイツ文献学においてゲーテに劣らず専門的には徹底的に研究されている。(最新の画期的業績は、嶋田洋一郎訳『ヘルダー民謡集』九州大学出版会、二〇一八年。)しかし往年の拙訳の目的はなによりも、一般の読者に『言語起源論』(一七七二)の原典を読みやすく紹介することにあり、したがって、伝記的叙述もここでは簡略に止めなければならない。「伝記の主要課題であるように見えるのは、人間をその時代環境のなかで描き、全体がどの程度彼に逆らい、またどの程度幸いし、彼がそこからいかなる世界観と人間観を形成し、もし彼が芸術家・詩人・著述家であるならば、それらをまたいかに外部に向かって反映したかを示すことである」（ゲーテ『詩と真実』序言）。この指針によれば、ロシアと接する北ドイツの辺境出身のヘルダーには、ゲーテと異なり幼少年期について語るべきことは何もなく、初期の活発な著作活動のあとシュトラースブルクで若い詩人と出会ってから初めて本格的にドイツ文学史に登場するのである。

特筆大書すべきことにヘルダーは、かつての東プロイセンの州都ケーニヒスベルク（現在のカリーニングラート）において、一七六二年八月から約二年間カントのもとで学んだ。彼がここで「ソクラテスの胸にもたれる無分別なアルキビアデス」のように十四歳年長の「北方の賢者」ハーマンと知り合ったのは、一七六二年あるいは六三年のことであった。それから彼はハーマンの紹介で、一七六四年にロシア統治下リーフラントにおいて主都リガの教会付属学校の教師となり、翌年には説教師にも任命されるが、生活上の大きな転機は一七六九年六月フランスへの船旅であった。彼はそこから一七七〇年にホルシュタインのオイティン経由でシュトラースブルクへ赴き、幼時からの眼疾治療中に同年九月初旬、ゲーテと出会った。その後、一七七一年から七六年まで彼は北ドイツの小都市ビュッケブルクで主任牧師を務めていた。彼は一七六七年に聖職を授けられていたのである。一七七六年に彼がワイマールの教区総監督として赴任したのはまさに、その前年にワイマール公国の官吏となっていた詩人ゲーテの最初の文教政策的はからいであった。

ヘルダーの精神史的位置がフランス啓蒙主義からドイツ・ロマン主義への移行を決定的に推進した点にあるにもかかわらず、彼の現代的意義ないし現代性は古典主義者ゲーテの場合と異なりあまり問われることがない。それは、彼がその歴史的役割を果たし終え、その多彩な隠れた持続的影響がもはや特定されえないためかもしれない。しかし言語哲学はさておき、とりわけ歴史哲学における彼のさまざまな問題提起のうち現在もなお依然として重要と考えられるのは、人間と過去一般との関係、気候風土が人間性に及ぼす影響、科学技術の進歩に対する危惧、ヒューマニズムの自然法的権利、無制限の合理主義や個性喪失の危機などへの問いである。「近年、世界の危機的精神状況に直面しつつあるとき、あるいは人間科学とか学際的領域とかが唱えられるときに際して、世界史的規模において人類の意味を、その全のなかの個、すなわち国民や人間存在の意味を、人間性（フマニテート）の名において問いつづけたヘルダーの形姿がやや見直されるかに見られる。」（登張正實）

十八世紀ドイツにおけるフランス的合理主義に対するヘルダーの批判的立場は、実は多種多様な文化に囲まれている人間そのものへの啓蒙主義的関心にねざしていた。若いヘルダーは、批判哲学においての「物それ自体」を認識不可能として神と人間の世界を事実上分離してしまった啓蒙主義的哲学者カントのもとで学んだためか、プロテスタントの聖職者となったあとも注目すべきことに、護教的に神やキリスト教について語ることはあまりなく、彼の関心事はもっぱら人間性にかかわることであった。しかも、ナポレオン戦争のため十九世紀のドイツ人がしだいに偏狭なナショナリズムに傾いていったのに対し、ヘルダーはまだルソー、モンテスキューなど多くのフランス思想家のほか、ディドロやダランベールなど百科全書派の知見とも充分に親しむことができた。彼はフランス感覚主義に親近性のある自然にねざす芸術という見地に立ちながら、諸民族の文化、とりわけ言語と文学を自然な人間性から把握するという新しい見方を創始し、無神論的・唯物論的傾向のつよかったヨーロッパ啓蒙思想から脱却する十八世紀ドイツのヒューマニスティックな精神文化成立に多大の貢献をしたのである。ゲーテが彼のむずかしい性格について「青年時代に否応なく捉えられたかの不満を、彼は後年になっても抑制することができなかった」と述べているように、ヘルダーが思想的に「欲求不満な啓蒙主義」に属していたと言われるのはそのためである。彼は、結局ある程度、師のハーマンと同様に啓蒙主義を啓蒙主義の手段を用いて克服しようとしたのである。

ヘルダーのフランスとの出会いの記念碑的記録は『一七六九年の旅日記』（嶋田洋一郎訳『ヘルダー旅日記』九州大学出版会、二〇〇二年）である。この船旅はヘルダーの最初の活動地リガにおける狭隘な生活環境から脱出することが主目的で、はじめからフランス行きをめざしたものではなかった。彼は牧師でありながら匿名で文学的活動をしていたため、関係者たちから快く思われていなかったのである。彼の計画はまずスウェーデンを経てデンマークへ行き、コペンハーゲンでドイツの高名な詩人クロプシュトックと有力な評論家ゲルステンベルクを訪問し、それからハンブルク経由でドイツ国内旅行を行なうことであった。ハインリヒ・W・ゲルステンベルク（一七三七―一八二三）はいち早くシェイクスピア論を執筆してシュトゥルム・ウント・ドラング運動の先駆者となっていただけではなく、雑誌『文学新刊書評論』をボーデ書店から刊行していた。ヘルダーはハムレットの墓のあるヘルシンニョールではじめて、リガ出身の友人ヨハン・クリストフ・ベーレンスの説得により「ほとんどいやいやながら」一緒にフランスへの船旅を続けることにしたのである。それは主としてヴォルテールによりプロイセン王フリードリヒ二世のベルリンへもたらされた啓蒙主義的合理主義・唯物論・不可知論からの訣別であると同時に、フランス啓蒙主義の生きた伝統と現地で接触することにより、ヘルダー個人をこえた意義深い出来事であった。

「空と海のあいだを漂う船は、なんと広い思考空間を与えてくれることだろうか。ここではすべてが思想に、翼と躍動と高遠な大気をあたえてくれる。地上で人間は死んだ一点にくぎづけにされ、ある状況という狭い範囲に閉じ込められている。――そこではすべてなんと卑小で狭隘だろうか、生活・名誉・尊敬・願望・恐怖・憎悪・嫌悪・愛・友情・学習欲・仕事・ホビー――精神全体がなんと卑小で狭隘なことだろうか。――思い切って外へ飛び出してみる、あるいはむしろ書物・草稿・職業・同業者社会なしに投げ出されてみる――すると展望はなんと異なることだろうか。私がしっかりと立っていた大地はどこにあるのだろう、私が胸を張っていた演壇・教壇・説教壇は。私が恐れていた人々、愛していた人々はどこにいるのだろうか。おゝ魂よ、この世界から出て行くと、お前はどのような気分になるだろうか。狭隘な確固とした中心は消え去った。お前は空中にはためいたり、波間に浮遊したりしている。おまえの世界は消失し、足下に消え去ってしまった。」

このような『旅日記』の手稿は、船旅中のさまざまな断片的メモにもとづき、北フランス大西洋沿岸の港町ナントに到着後はじめて成立した。最後の編集作業が行なわれたのは、明らかに一七六九年十月、すなわち十一月四日にパリへ向け出発する直前であった。ただし、この原稿はまだ印刷に付するまでに至らず身近な人々に知られていたのみで、一八四六年、彼の死後息子が出版した伝記『父の肖像』のなかで初めて公表された。ヘルダーはパリからアントワープへ赴き、さらに海路アムステルダムへ行こうとしたが、嵐のため船は難破し、死に直面することも体験した。この時期の彼の天才的使命感と創造的不安に満ちた生活感情を如実に反映しているのが、遺稿から見出された、大魚に飲み込まれて三日間海中で過ごしたといわれるイスラエルの預言者ヨナを思い起こさせる長詩「未来のゲーニウス（守護霊）」（一七六九）である。

過ぎ去った活動の暗い海から
一つの影絵が魂のなかへ立ち昇ってくる。
おまえは誰か、デーモン。おまえは導いてくれるのか、
私の生の船をあそこの高みへと、
青い霧のかなたへと。海と空が
幻の衣装を織りなすところ。
高いマストの先に妖しく光る
檣頭電光のように、
救いをもたらす者たち（ふたご座）のひとり、
星で戴冠された青年ではないのか。
燃え上がれ、時代の光、歌え。
いまおまえは過去の面前から輝き出て、
私の松明となり、私の歩みをいつまでも

導いてくれる、未来が白むところへ。
雲塊はその頭を包み隠している、
天と地があたかも一つに合わさっているところで。
生の知識とは何だろうか、
神々の賜物、予言者の幻視、
予感のささやく魔の声とは。

連なる炎の列をなして輝く
もろびとの魂の奥底で、前世の像が。
通りすぎながら太い予言の矢が放たれる、
未来の心臓へと。すると見よ、
真夜中のさまざまな形姿が立ち昇ってくる、墓からの神々のように。
青春の炎の灰から予見者が。
稲妻を放つ雲海が。
それらは北斗七星をよぎって落下する。
霊がその海の魔鏡のなかに
永遠を読み取るのだ。

私は崇める、神性の像、魂を。

それはおまえの顔面に刻まれている。
おまえの中で万象の紐帯が結び合わさっている。
深みから、おまえの深淵から
世界が織り合わされ、
おまえはその末端の縁まで思念し触る。
ひたすら深く包まれ、孕んだ胎のなかに、
雲に包み込まれ、荒れ狂う海の割れ目に
後世の萌芽がやすらっている。

太陽の鏡を見出したのは誰か、暗い海の
包み隠された宝を見るために。誰が
この新しい被造物の眼を見出し、
凱旋の歩みでその中へ入り、
勝者として深みの世界を把握し、
自分を深淵の支配者と呼んだのか。
もつれ合い、解きほぐされることなく、
さまざまな活動の織物は横たわっている。幸いにも、
もつれた糸だまを解きほぐすのは、時の導きのみ。

いまや私は、しののめの
朝焼けの高みから出て、
かなたへ考えをめぐらし、翼ある眼差しを
希望の岸辺へ向ける。
高く飛ぶ接岸の使者たちがもう近づき、よろこびの歌声で
船の舳を飾る。神々よ、私には見える、
山々が凱旋の柱のように緑なすのを。それらは
草原のように香しく棚引き、私を元気づける。
陸地よ、陸地よ、私は脱した
奈落への暗黒の航海から、陸地よ。

人間の魂の深淵に沈潜するヘルダーの著作活動はひじょうに早く開始され、ケーニヒスベルク時代からすでに「抒情詩の歴史試論」(一七六四)、「存在に関する試論」(一七六五)などが執筆された。言語・美学・歴史・哲学を網羅する予定の『近代ドイツ文学断章』が書かれたのは、一七六六年から六八年にかけてである。フランスの文人たちとの出会いにより決定的な意義をもつこの船旅の前後に、彼はまたシェイクスピア研究とケルトの伝説的な歌謡「オッシアン」に関する研究をもって文学批評を実践しはじめた。これらの論文は、「疾風怒涛」と呼ばれるシュトゥルム・ウント・ドラング宣言の書『ドイツの芸術と本性について』(一七七三)に収録されている。ドイツ的歴史思考の嚆矢となる

のが『人間性形成のための歴史哲学異説』（一七七四）である。レッシングの反ヴィンケルマン論『ラオコオン』（一七六六）に触発された『批評の森』（美の科学と芸術についての考察）は、文学をもはや抽象的にではなく、その担い手である人間を「考え感じる存在」として考察するようになる。ヘルダーにとって美学は五官の理論、想像力の論理だからである。それとの関連で大部分一七六八年から一七七〇年にかけて書かれたのが「彫塑論」と「言語の起源に関する論文」で、本格的な人間学的言語論のためのこのような予備的研究の最中に彼は、ルイ十四世以来すでに長いことフランス領となっていたシュトラースブルクで、若いゲーテと出会うことになる。

『言語起源論』（一七七二）以前、ヘルダーはすでに『近代ドイツ文学断章』全三集により識者の間で文名をはせていた。第一集と第二集は一七六六年秋、第三集は一七六七年復活祭に、彼が聖職についていたバルト海沿岸の町リガのハルトクノッホ書店から匿名で出版された。しかし著者が誰であるかはハレ大学教授クロッツの論難により間もなく知れ渡った。そのため、計画されていた第四集は断片的な草稿のまま完成されなかった。『断章』全体は、レッシングの提案により一七五九年に刊行され、彼がベルリンからハンブルクへ移ったあとフリードリヒ・ニコライ、モーゼス・メンデルスゾーン、トーマス・アプトにより一七六五年まで発行された文芸評論誌『文学書簡』への補完的な評論であった。その終結後、彼は「カルタゴの廃墟のうえに立つ（ローマの将軍）マリウスのように」先人により新しく拓かれた道を掘り返して、自分なりにドイツ文学の畑を耕そうとしたのである。第一集の序言に、「私は文学書簡のさまざまな所見を集め、それらの展望を広げたり取り消したり、脇に置いたりする。またそれらをばらばらにしたり縫い合わせたりして、モデル人形の動く全体を作り上げられないか試みている」と記されている。彼には、批評家として先人に審判をくだそうなどという僭越な気持は毛頭なかったのである。

それゆえ第一集の初版では、まず多種多様な論考が比較的ながく引用され、続いてそれらに関するヘルダー自身の多少とも批判的な見解が付記されている。彼の意図はむしろ次の点にあった。

「私がやろうとしているのは単に、それらを導きの糸にして祖国の文学について見聞をひろげ、過去六年間におけるその絵画を日陰で描くことである。私がよく弁えているのは、この絵画がある人々にはつまらなく、他の人々にはぼんやりと、残りの人々には法外に思われるだろうということである。フィディアスが高い祭壇のために造ったミネルヴァの像が、下の地面にいるアテネの民衆にそう見えたのと同じである。人々は彼に石を投げようとし、未経験なアルカメネスの魅惑的な絵が賞を得たのは、それが単により目立ったためであった。」

彼の用いている絵画とは別の比喩によれば、先人たちが砂漠のなかへ種々の水路を導いたのであれば、彼はそこで舟航することができ、彼らが海の中でそここに島を発見したのであれば、彼は陸地を求めて見回してもよいわけである。こうして、目次の序論には「ドイツ文学を夢見る一般的な絵画、そしてこの夢に従って、一般ドイツ文学論叢、人文学論叢、文学書簡を検証する試み」という説明が添えられている。

『断章』の著者が明らかになり、感激した人々の賛同の声が高まるにつれ、あちこちから異論も起こってきた。とりわけ、学問用語としてのラテン語により文学のためのドイツ語が危機にさらされているという牧師ヘルダーの見解は、古い世代の神学者や哲学者たちの反感と反論を誘発せざるをえなかった。論争に倦んだヘルダーは、予定されていた第四集を続行することを断念し、むしろ第一集の初版を全面的に改稿することにした。とくに導入部分の多くの引用を削除することにより、『文学書簡』への依存度を弱めるだけではなく、明確な表現ないし定式化により独自性をより前面に出すことが必要であった。また目標は、とりわけ文学研究の前提としての言語考察に向けられることになった。

ここで重要なのは、初版で二番目になっていた「言語の年齢について」の断章が再版では、第三部の冒頭に挿入され、その後それぞれの時期についての叙述が掲載されていることである。改訂再版の目次でそれは次のように要約されている。「言語の形成に関する断章。その年齢についてのロマーンが先行し、言語の形成を説明する道が拓かれる。一、途上の興奮剤。何かある発明の起源、とくに言語の発明について哲学することは、いかに快く、有用で、また不確実であろうか。」

著者みずから「ほとんど新しい作品」と呼んでいる第一集第二版が刊行されたのは一六六八年夏なので、それは言語起源に関するベルリン科学アカデミーの懸賞課題の出るまえのことであった。第二集の改訂作業も完了していたが、これはヘルダーの死後、一八〇五年にはじめて印刷公表された。若いヘルダーを一躍有名にした『言語起源論』の予備的考察とみなされる『断章』中の言語考察は、「言語と文学」「思想と表現」「言語の形成」という三つの基本的視点から行なわれていた。

『断章』第一集の初版でとりわけ注目にあたいするのは、「絵画」という言葉の語法である。若いヘルダーは、彼の夢見る十八世紀ドイツ文学の文化景観を一般的な意味の絵画になぞらえているからである。もっとも、一五番目の断章には「想像力の絵画」や「抒情詩的絵画」という表現も見出される。さらに『言語起源論』になると、冒頭ですでに「哀愁の面持という絵画全体」「活動する自然の画面全体」「自然の声は描かれた、恣意的な記号」ということが言われ、第一部第三章の一で「自然という大きな画面」、二でも「ある基幹語とさらにその派生語の種々の意味は、相互に比較対照すると、実に色とりどりの絵画になる」などと言われている。また後年の主著『人類史哲学考』の巻頭では、十年まえに『人間性形成のための歴史哲学異説』を出版したときの「異説」の異は「私も他の歴史家と同じく一人の画家にすぎない」の意味であると注釈されている。ところが、ヘルダーの自然にねざす世界像と風土論に強く影響されていた一世代あとの自然研究者アレクサンダー・フォン・フンボルトも、初期の中南米探検旅行記『自然の諸相』から晩年の科学的主著『コスモス』に至るまで、絶えず「自然絵画」すなわち自然の絵画的記述について語っているのである。

そればかりではなくヘルダーは、『断章』においてはドイツ文学と対比させてギリシア・ローマ・ヘブライの文学世界のみ論評しているのに対し、『言語起源論』第一部においては、文化人類学的見地から身近な北欧の諸人種のほか、南北アメリカに関する宣教師たちのさまざまな報告を資料として引き合いに出している。アンデスのコルディリエーラ山脈、ブラジル、アマゾン流域、ペルー人、メキシコ人、カリブ人、ヒューロン人あるいはカナダで布教したラスレ神父やペルーやブラジルのアマゾン上流域を探検旅行した地理学者・数学者シャルル＝マリー・デ・ラ・コンダミーヌなどである。第二部の導入においては、言語を発明した人間は、「アメリカに渡ったヨーロッパ人が動物から見習ったように、何が食べられるかを味わって試さなければならず、それゆえ野草の標識、したがって言語を集成しなければならない」とさえ記されている。最後にまた「南北アメリカ、アフリカおよびアジアに関する旅行記を読んだ者には、この森の部族の数を計算してみせる必要はない」とも述べられている。これらの記述を読んだに違いない青年時代のフンボルトが、少年時代におけるスペインの探検家ヴァスコ・ヌニェス・デ・バルボアの読書体験と同様、深い印象を受けたことは想像にかたくない。

なお言語起源について、ゲーテは自叙伝において「人間が神的起源ならば、言語そのものもそうであり、人間が自然の範囲内で考察され自然的存在とされるならば、言語も同じく自然的なものであった。これら二つのことを私は魂と身体のように決して分離することはできなかった。（中略）ヘルダー論文の趣旨は、人間が人間として自力でいかに言語に達することができるか、またそうしなければならなかったかを示すことであった」と述べて、当時ヘルダーの論述の仕方から強烈な影響を受けていたにもかかわらずこの問題に深入りすることを避けていた。『詩と真実』において彼はむしろ、魂のあらゆる力の結集を強調するハーマンの意義を称揚していた。これまで筆者も、それを他山の石として、あまりにも多種多様なヘルダー研究をある程度まで意識的に控えていた。

拙訳『ヘルダー言語起源論』（大修館書店、一九七二年）はその公刊二百年後の記念出版であったが、訳者はヘルダー研究が専門ではなく、その後はむしろミュンヘンにおける留学時代からのゲーテ研究に専心するようになった。そのため私は、言語起源論以後のヘルダーの感覚論「人間の魂の認識と感覚について」（一七七八）や『神についての対話』（一七八七）におけるスピノザを擁護する宗教論、あるいはさらに『人類史哲学考』（一七八四／九一）における彼の歴史哲学や後期の理想主義的フマニテート論などについて論文を書くことはいっさいなかった。もとより、とくに『イタリア紀行』に見られるように自然観と人間観におけるゲーテとヘルダーの密接な関係は明らかであり、シラーの美学論文を含めヘルダーは、ゲーテ時代あるいはワイマール古典主義の枠内で絶えず私のゲーテ研究における視野の中にあった。しかしフンボルトにおける自然絵画と熱帯自然の記述について考えているうちに、むしろ彼とヘルダーの関係に注意を促されることになった。

『コスモス』の著者アレクサンダー・フォン・フンボルトがヘルダーの『人類史哲学考』の雄大な構想に鼓舞されていたことは明らかであるが、序論的叙述にすぎない本章の枠内では、啓蒙的な書物ではあまり取り上げられないヘルダーとフンボルトの関係についてはこれ以上深入りすることは控えたい。アレクサンダー・ジリースがドイツ語訳されたその研究書のなかで要約している若いヘルダーの百科全書派的研究計画は、真にヘルダー自身だけではなく後進をも多岐亡羊の危険に導く恐れがあるように思われる。三十年後に同様の試みをしたロマン派の詩人ノヴァーリスは夭折してしまったのである。もとより、若いヘルダーがパリでディドロに会っていたということの重大な意義は、フランス啓蒙主義とドイツ・ロマン主義の関係を考え直すうえで、きわめて大きいと言わなければならない。

「ヘルダーが描いたさまざまなプランは、そのイメージの壮大さ、次々に繰り広げられる嵐のような充溢さの点でいつか凌駕されることはまずないであろう。（中略）彼は新しいロシア憲法を起草しようとしている。彼はヨーロッパ文学から珠玉の詩作品のアンソロジーを編纂し、聖書の翻訳を準備し、イエス伝を書こうとしている。彼はまた民族心理学を研究し、各国の文化を調べようとしている。彼は諸学に新しい基盤を与えようとしているのである。彼のプログラムは〈世界における人間性形成の綜合史〉である。そこで包括されることになるのは、歴史・教育・心理学・哲学・言語・法律学・自然科学・神学・政治学・考古学・美術史である。人間性表現のあらゆるフォルム、あらゆる国民と時代における人間の努力のいかなる様相も取り扱おうというのである。」

2　ゲーテ時代の代表的自然科学者フンボルト

ドイツ十八世紀の文化景観はまことにアルプスの高山地方を思わせる。そこには特に音楽・哲学・文学の諸領域がそれぞれ連峰のように聳え立っている。すべての領域にまたがる最高峰は疑いもなくゲーテであり、広義の文学において際立っているのは三組の双子山のような兄弟たち、すなわちシュレーゲル、フンボルト、グリムという、ゼウスとレーダの双子の息子カストールとポルックスになぞらえられる三兄弟である。彼らは、アルプス山中フルカ峠の氷河からローヌ川、ライン河、さらには太古のドナウ河が発しているように、ドイツ言語文化の豊かな流れを形成している。もちろん、モンブランがフランス・スイス・イタリアの接点にあり、フルカ峠がスイス・ゴットハルト山塊の中央に位置し、三つの大河がヨーロッパ大陸全体を潤しているように、ドイツ文化もイタリアのルネサンス、イギリスのシェイクスピア、フランスの啓蒙主義などヨーロッパ文化全体との関連から考察されなければならない。

さらに十八世紀ドイツの縮図は「ドイツの緑のハート」テューリンゲン州にある、イェーナを含むワイマールである。ここで活躍したのは、とりわけ若いバッハやリスト、ヴィーラント、ヘルダー、ゲーテ、シラーであり、シュレーゲル兄弟とフンボルト兄弟のほか、ヘーゲル、シェリング、ショウペンハウアーなどもゲーテと親交があった。そのうえ、ヘルダーリンやグリルパルツァー、ヴィルヘルム・グリムなど、ゲーテをワイマールに訪問したりイェーナで彼と会っていたりした当時の有

「ワイマールの四人の友」（A. ミュラー筆）
前列右からゲーテ、シラー、後列ヴィルヘルムとアレクサンダー兄弟（家庭用雑誌「あずまや」1860 年より）

名な学者文人の名は枚挙にいとまがない。この文化的状況を象徴しているのは、ゲーテおよびシラーとフンボルト兄弟四人の交友を描いた一枚の絵であるが、興味深いのはその年齢構成である。生没年を列記すると、ゲーテ（一七四九―一八三二）、シラー（一七五九―一八〇五）、ヴィルヘルム・フォン・フンボルト（一七六七―一八三五）、アレクサンダー・フォン・フンボルト（一七六九―一八五九）である。すなわち、シラーはゲーテより十歳年下で、アレクサンダー・フォン・フンボルトはゲーテより実に二十歳も若かったのである。しかもシラーはゲーテと対等の友情をむすび、ゲーテはまたアレクサンダー・フォン・フンボルトを自然科学者として最も尊敬していた。そのさい意義深いのは、彼らのあいだで文学と科学の橋渡しが自明のことのように達成され、人文学的自然科学が成立したことである。自然科学が技術偏重のため深刻な社会問題を惹き起こしつつある現代において、それは再評価されるべきであると考えられる。

　ところで「書物にもその運命がある」。この古い真理は、書物そのものの運命にかかわるだけではない。それは読者が身近にある蔵書のなかのある本を、いわば精神的出会いとしていつ手にとって本格的に読み始めるかということにとどまらず、選び出された著者自身にも当てはまることである。アレクサンダー・フォン・フンボルトは、十九世紀後半にいわゆる精密科学が成立する以前、ゲーテ時代の博物学的自然科学の完成者として夙にあまねく知られている。しかし、このドイツ自然科学者の伝記が日本ではじめて刊行されたのは、一九八九年、フランス人のピエール・ガスカール著『探検博物学者フンボルト』(沖田吉穂訳)においてであった。彼の中南米探検旅行の成果である画期的な労作『新大陸赤道地方紀行』は部分的にシーボルトがすでにわが国に舶載していたが、それがフランス語の原著から邦訳されたのは、ようやく二〇〇一／〇三年のことであった。二〇〇八年にいたり、さらにイギリス人ダグラス・ボッティングの一九七三年に著わされた伝記『フンボルト——地球学の開祖』(西川治・前田伸人訳)が翻訳出版されたが、原著"HUMBOLDT and the Cosmos"はたしかに翌年すぐドイツ語に翻訳されたほどの名著である。著者としてのフンボルトのこのような運命について、啓発されるところの多い「訳者あとがき」の結びに以下のように記されている。

「わが国において、A・フンボルトについての関心が低い理由は多々あるが、そのいくつかをあげると、日本語での詳しい伝記、主著の翻訳がほとんど出版されなかったこと。フンボルトは人名事典などでたいてい自然博物学者あるいは地理学者として紹介されて、とりわけ日進月歩の専門分化が激しい自然科学界において、ほとんど顧みられなくなったこと。アレクサンダー・フォン・フンボルト財団の給費のおかげで在外研究した各界の専門家は数千人にのぼるが、A・フンボルト自身についての関心が弱いこと、フンボルトの関連業績に触れたものもまれであること、などが考えられる。地球温暖化についての国際的大規模なキャンペーンのなかで、エコブームは加熱しているが、その反面では本来のエコロジー教育は低調である。野外植物観察などの愛好会が増えて、以前は大学アカデミズムの世界で地理学と同様に冷遇されていた植物生態学・植生学は各種関連学会も設立されて活気を呈し、この分野の出版物も増加しているが、それらの序章的学史においても、フンボルトの名前を見ることは稀である。」

指摘されている三つの理由のうち、第一の理由は上述のように事実である。とくにフンボルトの学術的主著『コスモス』とともにドイツ語で書かれ彼のもっともポピュラーな科学的エッセイ集と生前から認められている『自然の諸相』は、自然科学研究書として過小評価されたためか最近まで邦訳されることはなかった。ここには、副題「熱帯自然の絵画的記述」に暗示されている、彼の自然に対する美的な見方、したがってまた多分に文学的な自然感情が表白されているのである。第二のことと関連する大学のアカデミズムにおける地理学の冷遇に関しては、フンボルト研究の権威であるボン大学のハンノー・ベック教授自身、筆者が夭折したシーボルト研究家エーバーハルト・フリーゼ氏とともにかつてゴーデスベルクのご自宅を訪問したとき、同様に慨歎しておられた。しかし第三の点については、長年ゲーテと親しんでいる編訳者には恵まれた事情があり、自然研究におけるフンボルトとゲーテの関係をつねに考えていた。兄のヴィルヘルムが早くからシラーに共鳴していたのに対し、弟のアレクサンダーは精神的にゲーテと深い親和性があることを教えてくれたのは、ほかならぬハンノー・ベックの評伝全二巻であった。

しかしフンボルトの時代そのものが啓蒙主義とフランス革命のあとの、内面的にも外面的にもヨーロッパ激動の時代であって、混沌のなかからいかなる新しい価値が生じてくるのか定かではなかった。

古来、歴史上の大きな転換期は偉大な個人によって招致される。ドイツ精神史に限定しただけでも、中世初期にはカール大帝やオットー大帝、盛期にはアルベルトゥス・マグヌスやマイスター・エックハルト、ルネサンス期にはマルティン・ルターやアルブレヒト・デューラー、近代にはケプラーやカント、十八世紀にはフリードリヒ大王、マリア・テレジア、バッハ、ベートーヴェン、ゲーテ、シラー、ノヴァーリスなどである。いま「最期の博物学者」と同時に「地球学の開祖」とも呼ばれるアレクサンダー・フォン・フンボルトをこの系列に加えても、恐らく誇張したことにはならないであろう。彼は母方の家系からいってフランスのユグノー出身であったばかりではなく、五年にわたる中南米探検旅行の成果を出版するためナポレオン時代に二十年以上もパリに滞在し、三十巻をこえる旅行記の大部分をフランス語で執筆した真にヨーロッパ的な科学者であった。ゲーテが生涯最後の論文「動物哲学の諸原理」において叙述しているように、自然研究において当時はイタリアにつづいてイギリスもフランスもドイツも政治的な障壁はなく、学問的交流と切磋琢磨だけが問題であった。

そのうえ当時は、いわゆる大航海時代の末期であった。そのほんらいの目的は、ヨーロッパ列強の植民地獲得とその経営であったが、それには自然科学者も同行するのが常であった。その最も有名な例がイギリスの探検家ジェイムズ・クック（一七二八—七八）である。彼は一七六八年と一七七二—七五年に船長として二回の世界周航をおこない、第三回目（一七七六年）のとき悲運にもハワイで島民により殺害された。第二回目の世界旅行にヨハン・ラインホルト・フォルスター（一七二九—九八）とともに参加していたのがゲーテと知遇を得ていた息子ゲオルクであり、彼はその旅行記により当代随一の自然研究者と認められていた。母親の死後、南アメリカへの探検旅行に出かけたフンボルトも、帰国直後の著作『植物地理学論考』(一八〇七)の序文において、その最初の草案を「友情と感謝の念でかたく結ばれたゲオルク・フォルスターに示した」と明記し、「その名を私は深い感謝の気持なしに決して言い表すことはできない」と述べている。ちなみに、チャールズ・ダーウィン(一八〇九―八二)がビーグル号の船医として世界旅行をおこなったのは、一世代あとの一八三一年から三六年にかけてのことであった。

かつてゲーテは、第二次スイス旅行の帰途シュトゥットガルトで、いわば藩校のような州立兵学校医学生のシラーが領主から優等賞を授与される式にたまたま出席していた。そして一七七八年五月、若い主君カール・アウグスト公に同伴して非公式にベルリンへ旅したときには、ベルリンの郊外テーゲルでフンボルト家の邸宅を訪れる機会があり、そこで十歳と八歳のふたりの少年が広い庭園で遊び戯れているのを見ていた。彼らが後年親交を結ぶことになるヴィルヘルムとアレクサンダーのフンボルト兄弟である。そのうえ、彼らが少年時代を過ごしたテーゲルには、ゲーテの第三次スイス旅行がおこなわれた一七九七年になってもなお、幽霊が徘徊するという噂が立っていた。そこでゲーテは『ヴェルテル』のパロディー『若いヴェルテルの歓び』を書いたベルリンの啓蒙主義的文筆家かつ出版者のフリードリヒ・ニコライ(一七三三―一八一一)を『ファウスト』第一部「ワルプルギスの夜」の中でそれになぞらえ一矢を報いた(四一五八―四一六〇行)のである。

幼少年期のアレクサンダーは病弱で、年長のヴィルヘルムといつも一緒に家庭教師の授業を受けなければならなかったため、学習にいつも苦労していたと言われる。とはいえ、彼らの家庭教師は『ロビンソン二世』(一七七九/八〇)および青少年向け『アメリカ発見史』を書いた児童文学の先駆者ヨアヒム・ハインリヒ・カンペ、とりわけクリスティアン・ヴィルヘルム・ドームなど優れた教育者ばかりであった。ベルリンへ来るまえ、ドームはカッセルでゲオルク・フォルスター（一七五四―九四）の同僚だったので、フンボルトはゲッティンゲンにおける学生時代のおわりにフォルスターの『一七九〇年四月、五月、六月におけるライン下流、ブラバント、フランドル、オランダ、イギリス、フランスの諸相』（一七九〇）に記述されている広範な視察旅行に参加する機会に恵まれた。フンボルトの科学的エッセイ集の書名が、意識的にこの旅行記の表題「諸相」から取られていることは自明である。フォルスターもフンボルトをよく理解し、旅行後その特性についてゲッティンゲン大学古典学教授で義父のクリスティアン・ゴットロープ・ハイネ（一七二九―一八一二）に次のような所見を記している。

「フンボルト氏は私のところ（マインツ）にいます。彼は旅行にかなりよく堪えましたが、私が望んでいたほどではありませんでした。彼は五年来いつも病気で、大病の直後すこし元気を回復するだけだと言っています。しかし、その後また具合がわるくなり、新しい病気に襲われたあと初めてしばらくまた健康状態がよくなるそうです。しかし私が確信しているのは、彼の肉体が病むのは、精神があまりにも活動しているからです。またベルリン諸氏の論理的教育のため彼の頭脳が疲労しすぎるからです。」

注目すべきことに、二十六歳になったばかりのヴィルヘルム・フォン・フンボルトも一七九三年にすでに、二歳年下の弟を早くも新時代の天才として讃美していた。「人をほめたり感嘆したりするのは私の本領ではありません。しかし弟が自分の確信している思想を語るのを聞いていると、心から驚嘆せざるをえません。私は彼の天才を深く究めたと思いますが、この考察は私に人間研究そのものにまったく新しい展望を開いてくれました。（中略）物質的自然を精神的自然と結びつけ、そうして、われわれが認識している宇宙に初めて真の調和をもたらすこと、あるいは、これが人間の力を越えているとしたら、物質的自然の研究を第二の処置を容易にするための予備作業として行なうこと、それができるのは、私があらゆる時代の文献および自分の経験から知っているすべての人間のなかで、私の弟しかいないように思われました。」この手紙の宛先人はスウェーデンの詩人カール・グスターフ・フォン・ブリンクマンである。フンボルト兄弟も出入りしていたベルリンの有名な文芸サロンを開いていたラヘル・レヴィン（一七七一―一八三三）は、一七九五年八月にゲーテを「人間と呼ばれうる、またそうあろうとするすべてのものの結合点」と名づけていたその人であるが、「物質的自然を精神的自然と結びつけ、そうして、われわれが認識している宇宙に初めて真の調和をもたらす」ことは、たしかに、見事に要約されたアレクサンダー・フォン・フンボルトあるいはゲーテの自然研究における根本問題である。

シラーの文芸雑誌『ホーレン』に掲載されたエッセイ「生命力あるいはロードス島の守護神物語」に窺われる、古典語を中心とする初期の人文系学習ののち、アレクサンダーが自然研究において最初に興味を示したのは、植物学に対してであった。そのきっかけは、一七七六年以来テーゲルに近いシュパンダウに開業していた医師エルンスト・ルートヴィヒ・ハイム（一七四七―一八三四）が、たぶん父親の病気治療のためフンボルト家に出入りするようになったことである。ハイムはのちにゲーテの家庭医フーフェラントとともにベルリン大学医学部の初代教授となる高名な医学者であった。彼は訪問のたびにフンボルト兄弟にリンネの植物学における二十四の分類項目を教えた。ハイムのつぎにアレクサンダーにとり重要となったのは家庭教師のひとりで僅か四歳年長の植物学者カール・ルートヴィヒ・ウィルデナウ（一七六五―一八一二）であった。リンネの分類原理が花にもとづいていたのに対し、彼の隠花植物（コケ類・地衣類・キノコなど）および草本に関する植物学の授業は生徒を魅了してやまなかった。アレクサンダーが一七八七年からドイツ重商主義の経済学をオーデル河畔のフランクフルト大学で学び始めたのは、単に母親の望みにより、自然科学と財政学を結びつけて国家有用の官吏となるためであった。一七八九年春から移ったゲッティンゲン大学には、解剖学者のブルーメンバッハ、物理学者リヒテンベルク、博物学者ベックマンなど、錚々たる自然研究者がおり、彼はとくにブルーメンバッハのもとで学んだ。

しかし、その間にしだいに地球の歴史に関心をもち始めた彼はゲッティンゲン到着後まもなくボン近郊のライン河畔石切場まで見学に出かけ、その後の師友フォルスターとのライン下流地方への旅行中も熱心に野外観察をおこなっていたように見える。興味深いことにフォルスターの『下ライン地方の諸相』で言及されている二十三歳の学生フンボルトが印刷公表した最初の論文「ライン河畔のいくつかの玄武岩に関する鉱物学的観察」は問題の岩石をまさに水成論的起源とみなしていた。このライン旅行後ハンブルクの商業アカデミーでさらに研鑽をつむことになったとき、教授のひとりは北アメリカ史の専門家クリストフ・D・エーベリング（一七四一―一八一七）であった。またフンボルトはその地方に住んでいた詩人たち、シュトルベルク兄弟（とくに兄クリスティアン）、クラウディウス、フォス、クロプシュトックと交友し、むしろ文学的な刺激を受けることになった。シュトルベルク兄弟は若いゲーテと第一次スイス旅行を共にしていたので、当然、アルプスのことはいろいろ話題になっていたと思われる。

彼はその後ザクセン・フライベルクの有名な鉱山アカデミーでヴェルナー教授のもと鉱物分類学と地層構造学も学び、一七九七年に母の死により莫大な遺産を取得するまで、アンスバッハおよびバイロイトのプロイセン鉱山監督局の鉱山官試補として実務にも携わった。彼はナイラ近郊のシュテーベンという小さな鉱山町に住み、そこに私費で鉱山学校も設立した。一七九三年には早くも、植物学と鉱物学を媒介するものとして、フライベルクの坑道で発見された化石植物に関する彼の研究書『フライベルクの植生』が刊行された。彼は青年時代から地衣類を岩石にいちばん近い植物として、また後年のロシア・アジア旅行の頃には滴虫類と呼ばれた微生物が原生動物であることに注目していたのである。彼が当時、一七九〇年にすでに出版されていたゲーテの『植物のメタモルフォーゼ試論』を読んでいたかどうかは、寡聞にして知らない。

フンボルトが最初にゲーテの面識を得たのは一七九四年のことである。これが深められたのは、一七九七年一月から五月までヴィルヘルムとともにイェーナに滞在し、その間、四月十九日から二十五日までワイマールでゲーテおよびシラーと親しく交友したときである。それはゲーテが第三次スイス旅行に出かける数か月まえのことであった。その頃、彼はゲーテの自然研究、とりわけ比較解剖学とガルヴァーニ電気の研究に活発な関心をよせ、カエルの筋肉に及ぼすその影響を調べるため一緒に実験もおこなった。その成果が一七九七年に印刷公表されたフンボルトの初期の著書『刺激された筋肉繊維および神経繊維について』である。『年代記』に「アレクサンダー・フォン・フンボルトがイェーナに滞在していることは、比較解剖学のためになる。彼とその兄に促されて、私は保存されている一般的図式を口述した」といわれているのは、『ゲーテ形態学論集』動物篇に収録されている、「骨学から出発する比較解剖学総序論の第一草案」のことである。これに続く論文「比較解剖学総序論第一草案最初の三章に関する論述」をゲーテはフンボルト兄弟のまえで朗読したと考えられる。彼が若い自然研究者との交友を深めたあと間もなく、一七九七年三月二十八日付でベルリンの出版者ヨハン・フリードリヒ・ウンガー宛に書いた言葉には、ほとんど予言的な響きがある。

「鉱山官フォン・フンボルト氏が当地にいたことは、こう言ってさしつかえないと思いますが、私の人生に特別な一時期を画してくれました。彼は、多くの面から私の興味を惹くあらゆることを呼び覚ましてくれました。彼の人となりを唯一独特と呼んでさしつかえないと思うのは、あのように特定の活動を精神のあのような多面性と結びつける人物を私は知らなかったからです。彼が今後科学のためになしうることは計り知れません。」

その一年後ゲーテには、フンボルト兄弟と思いがけずスイスで再会する可能性があった。『スイス紀行』「スイス便り」に挿入されているシュテーファ、一七九七年九月二十五日シラー宛の手紙に、「もしかしたら、フンボルトも私たちの仲間入りをするかもしれません。チューリヒで受け取った彼の手紙によりますと、彼のキャラバン一行はイタリアへの旅を同じく断念しました。彼らは全員スイスへやって来るでしょう。弟の意図は、いろいろな点で彼にとって興味深い国を見て回ることで、兄は恐らく、計画していたイタリア旅行を現状では断念しなければならないでしょう。彼らは十月一日にウィーンを発ちます。彼らとこの地方で再会することになるかもしれません」と記されているのである。当時、フンボルト兄弟はともにドレスデンからウィーンを経由して南下の旅の途上であった。

しかしナポレオン軍による政情不安のため、弟のアレクサンダーは一七九七／九八年の冬をザルツブルクとベルヒテスガーデンで過ごすことになった。これに対し、予定を変更しバーゼルへ向かった兄ヴィルヘルムについては、同年十月三十日付でテュービンゲンからシラーにその旨報告されている。ヴィルヘルム・フォン・フンボルトはゲーテの出立後バーゼルに着き、すぐにパリへ向かったが、一七九八年四月二十四日にザルツブルクを発ったアレクサンダーは、四月末に兄とパリで再会することができた。

『年代記』一七九五年の項に記されているように、ゲーテがフンボルトとの交友を深めたのは、アレクサンダーがイェーナに滞在中の兄を一七九四年四月に訪問したときからである。シラーは一七九四年以来ゲーテと親交を結んでいたので、友人のヴィルヘルムだけではなく、弟もワイマールの詩人と引き合わせたいと思ったに違いなかった。同年五月、フンボルトがそれまで書いた諸論文をゲーテに送ってきたときから、二人は文通を始めた。その後フンボルトは、一七九五年七月に初めてアルプス旅行を行なった。彼はチロルを越えて上部イタリアへ旅し、スイスの一部をへてシャフハウゼンの瀑布を見たのち、ドイツへ帰国した。そのまえに彼は九月二十日から十一月初旬までフランスとの境ジュラ山脈、スイスと南フランスのサボア地方のアルプスも踏破していた。またイタリア語圏にあるスイスのロカルノとルガーノも訪れた。この機会に彼はいわゆるガルヴァーニ電気柱の発明者ヴォルタとパヴィアの解剖学者スカルパと知り合った。それからシャフハウゼン、チューリヒ、ベルン、レマン湖、モンブランの麓をへて、グランサン・ベルナール峠で投宿、それからさらにアルトドルフ経由でゴットハルト峠とアイロロへ行き、一七九五年十一月から一七九六年二月までアルプスの冬をシユテーベン、ラウエンシュタイン、ゴルトクローナハ、ヴンジーデルのアルツベルクにおいて研究生活で過ごした。研究テーマはとりわけ酸素の計量、動植物とさまざまな気体との関係の測定であり、すべては南米旅行のための科学的準備であった。彼がいよいよ新大陸へ向け出発することになったとき、ゲーテは一七九九年五月二十六日ヴィルヘルム宛の手紙のなかで期待に満ちた敬意をあらわしながら記している。

「将来、私に手紙を書いてくださるときは、いつも弟君についても何かお知らせくださるようお願いいたします。私が彼に良き旅を望んでいることを折に触れてお伝えください。あの天才、あの才能、あの活動があれば、彼の旅行が科学に対して裨益することは計り知れません。こう言ってもさしつかえないと思いますが、彼は自分がまもなく獲得するであろう財宝に将来いつか自ら驚くことでしょう。時折、彼のさまざまな発見について何か聞くことが可能であれば、われわれは非常にうれしく思い、ためになり、彼の帰国を待ちわびることでしょう。」

スペインからアフリカ西岸のカナリア諸島テネリフェをへて行なわれた周知の南アメリカ探検旅行（一七九九—一八〇四年）のあと、フンボルトは一八二七年までたいていパリで研究成果をまとめる著述生活を送っていた。しかし彼は、ゲーテと手紙でコンタクトを保つ一方、一八二六年十二月と一八三一年一月に詩人をワイマールに再訪している。往年の研究と関係のある論文「植物観相学試論」をゲーテは印刷公表された一八〇六年にすぐ『イェーナ一般文学新聞』で書評し、フンボルトも南米の研究成果をフランス語で発表した最初の自著『植物地理学試論』（一八〇五）のドイツ語版を「植物のメタモルフォーゼ試論」の著者ゲーテに捧げた。ゲーテが同年三月に描いた、フンボルトの著述を理解しやすくするための三次元の地形学的図解「新旧世界の高度比較図」は一八一三年に印刷された。『自然の諸相』第一巻の初版は一八〇八年に出版され、間接証明ながら、友人のラインハルトはそれを受け取ったことを、同年九月三日付でゲーテに伝えている。それにはまだ「草原と砂漠について」「植物観相学試論」「オリノコ川の滝について」の三つの論文しか含まれていなかった。比較的薄い小冊子だったこともあり、この第一巻は今日めったに見出されない。そればかりではなく、第二巻といわれるものは恐らくまだ陽の目を見なかったようである。それに代わり第一巻の増補再版が一八二六年に出版された。そして第三版が一八四九年に事実上の第二巻として、しかもたいてい第一巻との合本としてゲーテの出版者であるテュービンゲンのコッタから刊行され、これが現在まで底本として用いられている。それはベルリンを揺るがした三月革命の一年後のことであった。ゲーテは『地質学論集』鉱物篇所収の「アレクサンダー・フォン・フンボルトの火成論」において言及されている『自然の諸相』所収の論文「さまざまな地帯における火山の構造と作用の仕方」を読み、自分の水成論的見解が時代遅れであることを痛感したときも、フンボルトとの共通の自然観と対象的思考を確信し、謙虚に「私はなんら恥じることなく、むしろ名誉とさえ考えて、旧説を棄て新説を信奉する立場を卓越した人物、信頼する友人の手にゆだねるであろう」と記している。

また彼は一八〇九年の長編小説『親和力』第二部第七章に付された「オッティーリエの日記から」において、本書第三章のモットーのようにフンボルトに言及し、敬愛する自然科学者フンボルトに不滅の文学的記念碑を打ち立てた。まことに『自然の諸相』はこの意味で十九世紀ドイツにおいて広く愛読され、著者自身それをラヘル・レヴィンと結婚していた親友のファルンハーゲン・フォン・エンゼに向かって「自分の好きな本」と呼び、プロテスタント神学者で言語学者のクリスティアン・フォン・ブンゼンには「ドイツ人の生活感情に合わせた書物」と述べている。自然感情あるいは自然認識だけではなく、両者をあわせもった科学的エッセイの形式はゲーテの紀行文以上に斬新であり、イギリスにはじまる旅行文学に新しいジャンルを切り開いたのである。たとえば冒頭の「草原と砂漠について」の論文を彼は次のように結んでいる。

「このように人間は、動物のようなきわめて低い未開の段階において、高度の文化が、あるかのような外見的輝きのもとで難渋な生活を送っている。こうして遍歴者を海陸をこえ広い大地をつけ回すのは、歴史家をあらゆる世紀がそうするように、不倶戴天の敵同士の、単調な慰めのない人間種族のイメージである。それゆえ、諸民族の仲裁されることのない不和軋轢のなかで精神的安らぎを求める者は、植物の静かな生活、聖なる自然の力の内的作用へと眼差しを向けたくなるのである。あるいは、何千年いらい人間の胸を燃え立たせている生得の衝動に身をまかせ、彼は予感にみちて、太古の永遠の軌道を妨げられることのない調和のうちにまっとうする高い星辰を見上げるのである。」

研究旅行者フンボルトはここで自分をロマン派の詩人たちのように「遍歴者」と呼んでいるが、そのきっかけは自然認識を「青い花」のように探し求めることに目覚めた少年時代の夢見るような憧れにさかのぼる。最後の論文「カハマルカの高地―インカ皇帝アタウァルパの旧首都」の末尾「アンデス山脈山の背からの南海最初の眺望」書き出しの文章に綴られている、それをついに見出したときの感激は、科学者というよりは詩人の述懐そのものである。

「ある種のいろいろな対象を見たいという熱望は、必ずしもその偉大さ、その美しさ、あるいはその重要さだけに依存しているのではない。それはどの人間においても、青年時代の多くの偶然的な印象、個人的なホビーへの以前の愛着、遠くのものと波乱万丈の生活にたいする傾きなどと綯い合わされている。ある願望がとうてい叶えられそうもないという見込みは、それに特別な魅力をそえる。旅行者があらかじめ享受する喜びは、南極をめぐる南十字星とマゼラン星雲、チンボラソ山の雪とキト周辺火山の噴煙、樹木のような羊歯類の灌木、太平洋をはじめて目にする瞬間である。このような願望が満たされた日々は、生涯を画する消え去ることのない印象である。惹き起こされる感情の躍動はあらゆる理屈を超えている。南海をアンデス山脈の高い山の背から見たいという憧れと混ざっていたのは、少年がすでにヴァスコ・ヌニェス・デ・バルボアの大胆な探検物語に読みふけったときの興味であった。この幸運な人物は、フランシスコ・ピサロの先達として、クアレグアの高地から南海の東部であるパナマの地峡を最初に見たヨーロッパ人であった。」

後年のロシア旅行もこれに続いて、幼年時代のささやかな思い出として追懐されている。

「私はカスピ海を初めてヴォルガ河口のデルタ地帯で見たが、その葦の沿岸はたしかに、絵のように美しくはなかった。しかし、その最初の眺めがいっそう嬉しかったのは、私が幼少期にすでに地図をみて、あのアジアの内海の形に心を惹かれていたからである。子供時代のさまざまな印象、人生の偶然的な事情により心のなかで呼び覚まされるものは、後年になり真摯な方向をとり、科学的研究、発展的企画のモチーフとなることがよくある。」

このような背景からいっそう際立ってくるのは、フンボルトが中南米へ行っていた期間が、彼と同年に生まれたナポレオンがフランス革命後に台頭し、全ヨーロッパを支配した時代であったことである。特筆すべきは、フランス軍が一八〇五年にアウステルリッツでオーストリアとロシアの連合軍に勝利した結果一八〇六年八月に神聖ローマ帝国が崩壊し、それに続いてさらにプロイセンが敗れ、ベルリンもフランス軍により占領されてしまったことである。ナポレオンはすでに一八〇六年十月二十七日、ベルリンに入城したのである。王家がケーニヒスベルクに亡命を余儀なくされていた間に、シュタインとハルデンベルクによりプロイセンの内政改革が行なわれ、一八一三／一五年の解放戦争における勝利により、プロイセンはようやくドイツの覇権を確立することができた。しかしフンボルトはその間ずっとヨーロッパの科学研究の中心地パリに滞在し、南米探検の成果を出版する仕事に携わっていたので、政治的には中立の立場を守らなければならなかった。彼はその苦衷を『自然の諸相』の序言において「これらの文章はとりわけ、圧迫された心の人々に捧げられている」という言葉で示唆するに止めなければならなかった。また結びに掲げられた「山々の上には自由がある」というシラーの詩句もきわめて暗示的である。

　山々の上には自由がある。納骨堂のにおいは
　澄みきった大気のところまで昇ってこない。
　人間が苦しみを引きずってこない限り、
　世界はどこでも満ちて欠けることはない。

3　アレクサンダー・フォン・フンボルトの著述活動

フンボルトの父アレクサンダー・ゲオルク・フォン・フンボルト（一七二〇—七九）は、一七六六年、若くしてフォン・ホルヴェーデの寡婦となったベルリンの宮廷女官、マリア・エリザベート・コロン（一七四一—九六）と結婚した。彼女は南フランスのユグノー家系の子孫であった。この結婚から一七六九年九月十四日に生まれたアレクサンダーと二歳年上の兄ヴィルヘルムがヨーロッパ的な視野を持ち、それぞれ人文学者および自然科学者として抜群の言語の才能に恵まれていたのは、この出自と無関係ではなかったに違いない。また母親のコロンの姓は、アレクサンダーがのちに「ドイツのコロンブス」と呼ばれることへの吉兆のようにも思われる。ジェノヴァ生まれのイタリア人クリストフォロ・コロンボのスペイン名はクリストバル・コロンであったからである。

兄弟が少年時代を過ごした母方のテーゲルの館は、ベルリンと要塞都市シュパンダウのあいだ、ベルリンの北西二十キロ離れたところにあった。それは王侯のかつての狩猟用宿舎で、『ファウスト』第一部にワルプルギスの幽霊について、「お前たちは相変わらずまだいるのか。滅相もないことだ。／消え失せろ。われわれは啓蒙されているのだ。／悪魔のような奴らに規則などない。／われわれは知恵がついたというのに、テーゲルにはまだお化けが出る」（四一五八—四一六一行）といわれている松林に囲まれたところである。しかしドイツ語の Geist は単数および複数形を含め多義的である。物語詩「魔法使いの弟子」に出てくる妖怪たちも偉大な精神の持主たちも同じ言葉で表示されることを考えると、世人の噂は図らずも、ドイツ的啓蒙主義の一翼を担うこととなる二人の天才少年のことを指していたのかもしれない。

父の死後四年、フンボルト兄弟はベルリン市内イェーガー街に転居し、当地と郊外でもっぱら優れた家庭教師たちにより教育された。今あるテーゲル敷地内の建物は、ヴィルヘルムが宮廷建築家カール・フリードリヒ・シンケルに依頼してキケロの有名な別荘「トゥスクルム」のようにローマ風に改築し、そこで晩年の言語研究に専心した城館である。一七八九年十月一日、兄のあとを追い、イギリスの啓蒙主義を模範とする近代的なゲッティンゲン大学「ゲオルギア・アウグスタ」（創立一七三七年）の学生になったアレクサンダーは、翌年の春、ゲオルク・フォルスターに同行してライン下流からベルギー・オランダ・イギリス・フランスに旅する機会があった。彼はこの旅行を、絶えず、自分の人間形成における決定的な時期とみなしていた。実学的研修のための短いハンブルク滞在ののち、一七九一年六月十四日から、彼がプロイセン鉱山監督局試補としてフライベルク鉱山アカデミーの地質学者アブラハム・ゴットロープ・ヴェルナーのもとで学んだとき、親友となるベルリン出身のレオポルト・フォン・ブーフのほか、スペイン人アンドレス・マヌエル・デル・リオと交友があったことは、後年の中南米旅行のために重要であった。二人は一八〇三年にメキシコ・シティーで再会しているのである。彼はまた最初期に二歳年長の親友で神学生のヴィルヘルム・ガブリエル・ウェーゲナーとヘルダーの論文にもとづき言語問題を論じたり、五歳年下の学友ヨハン・カール・フライエスレーベン（一七七四―一八四六）とボヘミアのミッテルゲビルゲ山地を踏査して共同の地層構造学的記録を作成したりして、一七九二年に学業を終えた。その後、彼はプロイセン領のバイロイト鉱山技師試補となった。在職中一七九五年に、彼はまた公用でザルツブルクからバイエルン、イタリア、スイス、アルプスへの研究旅行にも出かけた。きわめて興味深いのは、フライエスレーベンによる友人の性格描写である。

「彼の愛すべき性格の際立った特徴は、限りない善良さ、好意的な善行、思いやりのある無私の親切、友情と自然にたいする暖かい感情、寡欲、素朴かつ率直な人となり、いつも活発な話し好きな性質、明朗でユーモアがあり、時にいたずらっぽい気まぐれである。これらの特徴に助けられて彼は後年、長い間そのもとで暮らすことになった粗野な現地人たちをおとなしくさせ、市民社会では驚嘆の念と共感を呼び起こすことができた。これらの特徴のため、彼にはフライベルクの勉学時代にすでに人々の愛と恭順が寄せられた。粗暴と不正と薄情を彼は激しく憎み、センチメンタリズムと気取りに対しては辛辣となり、心に締りのないこと（彼はそれを優柔不断と呼んだ）と学をてらうことには我慢がならなかった。」

アレクサンダー・フォン・フンボルトの著述活動開始はひじょうに早く、ゲッティンゲン大学に入学して一年もたたないうちに彼はある友人とドイツ国内旅行に出かけ、「ライン河畔のいくつかの玄武岩に関する鉱物学的観察」（ブラウンシュヴァイク、一七九〇）という最初の研究論文を匿名で発表した。これには付録として、古今の著述家たちの玄武岩に関する見解が要約されていて、尊敬おくあたわざる師友ゲオルク・フォルスターに捧げられた。このような経験科学的かつ歴史的考察は、その後も自然科学者フンボルトを特徴づけるものであった。兄のある手紙によれば、彼はゲッティンゲンの古典学教授クリスティアン・G・ハイネを聴講している間に「ギリシア人の機織」という論文を書き、一七九四年に閲読のため、ハレ大学の有名な古典語学者フリードリヒ・A・ヴォルフに送っている。ただし、彼の初期の実学的・技術的関心を示しているといわれるこの原稿は印刷公表されることがなかった。彼が一七九一年六月から一七九二年二月までフライベルクにほんらい学生として滞在していた時には、地下の隠花植物に関する『フライベルクの植生』（一七九三）という研究書の執筆が開始された。彼はまた、顕花植物が空気なしで、他の生物なら窒息する気体のなかで緑色になる注目すべき生理学的現象を観察した。驚くべきことに、彼は恐らくこの業績によって学界に認められ、一七九二年六月二十日に早くもドイツ自然研究者アカデミー「レオポルディーナ」（ハレにある現在の統一ドイツ科学アカデミー）の会員に選ばれた。まだ学位を有しない若い科学者が会員になるのは、異例のことであった。

一七九四年には『自然の諸相』に収録されているエッセイ「生命力あるいはロードス島の守護神物語」が知己を得たばかりのシラーの文芸雑誌『ホーレン』に印刷されただけではなく、『植物の化学的生理学からのアフォリズム』もラテン語からの翻訳という形で出版された。また一七九六年に「自然学者と地層構造学者のための覚書、山岳磁気の発見」が成立した。フンボルトはゲッティンゲンの学生時代、有名な物理学者リヒテンベルクを聴講していたが、一七九七年に出版された浩瀚な著書『刺激された筋肉繊維および神経繊維に関する試論ならびに動植物界における生命の化学的プロセスについての若干の推測』全二巻は、動物学の恩師ヨハン・フリードリヒ・ブルーメンバッハに捧げられた。そして一七九九年には、『地下ガスおよびそれによる障害を軽減するための手段について』という、フランケン地方のフィヒテルベルクにおける鉱山監督官の仕事と直接関係した著書も出版された。それに関連した論文「呼吸できなくなるガスのなかで人間が健康障害なしに何時間も燃える灯火をつけたままいられる簡易装置について」は一七九六年にすでに書かれていた。しかしながら、彼の本来の研究計画は大西洋のかなたに向けられていた。後年のアメリカ旅行記『新大陸熱帯地方紀行』第一章にも次のように記されている。

「青少年時代のごく初期から私には、ヨーロッパ人がほとんど訪れたことのない遠くの国々へ旅したいという切なる願望があった。この衝動は人生の一時期に特徴的なものである。人生はわれわれの前に果てしない地平線のように横たわり、そこで何よりもわれわれの心を引きつけるのは、心情の激しい高揚と身体を襲うさまざまな危険のイメージである。東西両インドにおける植民地となんらの直接交渉のない国（プロイセン）に成長し、のちには海岸から遠く離れた、鉱山業の盛んなことで有名な山岳地帯（バイロイト）で生活していたため、遠くまで航海したいという海洋への情熱が心のなかで日増しに大きくなっていくのを私は感じた。」

フンボルトはこのように充分な予備的研究を行なったのち、一七九九年六月五日、未知の大陸南アメリカへ旅立った。出発前、彼はフランス革命後のナポレオン戦争のためイタリアやエジプトへの旅を断念し、私的外交官のようにパリに滞在中の兄を訪問して航海の専門家であるブーゲンヴィルや後継者のボーダン船長などと知り合う機会があった。とりわけフランス人の若い植物学者エメ・ボンプランを無二の協力者として得たことは、彼にとり計り知れない僥倖であった。ちなみに、スペインの地図にはまだ「アメリカ」という地名はなく、イタリアの航海者アメリゴ・ヴェスプッチ（一四五一―一五一二）の提案により「新世界」（Nuevo mundo）と表示されていた。フンボルトにより初めて確認されたアメリカという呼称は、南西ドイツ・フライブルクのあるドイツ人教授ヒュラコミルスないしワルトゼーミュラーによって、アフリカと発音がよく似ていることから考え出されたとのことである。

一八〇四年八月三日、中南米探検旅行からヨーロッパへ帰ると、フンボルトは翌年春にパリからまずフランス人の親友ゲイ＝リュサックを伴って、プロイセン公使としてローマのヴァチカンに赴任していた兄を訪ねた。それは南米で体験したさまざまな火山との比較のため、ナポリで岩石火成論者のフォン・ブーフと合流してヴェスヴィオ火山を調査するための研究旅行の一環であった。それから彼はベルリンへ一八〇五年十一月十六日に帰郷した。彼は「レオポルディーナ」会員につづいて、一八〇〇年八月四日にすでにプロイセン科学アカデミーの准会員にも選ばれ、一八〇五年二月十九日には正会員に選出された。そこで彼は慣例にしたがい同年十一月以後アカデミーでいくつかの学術講演をおこなった。年代順に「植物観相学試論」（一八〇六年一月三十日）、「草原と砂漠について」（一八〇七年一月二十九日）、「オリノコ川の滝について」（一八〇七年八月六日）、「さまざまな地帯における火山の構造と作用の仕方」（一八二三年一月二十四日）などである。それらの共通の意図は、『自然の諸相』の「初版への序言」に述べられているように、なによりも「自然の全体像の展望、さまざまな力の相互作用の実証、熱帯諸国の直接の観照が感知する人間にあたえてくれる喜びを新たにすること」であった。このように「自然の全体像」を追求することは、後年、海陸の探検旅行中に天体観測と気象観察を怠らず、膨大な動植物の標本を採集し、火山活動を綿密に調査したフンボルトの科学的主著『コスモス』において集大成されることになる。

これらのアカデミー論文はもともと、「偉大な自然のさまざまな対象を目の当たりにしながら、大洋の上で、オリノコの森林のなかで、ベネズエラの草原（ステップ）のなかで、ペルーとメキシコの人跡稀な山脈の中ででき上がった」ものであるが、それらのうちの一つ「植物観相学試論」だけは、一八〇六年、テュービンゲンのコッタ書店から単独で刊行された。その前年にはすでに、中南米探検旅行の最初の成果で『新世界赤道地方紀行』第二七巻にあたる『植物地理学試論ならびに熱帯諸国の自然絵画』がフランス語で発表されていた。原題名は、Essai sur la géographie des plantes; accompagné d'un tableaux physique des régions équinoxiales であった。フランス語の tableaux physique とはドイツ語の Naturgemälde にほかならず、この概念は前述のように（第一章2）『コスモス』において中心的な役割を果たすことになった。二年後にフンボルトはその論文をみずからドイツ語に翻訳し、「ローマ、一八〇五年七月」付の序言と、ローマ在住のデンマーク人芸術家ベルテル・トルヴァルトセン（一七六八―一八四四）の前述の銅版画を添え、『植物地理学論考』（Ideen zu einer Geographie der Pflanzen nebst einem Naturgemälde der Tropenländer）としてゲーテに捧げた。トルヴァルトセンはスイス・ルツェルンの「ライオン記念碑」（一八一八）を制作した当代随一の擬古典主義的彫刻家であった。また、テーゲルのフンボルト家庭園の一隅にある墓所を飾る石柱の上に立つ希望の女神像も彼の手になるものである。

上述のアカデミー講演と三つの追加論文を収録した『自然の諸相』が出版されたのは一八〇八年以後のことであるが、その間にベルリンはナポレオン軍に占領され、フィヒテが「ドイツ国民に告ぐ」愛国主義的講演を行なわなければならない事態になっていた。しかしフンボルトは研究上の便宜さからパリへ戻り、二十年間そこでアメリカ旅行記の完成に専心努力した。彼はフランス科学アカデミー八人の外国会員のひとりであった。フンボルトのアカデミー講演「植物観相学試論」が僅か二八頁の抜き刷りのような小冊子として出版されたのに対し、『植物地理学試論』は、フランス語による単独の研究書として「自然絵画」という標題のかの図表を添えて刊行された。ただゲーテに捧げられたドイツ語版にはまだこの図表は付いていなかった。フンボルトが新しい研究分野を創始するにあたり提唱したのは、「彼ら（自然研究者たち）が従事しているのは、ほとんど新しい種を探求することだけです。（中略）それがいかに望ましいことではあっても、それに劣らず重要なのは、その名称さえほとんど存在していない教科、植物地理学を研究することです」（『植物地理学試論』冒頭）。そのうえ彼の自然の見方は美的・芸術的であり、これこそ彼の自然研究のゲーテ的特徴であった。「自然は感じられなければなりません。見て抽象するだけの人は、一世代にわたり、生命の充満した燃えるような熱帯世界で動植物を解剖して、自然を記述していると思うでしょうが、自然そのものには永遠に疎遠でしょう。」（一八一〇年一月三日付ゲーテ宛書簡）

注目すべきことに、そこでは植物観相学という表示もまだ用いられておらず、十七の植物形に言及される論文の末尾において、せいぜい「相貌的差異」「植物の相貌」「北方的相貌」という表現を用いているだけである。チンボラソの山麓で大部分書かれた「植物地理学への最初の草案」について語った後、彼はむしろ「私はこれらの草稿に〈植物地理学へのさまざまな論考〉という題名をそのままにしておかなければならないと思った。他のいかなる不遜な題名も、私の試論の不完全さをより目立つものにし、これを寛容な読者に対してさえより価値のないものにしたことであろう」と記している。本来「と共に」としてそれに添えられた、本文の三倍ちかい分量の論文「熱帯諸国の自然絵画」は、事実上、『自然の諸相』に付けられた詳細な「注解」に相当するものである。その控え目な言い方から窺われるのは、チューリヒの牧師ラファーターの著書により理解しやすい「植物観相学」という名称が、必ずしも植物学者あるいは動物学者ではないアカデミー会員たちのまえで行なわれた最初の学術講演において、より一般的な人文学的表示であったに違いないということである。新しい研究分野に対する彼の見方・見解が学界で広く認められたため、「植物地理学」という自然科学的名称はやがてそのまま用いられることができたのである。

『自然の諸相』はたしかに自然の見方が即物的であると同時に文学的、静穏ではあるが刺激的に、自然の一連の絵画的記述を都会の人間のまえに繰り広げている。彼が細心の注意をはらって努めていたのは、のちの『コスモス』におけると同様「種々の生きいきとした描写により自然観照の楽しみを高めると同時に、科学の到達した現状にしたがい、さまざまな力の調和的相互作用への洞察を深めること」であった。それが当時のドイツ人読者のあいだでいかに好評を博したかを証しているのは、たとえばミュンヘンの植物学者カール・フリードリヒ・フィリップ・フォン・マルティウス（一七九四―一八六八）である。ミュンヘン大学の動物学教授ヨハン・バプティスト・フォン・スピックス（一七八一―一八二六）とみずからブラジルを探検旅行していた彼は、一八五九年五月六日に死去したフンボルトに対するバイエルン科学アカデミーにおける追悼演説のなかで「フンボルトの本の作用は筆紙に尽くしがたかった」と述懐している。

「ゲオルク・フォルスターの躍動的な叙述『世界周航記』いらいドイツ国民に似たようなものは何も提供されなかった。それはわれわれには、彼の名声の種子であったように思われる。われわれを両回帰線のあいだ（熱帯）の世界へ移しかえてくれるような、似たような調べはまだ奏でられていなかった。この小冊子は、後代の旅行者に対する彫琢された言葉の模範そのものであった。その影響は新しい旅行文学の至るところで出会うことができる。われわれの大陸は、数々の不幸な戦争に見舞われているあいだ、大洋のかなたの諸国から隔離されていた。いまや生きいきとした精神の持主が、熱帯の太陽光線、アメリカから魔法の園の香気をドイツの霧のなかへ投げ入れてくれた。いやしくも科学の友、科学の学徒で、遠い大陸の情景をうっとりとした憧れの念を抱いて眺め、それらにより内面的に豊かにされなかった人はいない。それらは軽快な、しかし着実なタッチで描かれている。その卓越した手法は、個々のことがらを深く把握し輪郭がはっきりしているというよりは、光と影のすぐれた配分、色彩の華麗さ、美的にしっかりとした構図の魅力的な若々しさにある。画家の柔軟で感じやすい心情は、地上の熱帯世界の豊満な情景、南方の厳粛な星空のうえに、優しい感情の靄を広げている。それは粗野な現地人、滅亡した諸民族への人間的な思いやりで、彼らの暗い歴史の謎をわれわれは、オリノコ川の水面に映る高所に刻まれた絵、メキシコとグアテマラの森におおわれた建造物から解きあかすことはできないのである。」

自然研究者としてのフンボルトには、客観的対象である自然のいかなる個別現象をも知覚し、それを全体と関連させる思考能力があっただけではなかった。彼には、詩人ゲーテのように、心情におよぼす自然の作用を感知する鋭い感受能力もそなわっていた。そして『自然の諸相』に収録されているさまざまな科学的エッセイにおけるように、眼で見たものをこの体験から取り出して一幅の絵のように記述することができた。そこにはロマンティックな感激や自然の神秘化ではなく、生きいきとした自然感情を美的に取り扱い造形する力が作用していた。彼の記述するのが、熱帯雨林であれ果てしない大草原であれ、アンデス山脈の高山地帯であれ山頂からの海洋の眺望であれ、常にそれは体験された現実であった。科学的洞察にもとづき自然の全体像を把握するこの見方と記述の仕方こそ、フンボルトの自然描写を地理学的自然記述の比類ない範例としたものである。

浩瀚な『新大陸赤道地方紀行』全三十巻の完成後パリからドイツへ帰国したフンボルトは、一八二七／二八年の冬に二つのコースに分けて、六十一回の自然学的・地理学的公開講義をベルリン大学で、さらに十六回の講演を隣接したジングアカデミーの大講堂でおこなった。このベルリン最大のホールは若いメンデルスゾーンが、一八二九年三月十一日にバッハのマタイ受難曲を再発見して上演した記念すべき場所である。このいわゆる「ベルリン講義」は「国王から石工の親方まで」聴講したといわれるほど盛況であった。コッタ書店はそれらの草稿を速記にもとづき直ちに出版しようとしたが、たまたま一八二九年四月十二日から同年十二月二十八日まで、フンボルトはロシア皇帝の委嘱で、動物学者クリスティアン・ゴットフリート・エーレンベルク（一七九五―一八七六）および鉱物学者グスタフ・ローゼ（一七九八―一八七三）と西南シベリアの中国国境まで、長途の研究旅行を行なうことになった。この時の科学的成果が、『アジアの地質学と気候学についての断章』（I・レーヴェンベルク訳、ベルリン、一八三二年）と『中央アジア――山脈と比較気候学』全二巻（マールマン訳、ベルリン、一八四四年）である。その間に『新世界の地理学的知見の歴史的発展および十五世紀と十六世紀における航海天文学に関する批判的研究』（ユリウス・ルートヴィヒ・イデラー訳、ベルリン、一八三六―三九年）が出版された。これによりフンボルトは、アメリカ発見史の歴史家ともなったのである。

中南米旅行後まもなく発表されたいくつかの科学的紀行文を集成したフンボルトの『自然の諸相』は、自然の絵画的記述として一般読者むけに書かれ、実際そのようなものとして好評を博した。それは自然科学的でありながら、なおロマン主義的な文学的雰囲気に満ちていた。それに対し、かの「ベルリン講義」は最初から高度の学問的水準をめざすものであった。出版者コッタがおおむねフリートーキングの講述を速記にもとづき印刷することを提案したとき、フンボルトはそれを断り、理由としてそれらがまだ内容不充分であり、徹底的に加筆修正される必要があることを挙げた。もちろん、そのほかになお、彼がアメリカ旅行記出版のため財産を使い果たし、ベルリンにおける宮仕えのため学問的な仕事をする自由時間が少なくなった事情もあった。しかし執筆計画は立てられ、ロシア経由アジア旅行のあと徐々に具体化していった。一八三〇年から一八四八年までの全ヨーロッパ的革命の動乱期において、彼の最大の関心事は、『コスモス』を完成することであった。

こうして科学的主著を書くには遅すぎる七十五歳になったフンボルトは、一八三四年十月二十四日付でようやく年下の親友ファルンハーゲン・フォン・エンゼ（一七八五―一八五八）に、畢生の著作第一巻の印刷を始めると伝えた。「私が思いついたとてつもない着想は、物質世界の全体、われわれが今日、宇宙空間から地上の生活のさまざまな現象について、星雲から花崗岩の上にまといつく苔の地理学にいたるまで知っているすべてのことについて、すべてを一つの著作のなかで叙述し、これが同時に生きいきした言葉で刺激をあたえ、心情を楽しませることです。大きな重要ないかなる理念も、どこかで閃いたならば、個々の事実とならんでここに記録されなければなりません。それは人類の精神的発展における一時期を（自然に関する知識との関係において）描写しなければならないのです。」

このように慎重な態度は、結局、彼が『コスモス』において自分の自然科学的研究に適用していた歴史的な見方全般に通ずるものであった。「認識の進歩を十九世紀においてとくに促進し、時代の主要な性格をかたちづくったものは、眼差しを新たに獲得したものに限定せず、以前に触れたすべてのものを事の軽重に従って厳しく検証し、たんにアナロジーから推論されたものを確実なものから分離し、そうすることにより知識のあらゆる部分、物理学的天文学、地上のさまざまな力の研究、地質学、考古学などを同一のきびしい批判的方法に委ねる効果的な全般的努力である。」（原著第二巻「自然学的世界観の歴史」の末尾）彼が最初考えた「自然の書」から「コスモス」という書名に至るまで狐疑逡巡した様子も、それまでの書簡の往復から窺われる。「コスモスはひじょうに高尚で、ある種の気取りがなくはありません。しかし題名は一言で〈天と地〉を表しています。（中略）兄もコスモスという題名に賛成です。私は長いこと迷いました。」無論、このフンボルト最後の著書は実質的に全四巻の大著（第五巻は遺稿と索引）であり、内容的にも出版業的にも容易に翻訳できるものではない。ハンノー・ベックによるダルムシュタット版七巻本（全十冊）の『フンボルト選集』にも原著最初の二巻が復刻されているだけである。

4　経験に依拠する個別科学的自然哲学

『コスモス』（一八四五－六二）の原著第一巻の本論「自然絵画」を、フンボルトは「自然学的自然絵画が表示する限界で、知性の範域が始まり、遠くへの眼差しは別の世界の中へ沈潜していく。自然絵画はこの境界を表示して、それを越えていかない」という言葉で結んでいる。人文学はほんらい偉大な兄ヴィルヘルムの研究領域であり、それは自然科学者が自分にもうけた人文学的境界線である。事実、彼の科学的主著『コスモス』には「自然学的世界記述草案」という副題が付いている。その際、草案（Entwurf）という言葉はまず教示編・論争編・歴史編から成るゲーテ『色彩論』三部作全体の書名「色彩論草案」（一八一〇）を想起させる。それは著作が完成されていない、あるいは完成されえないことを示唆する控え目な表示であった。『色彩論』の歴史編も「色彩論の歴史への資料」というのがもともとの表題である。

次に自然学的（physisch）は、自然的（natürlich）との混同を避けるため「学」という文字を付してあるとはいえ、ドイツ語で意味内容はほとんど同じである。それはほんらいギリシア語の nomos（法律・秩序）に対する physis（自然・肉体）に由来している。そのうえ、それは在来の博物学からドイツ特有のロマン主義的自然哲学、さらに近代物理学の初期に至るまでの過渡期を指している。最後に世界（Welt）とは、フンボルトにおいて地上の世界と星辰の世界、地球上の自然と宇宙空間を包括する概念であって、天地の森羅万象を意味している。それゆえ『コスモス』も、宇宙という万有だけではなく、天と地を含むいわゆる大自然を含意しており、この意味で中世の神学者アルベルトゥス・マグヌス（一一九三―一二八〇）の表題にならった「自然の書」であった。フンボルトによれば、自然についての書は「自然そのもののような印象を呼び起こすべき」であった（一八三四年十月二十四日付ファルンハーゲン宛）。また世界が地上の人間の立場から考察されている限り、それは占星術的な天文学でも近代の地球科学でもなく、あくまでも経験に依拠する個別科学的自然哲学であった。

そこでまず一般論として問題になるのが、神・世界・人間の相互関係、とくにヨーロッパにおける広義の自然観ないし世界観である。古代ギリシアのヘレニズムにすでに、世界を形づくった造物主(Demiurgos)の思想があった。そこにあったのは宇宙論的生成で、「万物は流れる」(ヘラクレイトス)循環思想のなかで人間は、プロタゴラスのような懐疑的ソフィストたちのもとで「万物の尺度」であり、事物が存在するも存在しないも、人間の考え方しだいであった。しかし、ヘブライズムの旧約聖書になって初めて創造主だけではなく被造世界ないし被造物という区別が生まれ、キリスト教において両者はより複雑な関係に入ることになった。とりわけ人間は天地創造の冠とされた。創世記において彼には、地球を従わせ、「海に泳ぐ魚、空を飛ぶ鳥、地上で動くあらゆる生あるものを」支配するようにとの指示が与えられたのである。ここで極めて注目すべきことは、天の事象を司るのは神だけであって、人間に与えられた権能は、地上の生きとし生けるものに名前をつけることであった。なぜなら、ヘルダーの『言語起源論』(一七七二)において洞察されたように、人間が理性を賦与されて動物語と異なる言語を獲得し、動物・植物・岩石を命名することこそ、地球を支配する手段とされたからである。人間はそれにより宗教的に神の子による救済の「初穂」であるだけではなく、ほとんど創造神とならぶ共同創造者となった。

しかしながら「コペルニクス的転回」による世界像の大転換と宗教改革による思考の自由獲得により、ヨーロッパ世界は中世から近代へと大きく変わった。とくに、ロゴスの「托身」の神学説は「人の子」イエス・キリストからしだいに人間一般へ拡大解釈され、ルネサンスいらい神中心主義から人間中心主義へのパラダイムの転換が行なわれた。また人間性とともに世界もコスモスとして、より身近な存在となってきた。反教会的ではあっても必ずしも反キリスト教的とはいえないフランス啓蒙主義のあと――デカルトもヴォルテールもイエズス会の学校で教育された――十八世紀になると、イギリスのシャフツベリーとポープにより、芸術家が第二の創造者であるといういわゆる天才思想が生じてきたが、それも本来キリスト教の人間観そのものに深く根ざすものであった。しかも言語が理性により本質的にロゴス的であるだけではなく、被造世界である自然が理性ないし悟性により認識可能であるということの大前提は、地上の自然そのものがなんらかの意味でロゴス的構造を有していることでなければならなかった。カント以後のドイツ観念論のように、経験的所与の混沌に先験的カテゴリーにより秩序を与えるといっても、そのような能力を有する人間精神そのものは言語なしに思考することも、いかなる思想（観念）を言い表すことも、いかなる自然認識も表現できなかったに違いない。

いずれにしても、ヨーロッパにおいて神に創られた世界と被造物である人間の相互関係の基盤は、人間がそのなかで中心的位置を占めていることであった。しかも古代において文化的に優位に立った自然主義的ギリシア人は、世界の中心である自分たち以外の人間をバルバロイ（野蛮人）とみなし、ローマで支配的となった中世のキリスト教徒は、選ばれた民の意識から異教徒である他民族に自分の宗教を強制しようとする傾きがあった。それはもっぱら自分たちの神に依存していることからくる排外思想であり、そこから生ずるさまざまな葛藤により、人間の住む閉ざされた世界（エクメーネ）はもはや必ずしも秩序あるものではなくなってしまった。これがギリシア語「コスモス」の語源が分離ないし区別であったということの遠因であったに違いない。まして近代において、大航海時代の始まりと新世界の発見により地球上に開かれた世界が成立すると、古い宗教をもったインドや、古い文化のある中国がヨーロッパ人のまえに姿を現してきた。マルコ・ポーロが『東方見聞録』において夢見たメールヒェンのような島国ジパングはまだ遥か彼方にあった。モンテスキューやカントをはじめヨーロッパの啓蒙主義者たちは、ケンペルの遺稿『日本誌』によりようやく鎖国日本について具体的な知識を得るに至った。ゲーテの広い精神的視野もインドと中国までしか及んでいなかった。

もちろん、中世初期からネストリウス派のキリスト教がすでに古代中国へ伝えられた。しかし、それはまさにヨーロッパにおいて異端とされたアリウス派の景教であり、アジアにおけるキリスト教布教史のなかで消されていく運命にあった。ライプニッツが中国の高い儒教文化をイエズス会のフランス人宣教師たちから初めて知ったのは、その後のことであった。他方で中世盛期にアラビア文化をともない、地中海沿岸諸国を席捲してイベリア半島にまで達したイスラム教は、宗教改革後のスペインにおける反動的な異教徒迫害により追放されて、いずれユダヤ教とともにさまざまな神秘派として地下に潜行する定めにあった。中世キリスト教世界の崩壊をジョルダーノ・ブルーノ（一五四八－一六〇〇）の場合のように主としてコペルニクスの地動説に帰するのは、フンボルトが知悉している天文学思想史に照らして誤りである。太陽中心説はすでに、ギリシアの古代からカトリックの枢機卿ニコラウス・クザーヌス（一四〇一－一六四）まで、多かれ少なかれ唱えられていたからである。

私見によれば、ヨーロッパのキリスト教世界の没落を招いたのは天文学の発達による世界像の著しい変化ではなく、何よりも宗教改革のあとヨーロッパ中のキリスト教諸国が入り乱れて権謀術数をほしいままにした三十年戦争（一六一八－四八年）である。この精神的・物質的荒廃から立ち上がるためには、もはやキリスト教の超越的な神でも現世的利害から相争うキリスト教徒でもない、別の広義の道徳的原理が追求されなければならなかった。人間はもはや世界の中心ではない。また地球は確固と静止した大地でもない。中世キリスト教の世界像が永劫不変の「存在」に基づいていたとすれば、フンボルト的自然像はルネサンス思想家たちの場合のようにむしろ躍動する「生成」のプロセスにある。ここにとりわけ「有機体の形成と形態変化」を追求するゲーテの形態学との接点がある。差異はゲーテが自然のなかになお内在的な神を探し求め、少なくとも晩年の思想詩においてロマン派の自然哲学と無縁でなかったことである。「自然がおまえの精神に明らかにしようとしないものは、／梃子やねじで無理強いしようとしても無駄だ。」（『ファウスト』第一部六七四行以下）

この点フンボルトは、宇宙の深淵をまえに畏怖した十七世紀のなお全くキリスト教的な数学者パスカルと異なり、科学者として遥かに実証主義的な十九世紀の人間であった。最新の測定機器を用いて熱心に観測した彼は「一般的世界記述の科学的取り扱い方に関する私の考察において論じられていないのは、理性によって与えられている少数の基本原理から導き出すことによる統一性である」（『コスモス』第一巻「序論的考察」）と暗示的に記して、シェリングやヘーゲルの演繹的な自然哲学と明確に一線を画している。しかし彼は初期の『植物地理学論考』以来、だからと言って自分が人間として世界のなかで卑小な存在にすぎないとは感じていなかった。なぜなら、人間は精神の力により合理的な世界像を描くことができるからである。彼が自然感情と芸術趣味において極めて十八世紀的、ロマン主義的でさえあったことは、周知のとおりである。カント『実践理性批判』の巻末に言い表されている啓蒙主義的宗教感情は有名であるが、あまり論じられることのないフンボルトの宗教的態度については、兄のヴィルヘルムが一八一七年に書き残した手記がきわめて参考になる。

「アレクサンダーは唯一稀有の学識と真に包括的な見解を有しているだけではない。彼はまた性格がよく、優柔で、慈悲深く、献身的で無私である。――しかし彼にとにかく欠けているのは、自己と思想についての静かな充足である。そして、そこから生ずる残りすべてのことである。それゆえ彼が理解しないのは他人である。いつも彼らと生活し、とりわけ彼らの感情を観察しているにもかかわらずである。芸術も理解しない。技術的なことはみなよくでき、自分で上手に描けるにもかかわらずである。そして、こんなことを言うのは大胆不敵であるが、自然も理解していない。そのなかで彼は日々新しい発見をしているにもかかわらずである。宗教については、彼が宗教をもっているのか、無宗教なのか、いずれも分からない。彼の頭脳と彼の感情は、これが決断される限界まで行かないように見える。」

これとの関連で、キリスト教の無からの創造という「クレード」（信仰告白）に替わって現れてきた近代の合理的信仰は、理神論といわれるものである。スピノザなどの汎神論は、教会との争いに入らないため、ヨーロッパ社会ではつとに忌避すべき一種の無神論と見なされていたからである。シラーの宗教性はベートーヴェン第九の「歓喜に寄す」の詩に見られるように理神論に近いのであるが、それによれば、神はこの世界を実に巧みに創造したあと、どこか遠い超越的なところへ行ってしまった。そのため、たとえばトルストイの『戦争と平和』において好んで使われる喩えが、無限のゼンマイをそなえて時を刻む精巧な時計である。神は摂理のように人間の運命に配慮したり歴史に介入したりすることはなく、天体も永遠の法則に従ってひとりでにその軌道を回り続ける。自然がこのように神の精巧な作品であるならば、知的能力をそなえた人間がそれを認識しようと努力するのは、むしろ神に嘉される当然な責務である。自然はいわば第二の聖書である。この近代ヨーロッパ人の自意識を的確に言い表しているのが、『コスモス』短縮版の編者フリッツ・クラウスにより解説の中で引用されているヘーゲルの誇らしい言葉である。「宇宙の閉ざされた本質は自律的な力をもたず、これは勇気ある認識に抵抗することができない。それは認識のまえで自己を明らかにし、これにその富とその深みを呈示し、享受（Genuß）へともたらされなければならない。」

とはいえ『コスモス』原著第一巻（一八四五）の序言冒頭に暗示されているように、フンボルトがゲーテ時代における自然科学の現状を包括的に叙述しようという考えを抱いたのは、十八世紀から十九世紀にかけての世紀転換期のことであった。一七九四年にゲーテ・シラーとイェーナで知り合ったばかりの少壮の自然研究者は、当時すでに個々のことがらではなく全体の統一的把握をめざしていたが、それは原理的に文学的古典主義の考え方と一致するものであった。これによれば、主体と客体そのものが哲学的反省による分離以前、少なくとも内在的な神を含めた神・世界・人間の全体を形づくっていた。また客体である自然は調和ある万有と感じられていたばかりでなく、主体である人間そのものもまだ知情意の分離しない全体から形成されていると考えられていた。それゆえ彼は人間の全能力を駆使して、一方で自然における個々のものを経験科学的に観察し、他方でそれらの統一性である全体の理念を「考えながら眺める」、すなわち自然哲学的に考察しようと努めたのである。なぜなら「全体は部分の総和以上のものであり」（アリストテレス）、そのためには人間のあらゆる精神的能力、知性の分析的能力である悟性と綜合的能力である理性だけではなく、構想力としての想像力と生産的ファンタジーさえ必要であったからである。それはゲーテが科学方法論としてカントの論文「直観的判断力」から学んだ「理性の冒険」および、カッシーラーの注目したエルンスト・シュティーデンロートのいう「精密な感性的空想」の合わさった研究方法であった。

「現代にまで及ぶ古人と近代人のあらゆる論争が生じたのは、神がその自然のなかで合一してつくりだしたものを分離したことからである。われわれがよく知っているように、人間の個別化された本性のなかでは、ふつう何らかの能力の過重があらわれ、そこから必然的にさまざまな一面的な物の見方が生じてくる。人間は世界を自分自身に依拠してのみ知っており、したがって素朴かつ僭越にも、世界が自分により自分のために造られていると信じているからである。それゆえまさに彼は、自分の主要能力を全体の先頭におき、彼の内部で少ししかないものをまったく否定し、自分自身の全体性から追放してしまおうとするのである。人間存在の開示された能力は、感性・理性・想像力・悟性であるが、たとえこれら特性のうちの一つが彼の内部で優勢であっても、これらすべてを統一ある全体へと形成していかなければならないということを確信できない人がいる。そのような人は、人間存在の不愉快な制約のなかで労苦し続けるだけで、なぜそのように多くの執拗な反対者がいて、また彼がなぜ自分自身とさえたびたび一時的な反対者として衝突するのか決して理解しないであろう。こうして、いわゆる精密科学のために生まれ教育された人が、彼の理性ないし悟性の高みに到達しても、決して理解できないのは、精密な感性的空想（ファンタジー）というものがありえて、これなしには本来いかなる芸術も考えられないことである。」（ゲーテの科学方法論的論文「エルンスト・シュティーデンロートの精神現象解明のための心理学」から）

第三章　ゲーテ的自然研究の完成者フンボルト

自然研究者で尊敬にあたいするのは、われわれのため、まったく異国のもの不可思議なものについて毎回その最も特有の要素をその周辺地方のすべてのものとともに描写し叙述するすべを知っている人だけである。フンボルトが語るのをぜひ一度でも聞いてみたいと思う。

（ゲーテの長編小説『親和力』から）

1　フンボルトとゲーテの親和性

一四九二年十月十二日、コロンブスによる「アメリカ大陸発見」の約三百年後、中南米（イベロアメリカ）をエメ・ボンプランとともに本格的に研究調査したのは、アレクサンダー・フォン・フンボルトであった。イギリス人キャプテン・クック（一七二八―七九）が太平洋地域と南氷洋を初めて科学的に探索したのは一五一九年のマゼランによる世界周航約二百五十年後のことであり、その間に植物学においてはスウェーデンのリンネやツーンベルク、動物学においてはドイツのブルーメンバッハ、医学においてはオランダのブールハーヴェ、比較解剖学や古生物学においてはフランスのビュフォン、キュヴィエ、サンティレール、広義の地層構造学（地質学）においてはドイツのヴェルナーが学派形成的な影響をヨーロッパ中に及ぼしていた。その後、蘭学時代に来日したシーボルトはフンボルトの中南米に関する旅行記を他の数多くの自然科学書とともに日本へ舶載させていたので、フンボルトの中南米旅行はシーボルトを通じ早くから間接的にわが国ともかかわっていたことになる。そのうえ少壮の植物学者ウィルデナウはケンペルのあと来日したスウェーデンのツーンベルクと文通していたので、ハンノー・ベックによれば、少年フンボルトは最初に日本へ行くことを夢見ていたとさえいわれる。

また、ベルリンのブランデンブルク門から復元中であった旧王宮のほうへ延びる大通り「ウンター・デン・リンデン」に面して、明治時代に旧制帝国大学の模範となったフンボルト大学がある。このかつてのベルリン大学が旧東独のフンボルト大学と改称されたのは一九四九年のことであるが、その名にふさわしく戦前からフンボルト兄弟の座像が正門両脇の高い台座の上に立っている。二人のうちヴィルヘルム・フォン・フンボルトが一八一〇年にベルリン大学を創設し、ドイツ・ギムナジウムの古典語教育の伝統、したがってわが国にも大きな影響をあたえた人文主義的教養理念を確立したのに対し、アレクサンダー・フォン・フンボルトはゲーテ時代最大の自然科学者と認められている。戦後、ヴィルヘルムの教養主義は旧西独で激しく批判され、それに伴い日本でもドイツ的教養の理想はしだいに見失われていったように見える。

これに対しアレクサンダーは、イベロアメリカ研究の創始者として、両ドイツにおいて依然として高く評価されつづけた。南米の解放者シモン・ボリーバル（一七八三―一八三〇）にとって彼は新大陸の真の発見者であり、「その研究はアメリカにすべての征服者たちよりも良いものを与えてくれた」といわれている。ゲーテが冒頭に引用した言葉を、一八〇九年に刊行した長編小説『親和力』の第二部第七章「オッティーリエの日記から」において書き記したとき、彼はフンボルトの『自然の諸相』の初版（一八〇八）をすでに念頭においていたに違いない。なぜなら、これは中南米旅行から帰ったばかりの若い探検旅行者がドイツ語で著した最初の科学的エッセイ集であり、そのなかの追加された一章「原始林における動物の夜間生活」において、さまざまなサルの生態が描写されているからである。若い女主人公の日記と称するゲーテ自身のこの初期「箴言と省察」のなかでは、オッティーリエと対照的な女性ルチアーネが『ファウスト』第一部「魔女の厨」に出てくる手長猿のようなサルの絵を好んで見ることがあらかじめ批判され、「いやらしいサルたちをあのように念入りに模写するなど、よく平気でできるものだ。それらを動物として眺めただけでも、自分が品性下劣になるような気がする。まして、知り合いの人々をこのマスクの背後に探そうなどという誘惑に駆られると、ほんとうに人間が悪くなってしまう」と付記されている。本章モットーの直前に明言されているように、「ヤシの木の下をそぞろ歩きして報いを受けない人はいない。象とトラが住んでいるような国では、考え方もきっと変わってしまうに違いないから」である。

一見これらの文章は、旧大陸の洗練された文化に背をむけ、異郷の新大陸に科学の新天地を求め始めた新しい地理学的博物学に対するかすかな反発のようにもみえる。ヨーロッパの伝統的な自然美の理想に生きていたフンボルトもゲーテも、ベネズエラの州都カラカスが、一八一二年三月二十六日、大地震により壊滅的被害を受けることをまだ経験していなかったのである。それは一六九三年のジャマイカ、一七五五年のリスボン、一七六六年のクマナ、一八〇八年のピエモンテにつづく啓蒙主義的世界観を震撼させる自然の大災害であった。フンボルトは、後年の著述『新大陸赤道地方紀行』（一八一四―二五）の第五部第一四章「カラカスの地震―地震現象とアンティル諸島」の結びにおいて、これらについて詳述したあと、以下のように今日にもそのまま当てはまるきわめて客観的な判断を下している。

「この章で我々は、強い振動が岩質の地殻で時折感知されて、自然が最も豊かな恵みを与えている地方に荒廃をもたらすことを観察した。上層の大気圏には、乱されることのない静穏が支配している。けれども、正確というよりも巧妙というべきフランクリンの表現を用いれば、〈地底圏〉内では、つまりあの様々な弾性流体の混淆中では雷鳴がしばしば轟いていて、その運動が地表でも明確に感じとれるのである。多くの大都市の崩壊を説明することは、人類最悪の大災禍絵図を描くことでもあった。独立のために戦っている人民が、突如、食料や生活必需品の欠乏にさらされる。飢えて、身を寄せる場所もなく、彼らは都会を追われていく。住居の崩壊から免れた人々も、多くは疾病の犠牲となる。不幸の体験は市民の間にあった信頼感を、強固にするのではなく、損ねてしまう。自然災害は人々の不和を助長するから、涙と血に濡れた大地を見たとしても、勝ち誇った党派の狂熱は全く鎮まることがない。」

フンボルトにおいてなおヨーロッパ的かつ人文学的とみなされる特性は、彼の叙述の随所に認められるギリシア・ローマの古典文化尊重である。彼は少年時代からラテン語とギリシア語を当然のこととして習得していただけではなく、ゲッティンゲン大学では博物学や物理学とならんで、有名な文献学者クリスティアン・G・ハイネの授業をも聴講していた。ギリシア古典に関する彼の素養の片鱗は、たとえば『自然の諸相』中の「生命力あるいはロードス島の守護神物語」の論文に示されている。その本質的徴表である真善美のうち真理の探求はつとに彼の認識衝動となって表れ、善への傾きはのちにイベロアメリカにおける社会的不正義に対する強い関心となって顕在化してくる。そして美的欲求は、彼の高遠なものに対するロマン主義的な生活感情、科学的エッセイにおける文学的表現の多用となって現れている。

そもそも、自然の情景を一幅の絵画のように表象し言語で描写するという科学者フンボルトの物の見方・考え方は、きわめてゲーテ的である。冒頭の論文「草原と砂漠について」においては、「アジアの塩の草原、夏には蜜のある赤い花の咲き乱れるヨーロッパの荒れ野地方、アフリカの植物のない砂漠から、南米のさまざまな平原へ戻ろう。その絵画的記述を私は大雑把なタッチで描き始めたばかりである。このような絵画的記述が観察者に与えることのできる興味は、しかし、自然に対する純粋な興味である。（中略）私はここで、自然界における草原の絵画的記述という大胆な試みを終えることができるかもしれない。しかし空想の大洋のなかで遠くのさまざまな海岸の絵を描こうとするように、われわれも、大平原が消えてなくならないうちに、草原を限っている種々の地帯に一瞥を投げかけておきたいと思う」と明記されている。それを受けて次の論文「オリノコ川の滝について」も、「当時（一八〇六年）私はあえて、いくつもの大きな情景を自然の一つの絵画的記述にまとめ、（アカデミーにおける）公開の集まりを、われわれの心情の暗い（ナポレオン軍によるベルリン占領下）気分の色調に対応するさまざまな主題で楽しませようと試みた」という言葉で始まっている。ちなみに、第一次スイス旅行のさい、ゴットハルト峠からふたたびチューリヒへ帰ってきたとき、ゲーテは途中何枚もスケッチを描きながら、その真の意図を率直に述べているが、フンボルトも幼少のときから絵の手ほどきを受け、その能力は探検旅行のさい大いに役立ったと自負している。ゲーテの次の所見はそのまま彼にも当てはまるように思われる。

「これらの素晴らしい高地から湖と優雅に横たわっている市街へまた降りていくまえに、私がなお記さなければならない所見は、スケッチをすることにより景色を少しでも自分の物にしようとする私の試みである。風景を絵として見る幼少からの習慣にまどわされて私は、自然のなかに絵になる景色を目にするといつも、それを固定し、このような瞬間のたしかな追憶を確保しようと企てるのであった。ところが、ふだん限定された対象にもとづいてある程度まで練習しているため、このような世界にいると自分の力の及ばないことがつくづく感じられた。衝動にかられると同時に急いでいることもあり、私は自家薬籠中の補助手段に訴えざるをえなかった。興味をひく対象をとらえ、その輪郭・特徴を紙にさっと描いてしまうと、私は鉛筆で満足に書き表せなかったディテールをすぐその傍に言葉で詳述することにした。このようにして、眼で見た光景が深くこころに刻まれたので、私があとで詩や物語で必要とするどんな場所の風景もただちに心に浮かんできて、意のままにすることができた。」

次にゲーテのいわゆる形態学における根本思想は、内的自然と外的自然の相互作用から生ずる形態変化である。内的自然と形容された有機体、とりわけ植物は外的自然である土壌・地形・気候・温度・湿度など自然環境のさまざまな影響を受けて、その原型を保ちながら無限に変化していく。ゲーテにおいて一つである抽象的な原植物は、なるほどフンボルトにおいて具体的な十六ないし十七の基本形に置き換えられている。しかし岩石・植物・動物を包括する自然の生命の営みが一つの緊密に関連し合った全体をなし、一つの部分の変化が他のあらゆる部分の微妙な変化を惹き起こし、それが目に見える形態となって現れるという全体性と相互補償の思想および観相学的見方は、両者に共通である。しかもゲーテとフンボルトはともに、人間をも自然とのこのような相関関係において考察している。人間性は基本的には同一であっても、地球上いたるところで異なる生活環境のため、それぞれ異なった風俗習慣と文化を生み出していく。また他方で、学問と芸術は遠く離れた人々を精神的に結びつけ、人類を一つにしていく。原型にもとづく多様性と統一性、ヘルダー、ゲーテ、シラー、ヴィルヘルム・フォン・フンボルトに共通の古典主義的ヒューマニズムとはこのような考え方にねざしているのである。フンボルトの『自然の諸相』はゲーテとの人間的親近性をとくに感じさせる。

近代的博物学者としてのフンボルトと形態学者ゲーテとの精神的親和性は、中南米への出発前に書かれたフンボルトの文章によく現れている。「さまざまな力の相互作用、生命のない被造物が生命のある動植物界に及ぼす影響、また調和ということに私は絶えず注目したいと思う。」(序章) これらの言葉は、ゲーテが『イタリア紀行』のなかで自然観察の折にしばしば言及している関心事とまったく照応している。ゲーテと同様フンボルトは、自然をつねに一つの調和ある全体として眺め体験する能力を有していた。そして彼は、ゲーテの科学的紀行文におけると同様、自然体験を目に見えるように記述することができた。両者の自然認識はいわば科学的絵画であって、自然現象を生きいきとリアルに描き出すものであった。『自然の諸相』初版の序言でフンボルトはさらに次のように書いている。

「自然の全体像の展望、さまざまな力の交互作用の実証、熱帯諸国の直接の観察が感知する人間にあたえてくれる喜びを新たにすることが、私の追求している目的である。どの論文も一つのまとまった全体をめざしているが、すべてに共通して言い表されることになるのは、同一の傾向である。さまざまな博物学的研究テーマのこの美的な取り扱い方は、ドイツ語の柔軟な表現能力にもかかわらず、構図という大きな困難を伴っている。自然の豊かさに促されて、個々の画像は積み重ねられざるをえず、この堆積は自然の絵画的描写の静謐と全体的印象を妨げる。感知能力と想像力に訴えようとすると、文体は詩的散文になってしまう恐れがある。」

ここで「同一の傾向」と名づけられている、自然の全体と部分およびそれらが人間に及ぼす精神的・美的な作用、すなわち客観と主観の密接な相互関係のうえに成り立つフンボルトの自然研究は、兄ヴィルヘルムの言語研究『人間の言語構造の差異と人類の精神的発展に及ぼすその影響』と同様、まことにゲーテ的かつドイツ古典主義的である。もちろん、スイスの動物学者アドルフ・ポルトマン（一八九七―一九八二）が指摘しているように、ゲーテが主として自然の美しい舞台を科学者の目で観察しているだけなのに対して、フンボルトはすでにその背後の機械装置も考察し始めている。それゆえ彼は引用文に引き続き「みずみずしい感受性が自然を直観して見出すあの喜びの一部を与えることができればよいと思う。この楽しみは自然のさまざまな力の内的関連を洞察することによって増大される」と述べている。しかし「対象の美的取り扱い方」をめざす十八世紀ドイツのヒューマニスティックな博物学的自然研究の特徴は、客観と主観を切り離すことなく、人間の感性を充分に尊重していたことである。ゲーテが近代自然科学における過度の抽象化を恐れていたのは正にそのためであり、これに対応し、『自然の諸相』は「われわれが生活している特殊な自然としての地球の哲学」と呼ばれている。

2　探検旅行への認識衝動

寡婦であった母親が一七九六年十一月に莫大な遺産をのこして死去したとき、フンボルトはバイロイト鉱山監督局の公職を捨て、かねて準備していた自然研究のため自由の身となった。イタリアあるいはエジプトへ探検旅行に出かけようという彼の計画がいずれもナポレオン軍の遠征によって水泡に帰したとき、彼は兄が外交官として赴任していたパリへ行き、フランスの自然科学者たちから敬意をもって迎えられた。「フランスのキャプテン・クック」ブーゲンヴィルに代わる若いトマス・ニコラス・ボーダン船長の五年間予定の世界周航に参加しようとする彼のあらたな計画は、またしてもナポレオンの動向によって挫折してしまった。しかし彼のパリ滞在最大の成果は、若い医師で植物学者のエメ・ボンプランを探検旅行の同伴者として獲得したことであった。彼がスペイン側の好意を得て、フランスの研究者を伴いラテンアメリカに向け出帆したのは、一七九九年六月五日のことであった。スペイン北西部の港ラ・コルーニャからの航海の途中、彼は北回帰線に近い大西洋カナリア諸島の島テネリフェにおいてすでに七日間、熱帯性の気候風土とスペインの最高峰である火山テイデ（三七一八メートル）登攀を体験する機会に恵まれ、それは約五年に及ぶ研究探検旅行のために格好の準備となった。興味深いことに、フンボルトは目的地をコロンブスと同様いまだに「西インド」と呼んでいたが、この古い呼び名はイベロアメリカ世界の総称にほかならなかった。彼が新大陸を改めて学問的に再発見することになった中南米旅行の概略は、次のとおりである。

一七九九年　七月　ベネズエラのクマナに到着、沿岸にそって海路カラカスまで。
一八〇〇年　三月　オリノコ川探検（同年六月まで）。
一八〇〇年十一月　キューバ滞在（一八〇一年三月まで）。
一八〇一年　三月　南米に戻りマグダレナ川探検、ボゴタ滞在（同年九月まで）。
一八〇二年　一月　キト到着、六月チンボラソ登攀、十月リマ到着。
一八〇二年十二月　グアヤキルまでペルー沿岸を北上する船旅。
一八〇三年　三月　アカプルコ到着、メキシコ滞在（一八〇四年三月まで）。
一八〇四年　三月　キューバ滞在（同年四月まで）。
一八〇四年　五月　七月までアメリカ合衆国。
一八〇四年　八月　ボルドーに到着。

これらの旅程を大別すると、フンボルトの中南米旅行は、㈠一年四か月のベネズエラ旅行、㈡約二年間に及ぶキューバ経由のコロンビア、エクアドル、ペルー旅行、㈢メキシコ旅行とキューバ経由フィラデルフィア上陸までの一年四か月半の旅行という三つの時期に分けることができる。比較的短期間の北米滞在は、大きな研究成果をあげた後の凱旋にも似た帰路の一部とみなされる。フンボルトとボンプランは、ワシントンでアメリカ大統領トマス・ジェファーソンの歓待を受けたあと、スペインを避けてフランスのロアイヤン港に到着、パリに帰り着いたのは、一八〇四年八月二十七日であった。それはナポレオンが自らフランス皇帝に即位する直前のことであった。

出発にさいしラ・コルーニャからフンボルトとボンプランを乗せたスペインの快速帆船の行き先は、キューバのハバナ経由、メキシコのベラクルスであった。しかし航海の終わり近くに悪性の熱病が発生し、乗客の一人が死亡したため、彼らは南米のベネズエラで下船することにした。またフンボルトがキューバから南米大陸のコロンビアに戻りペルーのリマまで赴いたのは、本来、カラオの港でボーダン船長の指揮するフランス世界周航船団と出会い、フィリピンおよびインド経由でヨーロッパへ帰還するためであった。ボーダンはオーストリア皇帝フランツ二世の委託を受け、シェーンブルン宮殿とウィーンの自然史博物館を飾る珍しい植物や博物標本を採取するため西インド方面へ航海したことのある経歴の持主であった。しかしフランスのためオーストリア皇帝を欺くことさえしたボーダンが、フンボルトへの約束を無視しアフリカ南端喜望峰を迂回して（リマに寄ることなく）直接インドへ行ってしまったため、フンボルトはやむなくペルーからメキシコへ渡ることになった。『自然の諸相』最後のインカ論文の末尾で回顧されているように歴史にはいろいろな偶然がつきものであるが、それは彼にフンボルト海流の名をもたらし、ラテンアメリカとの関係をいっそう緊密にしたという意味で僥倖であった。ボーダンの長期にわたる周航計画は失敗に終わり、彼は航海の途上死亡してしまったので、フンボルトがそれに参加できなかったことは結果的にむしろ幸いであった。

中南米旅行中に実施されたフンボルトの研究調査活動のうち、三つの主要時期のそれぞれ中心的なものは、㈠ベネズエラにおけるオリノコ川探検、㈡エクアドルにおけるチンボラソ山登攀、㈢メキシコにおける国土の高度測量である。限られた紙幅の中で彼の全行程を逐一辿ることはもとより不可能なので、これらの代表例にもとづいて彼の研究方法とその根底にある自然観について簡略に述べることにしたい。

まずオリノコ川探検は、フンボルトとボンプランがクマナから海岸沿いに移動したカラカスを出発点に行なわれた。それは中南米旅行中最も骨の折れる旅程であり、フンボルトはこれについて『自然の諸相』中の論文「草原と砂漠について」および「オリノコ川の滝について――アトゥレスとマイプレスの急流地帯」において詳細な印象深い記述を残している。一九五九年、彼の没後百周年の機会に二人のドイツ人がこのオリノコ旅行を繰り返してみたところ、現地の事情はほとんど変わっていなかったとのことである。フンボルトが探検にさいし最初に実行したのは、経緯度の測定により位置を確認することであった。こうして彼は陸路を通って支流アプレ川からオリノコ川の上流に入り、さらに支流アタバポ川を遡ったのち、大きなボートを短い区間ながら陸路で運搬してネグロ川に入りブラジルとの国境の町サン・カルロスに到達した。彼はネグロ川を下ってアマゾン河に入りたかったのであるが、スペイン政府のパスポートしか所持していなかったので、スペインと敵対関係にあるポルトガル領内（ブラジル）に足を踏みいれることを断念しなければならなかった。彼は帰路で初めて、当時まだ疑問視されていたオリノコ川とネグロ川を結ぶ自然水路カシキアーレの存在を知り、サン・カルロスからこの水路を通って布教村エスメラルダで再びオリノコ川に入った。この沼沢地域の厳密な測量はオリノコ旅行における最も重要な成果の一つである。そこには旅行者を悩ませる夥しい蚊がおり、しかも本流を下ってアンゴストゥーラ（＝今日のチゥダド・ボリーバル）に到着するまでの長い船旅のあいだ、フンボルトとボンプランはインディオと同じような生活をしなければならなかった。また二人は熱病に罹り、フンボルトがすぐ治ったのに対しボンプランは重体に陥った。フンボルトはボンプランの回復を待ってクマナに戻り、間もなくヌエバ・バルセロナからハバナへ向かった。フンボルトは実はキューバから北米に行き、五大湖地方を探検したのちミシシッピ河を南下し、メキシコからフィリピン経由でヨーロッパへ帰るつもりであった。

次に、ボーダンとペルーで合流するための再度の南米旅行中に敢行されたチンボラソ休火山登攀は、フンボルトにとって、それまで世界最高の登山記録の樹立であった。チンボラソ山登頂を初めて達成したのは、一八八〇年一月四日、イギリス人エドワード・ウィンパーであった。アンデス火山帯のこの山は当時、地球上で最も高い山とみなされていた。標高六三一〇メートルのこの山に登攀することを、フンボルト以前すでにラ・コンダミーヌとブーゲが試み、一万四四〇〇フィートに達していた。フンボルトも巨大なクレバスにさえぎられ登頂することは遂にできなかったが、一万八〇九六フィート、すなわち頂上までわずか四百メートル残すのみの五八八一メートルの地点まで登ることに成功した。これに先立ち彼はエクアドルのピチンチャその他の火山にも登り、この火山の火口に突き出した岩の上で激しい地震も体験していた。南米における数々の火山登攀をとおして彼がしだいに断固たる岩石火成論者となり、恩師アブラハム・G・ヴェルナーの岩石水成論に反対するようになったのは当然であった。火山の爆発は革命の象徴となりうるので、ゲーテのような水成論者は同時に政治的な保守主義者でもあった。とはいえ、フンボルトが急進的な革命主義者だったというわけではなく、彼はせいぜいフランス革命に理解を示すリベラルな保守主義者であった。

最後にフンボルトはメキシコのアカプルコに到着後、ここからメキシコ・シティまで、また帰国するさいメキシコ・シティからベラクルスまでの道程を、シリンダー・バロメーター（気圧計）を用いて精密に測定した。これによりメキシコの国土の太平洋側から大西洋側にまたがる重要な部分の高度が明らかにされた。また三角法による測量の結果、オリザバのピクではなくポポカテペトゥルがメキシコの最高峰であることが確認された。このような野外活動以外の時間をフンボルトは、図書館や記録文書館などで、将来メキシコの政治状態に関する著述をするための資料集めに利用した。そして、ヒマラヤとチベットへの中央アジア探検旅行計画をこの地で最終的に断念した。中南米旅行中に収集した膨大な資料を整理し、研究成果を公表することが、何よりもまず先決問題だったからである。彼がメキシコ・シティへ行く途中に鉱山研究のため滞在した銀の生産地タキシコの町にある植民地様式の彼の住居は、今日復元されて、ドイツ・メキシコ文化研究所となっている。

以上のようなフンボルトの中南米旅行の基本的特徴として三つの点を指摘することができる。第一に、プロイセン出身の彼はプロテスタントであり、善かれ悪しかれキリスト教布教の情熱も大義名分も持たなかった。周知のように、クリストファー・コロンブスは自分を幼いキリストを肩に乗せて運ぶ大男クリストフォロスになぞらえ、スペインの征服者たちは十字軍に参加する意識をもって南十字星をめざしたのである。第二に、これと関連してフンボルトの探検旅行は純粋に学術的な研究調査を意図するものであった。彼には宗教的な目的だけではなく、なんら政治的・経済的な目的もなかった。彼が先住民たちの生活状態を記述したのは、十八世紀ドイツ・ヒューマニズムの立場から彼らの人権を擁護するためであった。第三に、彼の学術的調査には哲学的な目標があった。十八世紀の世紀末ドイツにはシェリングをはじめとするロマン派の自然哲学があり、ゲーテの形態学や色彩論にも十六世紀の汎知学にねざす神秘的・思弁的傾向がまだ多分に見出される。たとえば自叙伝第二部『イタリア紀行』一七八六年九月八日ブレンナー峠の項でゲーテは、地球全体がいわば呼吸しているのでアルプスの山々の作用が大気中の多様な変化を惹き起こすのではないだろうか、という考えを述べている。これに対しフンボルトは、地球が有機的な全一体であるという同様の自然哲学的前提に立ちながらも、イギリスあるいはフランス啓蒙主義の立場から、ゲーテやドイツ・ロマン派の人々よりはるかに経験科学的な研究を実践していた。彼の自然研究の特徴は、機器による精緻な観察と同時に精確な測定であった。それは地質調査や緯度・高度・磁気などの計測のさいに遺憾なく発揮されている。この意味で彼は「近代自然科学の父」と呼ばれてもさしつかえないであろう。

3　新しい研究分野「植物観相学」

フンボルトが未知の新大陸へ探検旅行に出かけた理由の一つは、もともと、旧大陸が彼には道徳的に堕落し混乱していると思われたからである。彼は一七八九年のフランス革命直後、のちにパリで貧困のうちに客死する研究旅行家かつ革命的思想の持主ゲオルク・フォルスター（一七五四―九四）とオランダ、イギリス、フランスの各地を視察していたばかりではなく、ナポレオンの台頭によりヨーロッパ全体が政情不安になっていくのを体験していた。なるほど彼は、中南米旅行から帰還したのちナポレオンが「ボンプラン」に対し氷のように冷たい態度をとり、フンボルトに対しては憎しみに満ちていた」にもかかわらず、政治的に中立な自然科学者としてパリで絶大な名声を享受しながら研究を続けることができた。しかし、一八〇六年にベルリンがナポレオン軍に占領されたこと、一八一三年から一八一五年にかけて解放戦争がおこなわれ遂にナポレオンが失脚したこと、さらにウィーン会議以降メッテルニヒによる反動政治が始まったことなどを考えると、当時のヨーロッパは、プロイセンの貴族ながら政治的にリベラルなフンボルトにとって確かに居心地がよくはなかったであろう。王侯貴族たちの間で、政治的リベラリズムは、ほとんどジャコバン党的な共和制支持を意味していたからである。

しかしながらフンボルトは政治家ではなく、まして革命思想の持主などではなかった。彼が政治的にいかにリベラルであっても、裕福な貴族として彼はあくまでもプロイセンの保守的な王制支持者にとどまった。したがって、彼がイベロアメリカ世界に及ぼした持続的な影響は、シモン・ボリーバルに対する人格的・思想的なものよりも、ほんらい別のところにあったと考えられる。一言でいえば、それは彼の仕えた神である科学の領域においてである。たしかに彼は、中南米旅行以前すでにいくつかの自然科学論文や著書を発表していた。しかし彼の本格的な学問的活動は、疑いもなく、中南米旅行における広範な調査結果を整理して刊行したときに始まる。これにより彼は、とりもなおさずイベロアメリカ研究の創始者とみなされるのである。

フンボルトが一八〇四年七月末、中南米旅行から出発地スペインではなくナポレオン支配下のフランスへ戻ってきたとき、彼は三十五歳になるところであった。母親の莫大な遺産のお陰で彼は依然として経済的に全く自立した生活を送ることができたが、その後の五十五年の生涯は、一八二九年の九か月間のロシア旅行を境に大きく二つの時期に分けられる。前半の二十数年はパリにおける中南米旅行の科学的成果『新大陸赤道地方紀行』の刊行と、ドイツへの帰国を準備するための数度のベルリン旅行に費やされ、後半はベルリンにおける『自然の諸相』改訂と主著『コスモス――自然学的世界記述の草案』全五巻（一八四五―六〇）の執筆と刊行が主な仕事であった。今ここで問題になるのは主として前半の時期である。フンボルト自身が自分の畢生の著述とみなしていたアメリカ旅行記はほんらい三十六巻の大小の版本から成り立っている。それは二十年にわたるパリ滞在中に作成され、フランス語で書かれている。それらのうち、ドイツの読者のためにドイツ語へ翻訳されたものも何点かあり、『自然の諸相』（改訂版）および『コスモス』は後年はじめからドイツ語で出版された。とくに『植物地理学試論』のドイツ語版（一八〇七）はフンボルト自身がトルヴァルトセンの銅版画を添えてフランス語版から作成し、ゲーテに捧げた。フンボルトが「地球の哲学」と考えていたこのアメリカ旅行記の構成は次のとおりである。
天文学的および地球物理学的観測データ　四巻（協力者　ヤッボ・ボルトマンス）
植物学　十九巻（協力者　エメ・ボンプランおよびゴットロープ・クント）
植物地理学　一巻（フンボルトの単独著作）
動物学および比較解剖学　二巻（協力者　多数のフランス人学者）
旅行記および民俗学的地誌　十巻（フンボルトの自著）

四つ折り判十六冊、大型の二つ折り判二十冊から成るこれらの書物には精密な地図や美しい図版が多数添えられており、その制作に五十人もの画家や素描家が従事していた。また動物学など種々の分野において、パリ在住の多くの専門家たちがフンボルトに協力した。今日でいえば、学際的研究の始まりである。著作の半分以上を占める植物学の諸巻には、こうして八千種の植物が記載され、それらの実に半数はそれまで未知のものであった。そして、これらの該博な経験的知識に裏打ちされた最も重要な科学的認識が、フンボルトによって創始された植物地理学である。この巻にはいみじくも「熱帯諸国の自然絵画と共に」という副題が付けられている。それはフンボルトの関心事が、すでに指摘したように、自分で旅行して回った諸地方のかの自然の絵画を描くことにあったからである。この巻が彼にとっていかにモデル的性格を有していたかは、それが全体の第二十七巻であるにもかかわらず、一八〇五年に最初の配本として発表されたという事実に示されている。そのうえ彼は、ドイツ人読者のためこのフランス語の著作を二年後みずからドイツ語に翻訳し、ゲーテおよびシラーとゆかりの深いコッタ書店から出版したのである。

それゆえ、「アメリカ旅行記」全体の中心は疑いの余地なく『植物地理学試論』である。その副題は、彼が旅行した熱帯地方を写実画家のように緻密にかつ科学的に記述しようという自然研究者フンボルトの関心事を如実に表わしている。ちなみに、『自然の諸相』の副題「熱帯自然の絵画的記述」は「自然絵画」(Naturgemälde)のパラフレーズにほかならない。しかし『自然の諸相』に収録されている同時期の試論には「植物観相学」という言葉が用いられており、このほうが彼の方法論をよりよく表示していると見なされる。またエッセイ集の書名が敬愛するゲオルク・フォルスターのライン下流地方の旅行記を踏襲していることはすでに言及したが、原語 Ansichten は英語の aspect と解釈し、その意味内容は「博物学的風景画」と考えられる。フランス語の他の著作、たとえば Vues des Cordillères の表題における view は景観で、自然景観と文化景観の両方を含意していると思われる。フンボルトがそのさい betrachten（眺めると考察するはドイツ語で同一の言葉）するのは、ほぼ掲載論文順に、自然地理学・人文地理学・動物学・植物学・岩石学・自然哲学・考古学的見地からの自然の諸相である。

植物観相学の構想でフンボルトが意図したのは、ゲーテの形態学思想にもとづき植物学の新しい研究分野を確立し、熱帯地方の自然科学的な絵画を描くことであった。フンボルトによれば、地球上の至るところで自然を一つの生きた全体、一幅の「自然の絵」に統合しているのは植物界である。それゆえ、熱帯の自然を絵画的に捉えようとするならば、それを覆っている多彩な植物の衣装を自然の様相にしたがって全体論的に区分しなければならない。ゲーテが個々の植物の形態変化をその内的自然と外的自然の相互作用の面から理解しようと努めていたのに対し、フンボルトは植物の群落・サバンナ・森林のようなはるかに大きな規模で、熱帯植物と地質・気候・高度などの生活環境との相関関係を把握しようとしたのである。それはある程度までゲーテの植物形態学の補充である。しかし彼がプラトン的な自然の形而上学にとらわれて唯一の原型、すなわち理念的な「原植物」のことをなお考えていたの反し、より経験科学的なフンボルトは現実にある複数の基本形を設定し、こうして区分された植生を「植物の相貌」と呼んでいる。人間の容貌ないし骨相を意味するこの相貌（Physiognomie）という言葉はもともとスイスの牧師ラファーターの提唱した「観相学」（Physiognomik）に由来し、ヘルダーもその原理をつとに類型論的に歴史現象に、ヴィルヘルム・フォン・フンボルトは全世界的な言語現象に適用している。またゲーテが高く評価していた医師かつ画家的自然哲学者カール・グスターフ・カールスは（一七八九―一八六九）、人間の身体そのものの相貌についても語っていた。フンボルトはそれを自然現象全体に適用し、とりあえず植物の観相学を創始したということができる。事実、彼の植物地理学は『自然の諸相』に収録された論文において植物の観相学であることが判明する。

「もっとも、植生の主要形のもとには、いわゆる自然体系に属している科全体がある。バナナ植物・ヤシ科植物・トキワギョリュウ（モクマオウ）・毬果植物もこれらのあいだで名を挙げられる。しかし植物学の分類学者は、観相学者が結合せざるをえないと思う植物の大量のグループを分離してしまう。植物が群落として提示されるところでは、葉の輪郭と区分、幹と枝の形態が流動し合って定まらない。画家（ここでまさに芸術家の繊細な自然感情にものを言わせなければならない）はある風景の背景に、松柏類あるいはヤシの灌木を楡の茂みから区別するが、楡を他の広葉樹の森から区別したりしないのである。」

すでに指摘したように、フンボルトは植生の多種多様な相貌に十六ないし十七の基本形を区別し、その数は大陸の内部奥深くへ分け入って、新種の植物を発見すればもっと増えるだろうと付記している。しかし科学的エッセイにおいては、それらすべてを列挙し記述することは、彼にとってそれほど重要ではない。彼はむしろ「自然の相貌」が人間の心情や詩歌に及ぼす文化的影響を指摘している。風土と文化の密接な関係の例として挙げられるのは、ギリシア人の文学作品と北方民族の素朴な歌謡である。それらに特有の性格は、フンボルトによれば、主に詩人を取り巻いていた動植物と山や渓谷の形態、あるいは吹き寄せる風のせいでそうなったのである。自然の世界が人間の精神生活に及ぼす影響、また感性的なものと非感性的なものとの神秘的な相互作用は、自然研究のまだあまりよく知られていない独特の魅力である。ギリシアの空とユーフラテス河からエーゲ海におよぶ温暖な地域の優美さに感嘆する彼の言葉には古代文明に対する憧れが感じられ、ゲーテの最も古典主義的な作品『イタリア紀行』を想起させられる。

「岩石類の鉱物学的知見が山岳学と区別されるように、個別的自然記述と異なるのは一般的記述、ないし自然の観相学である。ゲオルク・フォルスターは種々の旅行記を著し、ゲーテは不滅の文学作品の中にさまざまな自然描写を遺しているが、ビュフォン、ベルナルダン・ド・サン゠ピエール、シャトーブリアンも真似することのできない真実性で個々の地帯の性格を叙述した。このような叙述は、心情にいとも気高い種類の喜びをあたえるのに適しているだけではない。さまざまな方位にある自然の性格に関する知識は、人類の歴史とその文化とも密接に結びついている。なぜなら、たとえこの文化の始まりが自然の種々の影響によってのみ規定されたわけではないにしても、その方向・民族性・人間性の明暗の気分も大部分さまざまな気候事情に依存しているからである。」（「植物観相学試論」）

フンボルトは中南米旅行中に地質学者・植物学者からこうして最初の人文地理学者に発展していった。彼は地表のさまざまな形態、その成立と変化を惹き起こす種々の力の影響を調査したり、地図作成のため緯度・経度・高度・気圧・温度などを厳密に測定したり、動植物と気候の相互作用を綿密に調査したりしたばかりではなく、新大陸の人間生活に注意を払うことも怠らなかったのである。そもそもゲーテ・シラーによって代表されるドイツ古典主義においては、『親和力』の「オッティーリエの日記から」にいわれているように、人間こそ人間にとって最大の関心事であり、世界ないし地球全体に関する科学的研究も神についての思想も究極において人間を理解するために役立つべきものであった。兄ヴィルヘルムがこの人間学的目的のために人間性により密着した言語研究に向かったのに対し、フンボルトはまず自然そのものを把握するため世界旅行に出かけたのであった。この人文学的自然科学の意味で、彼の包括的研究は地球の哲学と呼ばれるのである。

フンボルトの問題は事実、哲学的、より正確にいえば地球哲学的なものであった。彼によれば地球は磁気を帯びた一個の生きた活動的な全体、すなわちコスモスである。地球が巨大な磁石であるということは「電気」を命名したイギリスの自然科学者ウィリアム・ギルバート（一五四四―一六〇三）の「磁石について」（一六〇〇）以来知られていたが、それは植物に覆われ、動物の生命で充満し、岩石圏・水気圏・大気圏は密接な関連を保ちながら動植物界に影響を及ぼしている。フンボルトが動物の生態を規定する植生に注目しながら、地磁気を絶えず測定していたのはそのためである。こうして把握される調和的全体「コスモス」としての熱帯地方の全体像を描き出したものが、彼のイベロアメリカ研究を特色づける自然の絵画である。彼はこれらの思想を中南米旅行から帰った数年後、エッセイ集『自然の諸相』のたとえば「さまざまな地帯における火山の構造と作用の仕方」の中でいちはやく言い表した。フンボルト自身のちのちまで愛好したこの書物は、プロイセン公使としてローマに駐在していた兄ヴィルヘルムに捧げられた。

人文地理学者としてフンボルトは、自然科学的論文のほかキューバとりわけメキシコの「政治的状態に関する」試論も執筆し、それらの中で統計的な数字を取り入れながら経済的・政治的な諸問題に大幅に論及した。こうして中南米の先住民たちの人口密度、人類学的・社会的構成、耕作可能な土地面積とその利用の程度、商業の規模と範囲、宗主国の支配体制が彼らの生活に及ぼす影響などの実態が、初めて具体的にヨーロッパ人に知られるようになった。その意図は、スペイン人征服者たちに間接的に先住民たちの生活改善を求めることであった。またフンボルトは大局的な見地から、新世界における人々全体の福祉のために交通手段の改良をも考えていた。たとえば彼は、航海の途中つねに海流の調査を行なっていたが、それは当時、大陸と大陸をつなぐ唯一の可能性であった船舶の航路を完全かつ有利に設定するためであった。同じ目的のために彼はまた、メキシコの狭隘地帯にパナマ運河を建設することを提案した。この先見の明ある壮大な計画をキューバとコロンビアに関する彼の著作から知ったゲーテは心から賛意を表し、一八二七年二月二十一日付でエッカーマンに向かって次のように語っている。

「フンボルトは該博な専門的知識を駆使してほかの地点をも記述している。そこでは、メキシコ湾に流れ込むいくつかの川を利用すれば、パナマ地峡よりもしかしたらもっと有利に目標を達成できるかもしれないというのだ。そのようなことはみな、将来、進取の気性に富む人々に任されていることだが、確かなのは、この貫通が成功して、大小さまざまな貨物船でこのような運河を通ってメキシコ湾から太平洋に直行できるようになれば、そこから文明社会と非文明社会全体にとって計り知れない結果が生ずることになるだろう。しかし、まさかアメリカ合衆国が、このような事業を放っておくようなことはないだろう。今から予見できることだが、この若い国家は西方への断固たる傾きをもっているので、三、四十年のうちに山岳の彼方の大平野をきっと手に入れ、開拓してしまうだろうと思う。」

このあとゲーテは、周知のようにパナマ運河だけではなくドナウ河とライン河の連結およびスエズ運河の完成を見届けるため、あと五十年は長生きする価値があるだろうと述べているが、ゲーテとフンボルトの精神的親近性は、技術に対するこのような積極的な態度と全人類的な視野という点にも確認することができる。フンボルトの北米滞在はわずか六週間にすぎなかった。しかし彼は、ゲーテがドイツの王侯たちやフランス皇帝ナポレオンと会談したように、アメリカ合衆国第三代大統領トマス・ジェファーソンとパンアメリカン国家構想やパナマ運河計画などについて語り合った。この点でも、彼は新世界でゲーテ的な高い評価を受けていたのである。彼はアメリカ最古の学術団体であるフィラデルフィア哲学協会でも幾度か講演し、直ちにその会員に推挙された。講演を通じ披瀝された彼の学識が当時いかに深い感銘を与えたかは、今日、イリノイ、アイオワ、カンザス、ミネソタ、ネブラスカ、サウスダコタ、テネシーに彼の名を記念する「フンボルト・シティ」という諸都市が存在することからも知られる。

4 アジアの後継者シーボルト

イベロアメリカ世界には、フンボルトの中南米旅行によりドイツ博物学研究の伝統が樹立され、それは現在に至るまで続いている。ヨーロッパの他の諸国が海外の自己の領土内に研究領域の宝庫を持っていたのに対し、フンボルトはそれを、ドイツの自然科学のためにアメリカ大陸の熱帯地方で開発したのである。しかもドイツの科学者たちは、ここで植民地の支配者たちに奉仕する必要もなく、イベロアメリカの自然研究者たちの友人および同僚として活動することができた。晩年のゲーテは『ヴィルヘルム・マイスターの遍歴時代』（一八二九）第三巻第一章に挿入した詩の中で「世界がかくも広いのは、われわれがその中で散らばって行くことができるようにだ」と歌っているが、フンボルトをはじめ十九世紀ドイツの自然科学者たちは新大陸に研究の場を発見した、と言うことができる。彼らにとって自然は新しい聖書であり、真理は彼らの神であった。

イベロアメリカ研究において数多くの優れた後継者たちに恵まれたフンボルトは、一見幸福そうにみえる。彼が一八二七年五月に最終的にベルリンへ移住したのは単に、三十巻を越える浩瀚な「アメリカ旅行記」出版のため財産を使い果たし、宮仕えを余儀なくされたためであった。ドイツへ帰国したあとも、彼はプロイセン国王に仕える身とはいえ、なんの不自由もなく、一八二七／二八年にベルリンの大学とジングアカデミーで行なわれた六十一の公開講義にもとづく『コスモス』完成の仕事に専念することができた。それればかりではなく、ヒマラヤとチベットを踏査することは、中南米旅行以後も彼の生涯の夢であった。しかしながら彼は、リマからフィリピンとベナレスを経由してヨーロッパへ帰るという世界一周計画に失敗したのち、その願いをもはや決して果たすことができなかった。一八二九年に微生物学者エーレンベルクと鉱物学者ローゼとともに行なったロシア旅行はそれとは比べものにならず、彼はアジア旅行を実現できないまま、畢生の大著『コスモス』の執筆を続けなければならなかった。ところが幸いにも、彼の研究に協力し、彼の「地球の哲学」にいわば欠落しているデータを補ってくれるアジア研究旅行家が現れた。それが長崎出島のオランダ商館医師フィリップ・

フランツ・フォン・シーボルト（一七九六―一八六六）であった。しかしシーボルトが一世代年長のフンボルトの面識を得たのは一八三五年初頭のことであって、その間に両者を間接的に結びつけるクリスティアン・ヴィルヘルム・ドーム（一七五一―一八二〇）という重要な人物がいた。

ドームは一七七九年にドイツ中部のカッセルから官房司書としてベルリンへ招聘され、一七八三年いらい外務省の枢密顧問官、のちにプロイセンの大臣にまでなった人物である。彼はかつてフンボルト兄弟の家庭教師の一人となり、彼の国民経済・世界貿易・地政学に関する授業を少年アレクサンダーは好んで聴き、彼からイギリスやオランダの東インド会社のような半ば自立的な統治組織についての知識を与えられた。ドームは人間性に及ぼす気候の影響についても考察し、温帯性気候が人間の精神的成長に最も適しているとみなしていた。彼はまたユダヤ人に対する偏見を打破しようとするリベラルな考えの持主であった。彼はいわゆるベルリン啓蒙主義の代表的思想家モーゼス・メンデルスゾーンのサークルに属し、フンボルト兄弟もヘンリエッテ・ヘルツ（一七六四―一八四七）の文芸サロンに出入りするようになった。ドームの伝えたこれらの思想が後年の世界旅行家アレクサンダーに強い印象を与えたことは、想像に難くない。しかし問題はむしろ、ドームがこれらの知識・考え方をどこから得てきたかということである。

この問題を解く鍵は、ドームが北ドイツ・ヴェストファーレン州のハンザ都市レムゴー出身であったという事実である。レムゴーといえば、一九九〇年に来日三百年を記念して展示会や国際シンポジウムが開催されたかのドイツ人医師エンゲルベルト・ケンプファー（＝ケンペル、一六五一―一七一六）の生まれ故郷である。ドームが当時すでに忘れ去られていた同郷のこの研究旅行家に興味を抱いたとしても、なんら不思議ではない。事実、彼は一七七四年にすでにレムゴーで「ケンペルの日本に関する記述の原文についての報告」を発表し、一七七七年から一七七九年にかけてケンペルの『日本誌』をドイツ語の原文をもとに刊行したのである。この著述はいろいろな事情から、一七二七年にまず遺稿の英語版がロンドンで出版され、これが一七二九年にオランダ語とフランス語に翻訳され、このフランス語訳がさらに一七四七／四九年にドイツ語へ重訳されるという具合に数奇な運命を辿った。それがドームの版によって現在日本語で読まれるような形になったのである。ドームはこの仕事のあとフンボルト兄弟の家庭教師になったので、彼らに時おり日本のことについても話をしたと思われる。実際『自然の諸相』には二、三度、日本への言及が見出される。

アレクサンダー・フォン・フンボルトがその後どの程度ケンペルに関心を持っていたかは、詳らかではない。しかしシーボルトがケンペルを先達として尊敬していたことは、自ら出島に作った植物園の中央に、ケンペルともう一人の先達ツーンベルクの顕彰碑を立てたことから明らかである。またシーボルトが長男にアレクサンダーという名を付けたのは、同時代の先輩フンボルトに対する敬意の表れと考えられる。シーボルトがヴュルツブルクの学生時代にフンボルトの『自然の諸相』を読んでいたことは旧プロイセン国立図書館の資料から推定することができ、シーボルトが最初ブラジルへ行こうと思ったのはフンボルトから受けた感化のために違いない。しかし、ミュンヘン大学の動物学教授スピックス（一七八一―一八二六）と植物学教授カール・フォン・マルティウス（一七九四―一八六八）がすでにブラジル探検旅行（一八一七―二〇年）に出かけてしまったので、穿った見方をすれば、未経験のシーボルトは止むをえず計画を変更して日本へ行く決意をしたのである。そのような事情もあり、一八二三年の来日後シーボルトは、模範となるフンボルトの『新大陸赤道地方紀行』をバタヴィア（現在のジャカルタ）のオランダ東インド会社に注文して船載させている。そしてシーボルトが一八三〇年の帰国後パリで完成した大著『日本』は、判型も図版もフンボルトのこの著作に非常によく似ている。恐らく同じ工房の画家や素描家たちが協力したためであろう。シーボルトがベルリンでフンボルトに初めて紹介されたのは、分冊発行された高価な『日本』の購読者を募るためヨーロッパを旅行中のことであった。

他方で、フンボルトのシーボルトに対する評価は『コスモス』第二巻（一八四七）に簡潔に言い表されている。「シーボルトの著作はあらゆる日本事情のきわめて包括的な概観を与えてくれるのであるが、彼は辺鄙な仏教諸国の植物が混合する原因に初めて注意を促した。」また第四巻（一八五八）においてフンボルトは、島国日本の「北緯四一度三一分と三〇度一八分の間におけるシーボルトの優れた地図」について語り、「蝦夷そのものにシーボルトは十七の円錐形の山を列挙し、それらの大部分は休火山であるようにみえる」と記している。さらに樺太に関する記述においてフンボルトは、「フランツ・フォン・シーボルトによってなされた重要な日本報告によれば、間宮林蔵により一八〇八年に作成された地図では樺太は半島ではなく、周囲を海にとりまかれた島である」と注記している。この注にはさらに、シーボルトが樺太の名前を「唐と並んでいる島」と解釈している、と書かれているが、これらの記述のためにシーボルトは、「日本の火山について」という論文をフンボルトに提供していたのである。

ここに暗示されているシーボルトのフンボルトに対する信頼に満ちた態度は、ある学術雑誌の発行計画にさいし書かれた、シーボルトのフンボルト宛一八四八年八月十日付の書簡に示されている。

「私の意のままになる材料は、オランダ国民自身が何百年もまえから集めてきたものです。それは卓越した内容豊富なものです。（中略）昔の東インド会社およびオランダ政府の記録文書館と東西インドから戻ってきた官吏・士官・商人たちの紙ばさみには、歴史・地理学・民俗学・統計・貿易のための貴重な宝が眠っております。文献雑誌を発行しようとする私の地道な意図に対する、また私の文献学的誠実さに対する信頼のおかげで私はこれらすべての資料を利用することができますし、私がそれらを公表しようとするのは、科学を豊かにし、忘却されてほとんどあるいは全く知られていない学問的功績を明るみに出すためです。」またシーボルトは、日本の開国にあたり、一八五二年十二月十七日付でフンボルトに次のように書き送っている。「日米問題はあなたの特別な注意を惹かれたことでしょう。それは私に真っ先にかかわることです。昨年の春、私はオランダで、平和的な方法で日本と世界貿易のための開国条約を結ぶ手段を当地から講ずるよう全力を尽くしました。」

その後、フンボルトが一八五六年二月十六日付でシーボルトに『日本』の進捗状況を問い合せてきたとき、二回目の日本旅行を計画中のシーボルトは、旅行の主要目的はこの仕事を完成し最後の手を加えることです、と一八五六年三月二十三日付で返事をしている。そして実際に、印刷作業は彼の不在中も続けられた。しかしながら、これら二つの対照的な引用箇所から分かるように、シーボルトの日本に対する関心は、鎖国から開国へという時代の変化に対応して、しだいに博物学・自然科学からむしろ政治・外交のほうへ移行していった。それは、彼が出発にさいし一八五九年三月二十二日付で友人・知人・恩人たちに送った印刷された別離の手紙にも色濃く表れている。これに対するフンボルトの返信はシーボルトへの敬意に満ちており、その数週間後にこの世を去ることになる老碩学の若い世代に対する無二のはなむけの言葉となった。

「あなたの別離の書簡を読んで私は深く感動しました。（中略）現役最年長の研究旅行家である私の務めは、あなたの高邁な決心にどんなに驚嘆しているか、公に言い表すことであります。この決心は、この半世紀以来あなたの類稀なる勤勉と多面的な知識のお陰で成果を収めたあなたの学問への献身と同様に、私の愛する有名な同僚であるあなたを鼓舞しております。自然地理学はあらゆる分野で、島国日本に関するあなたの卓越した研究を利用してきました。私たちの数々の植物園は、あなたが移入した植物で飾られております。あなたは今ふたたび、あなたの輝かしい研究を続け完成させるために現地に赴かれようとしております。あなたの健康は学問の進歩に関心を抱くすべての人々にかけがえのないものですが、それが新しい苛酷な仕事に耐え、あなたの気高い計画を支えてくれることを祈ります。これは、私があなたの最年長の友人かつ衷心からの賛嘆者の一人としてあなたに抱く願いであります。

ベルリン、一八五九年四月十日　　Ａ・ｖ・フンボルト」

この手紙を書いたとき、フンボルトは九十歳であった。彼は三十歳でボンプランとともに私費の中南米旅行を行ない、六十歳でロシア皇帝の委託を受けてドイツ人およびロシア人の研究調査団とともにシベリアから中国国境近くまで旅行した。そして残りの三十年間を彼は主著『コスモス』の執筆に費やし、地質学に予定されていた最終第五巻は索引を主とする遺稿として出版された。ヒマラヤ・チベットへのアジア旅行を遂行することなしに、彼はほんらいコスモスとしての地球の哲学を完成することができなかったであろう。しかし、少なくとも欠如した日本火山の部分を補ってくれたのが正に後進のシーボルトであり、フンボルトとの関係からシーボルトの日本旅行記には、ケンペルの文化史的『日本誌』と異なる新たな科学史的意義が加わってくる。またフンボルトの中南米の地理・自然環境・政治的状況に関する記述がシモン・ボリーバルの南米解放運動を誘発したように、黒船が一八五三年に浦賀水道に現れたとき、ペリー提督はかの「シーボルト事件」のさい、密かにコピーで国外へ持ち出された日本地図の写しを所有していたといわれる。

プロイセン・ドイツ初の東方アジアへの遠征が一八六〇年秋におこなわれ、フリードリヒ・アルブレヒト・ツー・オイレンブルク使節団が来日し、一八六一年一月二十四日に日普修好通商条約を締結したときも、シーボルトの著述は鎖国日本に関する唯一の情報源であった。コロンブスがアメリカを発見したとき、ヨーロッパ人は何よりも支配と権益とキリスト教の布教という政治的・経済的・宗教的な目的を優先させ、今日、イベロアメリカ民衆の貧困からの「解放の神学」を必要とするような事態を招いた。これに対してフンボルトは、中南米における自然および人間社会に関する純粋な科学的認識を求め、それがかえって人々の心にヒューマニズムの理想を目覚ますために大きく寄与した。彼が新大陸アメリカを再発見したことの世界史的意義は究極においてこの意図しない寄与にあった、と言うことができるであろう。

第四章　中南米研究の序曲「テネリフェ島の一週間」

（造形美術家と）同様に歓迎されるのはまた詩人あるいは話し手で、われわれを記述によりある地方へ移し替えてくれる人である。それはわれわれの追憶を新たにしてくれるのでも、われわれの空想を掻きたてるのでもかまわない。そればかりではなく、われわれは大喜びで、本を片手に巧みに記された景色をよく眺めにでかける。われわれの怠慢はそれにより助けられ、われわれの注意力も喚起される。われわれは自分の旅を、楽しませかつ教えてくれる伴侶をお供に行なうことができるのである。

（ゲーテ『スイス紀行』一七九七年九月十八日付）

1　最初の寄港地カナリア諸島

フンボルトの本格的な植物研究は一七九九年六月の中南米旅行をもって始まる。その際、大西洋上のカナリア諸島はスペインのラ・コルーニャ出帆後におけるフンボルト最初の寄港地であった。アフリカ北西百キロのところに横たわるこの群島は、ギリシア人以前に、恐らくすでにフェニキア人に知られていたに違いない。それらはローマの著述家たちから「幸多き島」と呼ばれていた。島々は十一世紀にアラビア人により探訪され、彼らに続いてジェノヴァ人、スペイン人、ポルトガル人、フランス人がやってきた。島々の所有をめぐって争ったのはカスティリア王国とポルトガルで、グラン・カナリア、ラ・パルマおよびテネリフェの島々はカトリック王たちの委託により一四七八年から九六年にかけて征服され、カスティリアの王領となった。ポルトガルが一四七九年に和睦し請求権を放棄したため、カナリア諸島はスペインによるアメリカ航海のための重要な中継基地となった。以後、島々の文化景観と植民地はまったくスペイン的性格をおびてしまった。カナリア諸島は現在、北東方向からランサローテ、フエルテベントゥラ、グラン・カナリア、テネリフェ、ゴーメラ、ラパルマ、イエロの七つの島から成る火山列島である。これらはグラン・カナリアなど三島から成るラス・パルマス州と、テネリフェ、ラパルマなど四州から成るテネリフェ州に分かれている。テイデ峰（三七一八メートル）はテネリフェ島の西部中央にあり、スペインの最高峰である。カナリア諸島は亜熱帯に属し、一般に気候温暖である。先住民はベルベル人の一族であったグアンチェ族で、現在の住民はスペイン人との混血の子孫である。群島は一四九六年スペイン人に征服されて以来、スペイン領となった。カナリアの語源はラテン語のカニス（犬）に由来し、これらの島にむかし野犬がたくさん生息していたためといわれる。近代史においては、フランコ将軍が一九三六年に、テネリフェ島からスペインの左翼政権に対して蜂起したことが知られている。

フンボルトがイベロアメリカ旅行の途上、テネリフェ島のサンタ・クルスに上陸し、この島に一週間滞在した主目的は、島の中央にそびえる休火山テイデ峰へ登ることであった。それはヨーロッパ大陸の外に横たわる彼の経験した最初の高峰であった。富士山とほぼ同じ標高である。フンボルトとボンプランが乗っていた帆船「ピサロ号」は一七九九年六月十九日から二十五日まで、島の東海岸北端のサンタ・クルス・ド・テネリフェ港に停泊していた。今日それは遠洋航海のための現代的な港で、人口約十九万といわれる。彼らはまず北西に進んで島を横断する途上、背後の丘陵地裾野にある町ラ・ラグーナに到着した。当時それはテネリフェの首都であった。今日は大学と司教座の所在地である。その後彼らはやや北進してから西の沿岸に平行して南下し、景勝地タコロンテを経由して、ラ・マンタンサおよびラ・ビクトリアという史跡の町を通り過ぎた。かつてタコロンテ渓谷で先住民のグアンチェ族とスペインの征服者たちの間で二つの決定的な戦闘が繰り広げられ、一四九五年十二月、スペイン側の勝利に終わったところである。後者の町にその名のとおり戦勝記念の教会がある。その後フンボルトはオロタバ港の見える見晴らしのよい場所へ出た。そこはいま「ミラドール・フンボルト」と呼ばれ、次のスペイン語碑文の刻まれたオロタバ谷記念碑が設置されている。

「タコロンテの谷へ降りてくると、素晴らしい土地に足を踏み入れ、それについてあらゆる国々の旅行者たちが激賞している。私は熱帯で、自然がより雄大で、有機体の形状の発展においてより豊富なさまざまな風景を見た。しかしオリノコ川の岸辺、ペルーのコルディリエーラ山系、メキシコの美しい渓谷を遍歴したあとで、私が白状しなければならないのは、このように多種多様で、かくも魅惑的で、緑と岩塊の配分においてかくも調和的な絵画を眼前にしたことがないということである。」

もっとも、オロタバ谷といっても、山麓東側の広い眺望のある渓谷をさしているようである。オロタバ港は一八一三年にすでにオロタバの町から独立してプエルト・デ・ラ・クルスと呼ばれているので、フンボルトの表示は今となっては紛らわしい。プエルト・デ・ラ・クルスの旧市街に古い監視塔がいまも残っているが、港そのものはラ・カレタと改称され、小さな漁港として役立っているに過ぎないようである。ここからフンボルトとボンプランは港町を迂回して山間部のラ・オロタバの町に出、テイデ山麓のオロタバ谷をたどって徐々に山頂をめざすことになった。二つの小さな丘のある大西洋方面への眺めをフンボルトは、「われわれは鐘のような形をした二つの丘のそばを通り過ぎた。ヴェスヴィオとオーヴェルニュにおける観察が指し示しているのは、このような円い隆起が火山側面の噴火に由来していることである」と記している。以来、この一帯の自然景観は多数の住宅により著しく変わったようである。しかし一九八四年のカラー写真を見ると、富士裾野の御殿場のような別荘地帯が広がっている。ここでフンボルトは二人の教養ある商人と知り合いになった。コロガン氏とド・フランキ氏である。そのほか彼は、イギリス商人リトル氏の瀟洒な洋館でおこなわれたヨハニス祭に出席したことを記している。

コロガン氏について先に述べれば、アレクサンダー・フォン・フンボルトは兄のヴィルヘルムに一七九九年六月二十五日付で次のように報告している。「サンタ・クルスでわれわれはアルミアガ将軍のところに泊まりましたが、ここ（オロタバ港）ではイギリス人の家におります。この商人ジョン・コロガン氏のところには、クック、バンクス、マカートニー卿も泊まりました。これらの家々に居住する女性たちのあでやかさと教養の高さは想像を絶します。」フンボルトは同家の息子ベルナルドと親交を結んだようであるが、出会ったとき彼は三十歳、ベルナルドは二十七歳であった。フンボルトとボンプランが温かく迎えられたコロガンの邸宅は一八二〇年頃に外観をそこなわずに「マルケサ」というホテルに改築され、一九八三年に全面的に改修されて、現在も使われている。

ド・フランキ氏の庭園には、樹齢千年以上といわれる竜血樹があった。少年時代にベルリンの植物園で見て深い印象を受けていたフンボルトは、それを詳細に記述しスケッチした。この樹木は一八一九年に樹冠の一部を喪失し、一八六八年に大嵐により引き裂かれてしまった。総じて竜血樹はカナリア棕櫚のように高くはならず、矮小の太い幹は次々にいくつもの太い大枝にわかれ、鋭い葉の茂みでしだいに巨大な樹冠を形成していく。幹の周りは五、六メートルから十四メートルにまで達する。名称は樹皮が傷つけられると滲み出る赤味をおびた樹液に由来し、昔から地中海沿岸の諸民族に知られていた。ダンテも血のしたたる樹木について書いている。血のように見える樹液からは軟膏がつくられ、ローマの女性たちは樹液を化粧用チンキ剤として用いていたようである。それにはまた魔術的な力があるとされ、死体の防腐剤として用いられた。交易を始めた旧世界の船乗りたちは、先住民たちがこの竜血の価値を知らなかったことに驚き、搭載した物品と引き換えにこの樹液を大量に手に入れたといわれる。

ちなみに、オロタバ市の紋章の中央には竜血樹が描かれており、赤い縁取りの左右で緑色の竜に守られている。オロタバの四つの谷を象徴する赤枠内の四つのリンゴは、ギリシア神話のヘスペロスの娘たちが地中海の西の果てで守っていた黄金のりんごを表している。また枠の上二つの十字架を有する王冠は、カナリア諸島をスペイン王領に編入したカスティーリャの女王イサベル一世とアラゴン王フェルナンド二世を象っている。いずれもテネリフェ島の地理的位置と歴史的由来を端的に示している。「世界の西」は古来、地中海の出入り口ジブラルタル海峡の西にあるすべてのものを表示しており、フェニキア人も彼らの町カーディスから西へ航海していたので、「幸多き島」を必ず知っていたに違いない。

以上のことから、フンボルトがカナリア諸島のテネリフェで体験した熱帯自然は、中南米における幸多い研究滞在の準備として極めて有益であったことが判明する。実際、テネリフェにおける自然体験と研究成果、とりわけテイデ峰の登攀体験は『新大陸赤道地方紀行』に記述されているだけではなく、植物地理学および自然絵画に関する独立の研究書としてすでに一八〇五年にフランス語で「アメリカ旅行記」の最初の巻（通巻二七巻）として刊行されている。フンボルトがイベロアメリカからヨーロッパへ帰還したのは一八〇四年八月のことであり、『新大陸赤道地方紀行』の第一巻が刊行されたのは一八一四年のことであった。彼が南米へ出かけたのは単なる冒険欲からではなく、何よりも未知の世界を体験し、科学的に研究し、絵画的に記述し、地理的に比較し、なんらかの仕方で地球に関する知見を拡大することにあった。

「このテネリフェの山頂登攀について後日はじめて書かれたフンボルトの報告は、たんなる旅行記述ではなく、彼の特徴である科学的な小モノグラフィーである。この特殊研究論文が示しているのは、測定し比較しながら判断する彼がいかに大地・大気圏・動植物界の〈分析の方法をとおして〉偉大な〈自然絵画〉を享受するに至ったかということである。それはまた、彼の文学的研究がきわめて広範囲であることを証している。」（ラインホルト・ザントナー）

ザントナーのこの所見において的確に指摘されているように、フンボルトの旅行記は確かにありきたりの紀行文ではなく、さまざまな旅行体験にもとづく研究報告であり、彼による自然の絵画的記述は「自然絵画」という術語で要約される。彼がフランス語に由来するこの表現をはじめて用いたのは、帰国後ゲーテに捧げられたドイツ語版『植物地理学論考』（一八〇七）においてであり、その意図は彼のもっとも読まれた科学的エッセイ集『自然の諸相』初版への序言において次のように言い表されている。「自然の全体像の展望、さまざまな力の相互作用の実証、熱帯諸国の直接の観照が感知する人間にあたえてくれる喜びを新たにすることが、私の追求している目的である。」もとより、大自然のさまざまな景観を科学的だけではなく美的に取り扱うことには、多種多様な困難が立ちはだかっている。第二版および第三版への序言において、それは率直に容認されている。「文学的目的と純粋に科学的目的を結合すること、想像力に訴えると同時に知識を増すことにより人生を思想で豊かにしたいという願いは、個々の部分の配列と、統一ある構図として要請されるものを達成することを困難にしているのである。」しかし彼がそれをたびたび見事に克服していることは、たとえば後述するテイデ山頂からの美しい自然描写に遺憾なく示されている。

その際、科学者フンボルトの研究方法は自然のさまざまな性状を精確な測定値にもとづき比較することである。事実『自然の諸相』の最初の論文「草原と砂漠について」において、「困難ではあるが、有益な一般地理学の課題は、遠隔地における自然の性状を比較し、この比較研究の結果を概略的に叙述することである。部分的にまだほとんど知られていない多種多様な原因から、新大陸の乾燥と温度が少なくなるのである」といわれている。ここではアフリカとアジアおよび南アメリカが比較されているのであるが、この見地はある程度まだ限定された範囲内とはいえ、南米旅行の始めからテネリフェ島のさまざまな事象に適用されている。この意味で「一般地理学」とは比較地理学にほかならず、カナリア諸島は、アフリカ大陸をこえてヨーロッパ全般と、南米に到着してからのクマナ周辺およびオリノコ川奥地との比較を可能にする絶好の場所にあった。たとえば『自然の諸相』に収録されている論文「さまざまな地帯における火山の構造と作用の仕方」において、『比較地理学』はわれわれに小さな群島のようなものを示すことがある。いわば山々の閉ざされたシステムで、火口と溶岩流のあるのはカナリア諸島とアゾレス諸島、火口がなく本来の溶岩流もないのは、オイガネーンとボンの近くのジーベンゲビルゲ山脈である」と指摘されている。フンボルトはテイデ峰をたんに「ピコ」あるいはドイツ語的に「ピック」と呼んでいるが、テイデ山頂の登攀は、手記「テネリフェ島の一週間」からの拙訳引用が例外的にすこし長くなるとはいえ、以下のように描写されている。

2　テイデ山頂の登攀

二十一日の朝すでに、われわれは火山の頂上への途上にあった。思いやり深く親切に世話してくれたレグロ、サンタ・クルスのフランス領事館の秘書官ラランド、ドゥラスノのイギリス人庭師が苦労の多い登山に同行してくれた。あまりよい天気の日ではなく、オロタバではたいてい日の出から十時までしか見られないピックの頂は、厚い雲に包まれていた。火山へのただ一本の道は、ヴィラ・デ・オロタバ、エニシダの平原、ごつごつした溶岩だらけの悪路を経由していくほかなかった。同じ道をフェイレー神父、ボルダ、ラビラルディール、バロー、そもそもテネリフェに短時間しか滞在できないすべての旅行者が行ったのである。ピック登攀は、（モンブランの）シャモニ谷あるいはエトナを訪れるのと同じである。ガイドの言うとおりにし、他の旅行者たちがすでに見て記述したことしか見られない。

テネリフェのこの部分の植生とサンタ・クルス周辺の植生の対照はわれわれを快く驚かした。湿度のたかい涼しい気候のもとで地面は美しい緑で覆われていた。これに対しサンタ・クルスからラグナへの途中では、植物に種子がすでに落ちてしまった莢しか残っていなかった。オロタバの港では逞しく生長した植物は地質学的観察の妨げになった。われわれは二つの鐘のような形をした小さな丘の横を通りすぎた。ヴェスヴィオとオーヴェルニュにおける観察が指し示しているのは、このような円い隆起が大きな火山の側面噴火に由来するということである。モンタニータ・デ・ラ・ヴィラの丘は、ほんとうに一度、溶岩を噴出したように見える。グアンチェ族の言い伝えによれば、この爆発は一四三〇年に起こった。フランキ大佐がボルダに断言しているところによれば、溶けた物質がどこから流れ出、地面一帯を覆っている火山灰がいまも不毛であることは、現在も明瞭に見ることができる。岩石が現れ出ている至るところで見出されたのは、「玄武岩状の晶洞石」（ヴェルナー）と軽石群塊である。この中には「火山礫」あるいは軽石の破片が含まれている。後者の地質系統はパウシリップの凝灰岩と、私がキトの谷、ピチンチャ火山の麓で見出したプッツォラン層と似ているところがある。晶洞石はヴェスヴィオの上部溶岩層のような長く伸びた間隙を有している。これが指し示しているように見えるのは、弾性のある液体が溶けた物質をとおして通り過ぎていったことである。これらのアナロジーにもかかわらず、私がもう一度所見を述べなければならないのは、テネリフェのピックの比較的深い地域全体の中で、オロタバ側にいかなる溶岩流も、そもそも輪郭のはっきりとした火山性爆発をぜんぜん見なかったことである。雨水と洪水は地表を変化させる。多数の溶岩流が合わさり、私がヴェスヴィオの「アトリオ・デイ・カヴァリ」で見たように、一つの平野のうえに注ぐならば、それらは溶け合い、実際にさまざまな形成層の外観を呈する。

（中略）

ヴィラ・デ・オロタバからわれわれは石だらけの狭い小道を、美しい栗林をとおって、いくつかの月桂樹類と樹木のようなヒースの生えている地方に達した。後者の幹はここで格別に太く、この灌木が一年の大部分覆われている花は、この高さでしばしば産出されるセイヨウオトギリの花と著しい対照をなしている。われわれは一本だけ立っている美しい樅の木のしたで立ち止まり、水を飲んだ。この場所は地元で「ピノ・デル・ドルナヒト」という名称で知られている。その標高はボルダのバロメーター測定によれば五二二トアーズ（一トアーズは約二メートル）である。ここで海と島の北側全体への素晴らしい見晴らしが得られた。道から少し右にそれたピノ・デル・ドルナヒトのところで泉が滾滾と湧き出ている。温度計を差し込むと、水温は一五・四度だった。そこから一〇〇トワーズ離れたところに、同じように澄んだ別の泉があった。これらの水が出現する場所の平均温度をほぼ示しているると仮定すると、この場所の絶対高度として五二〇トアーズを見出す。沿岸の平均気温を二一度、この地域での一度の温度減少を九三トアーズとした場合である。この泉がやや平均気温以下であるのは、それが恐らくピックの上部で形づくられ、地下の小氷河とさえ関連しているためかもしれないということを不思議に思う人はいないであろう。それについてはなお後述する。上述のようにバロメーターによる測定と温度計による測定が一致していることが目立つのは、次のような事情があるためである。すなわち、私が別のところで詳述したように、一般に、急斜面のある山岳地帯においてさまざまな泉が急激な温度低下を示すのは、それらが高さの異なるところで地面に達する小さな水脈を受け入れ、したがってそれらの温度がこれら水脈の平均温度だからである。ドルナヒトの泉は地元で有名である。私がそこにいたとき、火山の頂上までほかの泉は知られていなかった。泉形成の前提は、さまざまな層の延長と落下におけるある種の規則性である。火山性の地面では、亀裂した多孔性の岩石が雨水を吸収し、それを深く深く沈下させる。それゆえカナリア諸島は大部分あのように乾燥しているのである。もっとも、山々がひじょうに高いので、船乗りは巨大な雲塊が絶えず多島海のうえに積み重なっているのを見るのである。

ピノ・デル・ドルナヒトから火口まで上りとなり、ただ一つの谷をも越えて行くことはない。小さな渓谷はこの名にあたいしない。地質学的に眺めると、テネリフェ島全体が一つの山にほかならない。そのほとんど単調な地盤は北東に延び、それは異なった時代に形成されたさまざまな火山性岩石類のいくつものシステムを呈示している。島内の自立した火山は「カオラ」や「モンターニャ・コロラダ」や「ウルカ」であるが、それらを眺めると、ピックに寄りかかり、そのピラミッド形を包み隠す丘陵にすぎない。ところが、その側面噴火が強大な丘陵脈を形成した大火山は、正確に島の中央には位置していない。この特有の構造は、次のことを想起すれば、あまり奇異に思われない。すなわち、ある優れた鉱物学者（コルディエ）の見解によれば、テネリフェ島の激動の時期に主役を演じたのは、

（山頂）ピトンの小さな火口ではなかったかもしれないのである。
「モンテ・ヴェルデ」と呼ばれる樹木のようなヒース地域に続くのはシダの地域である。温帯のいかなる所でも私は、イノモトソウ属、ヒリュウシダ属、チャセンシダ属をかくも大量に見たことはない。ところが、これらの植物のいずれも木生シダの背丈を有しない。これらは熱帯アメリカにおいて五、六〇〇トアーズの高さのところで森の主要な飾りである。イノモトソウ属の根はパルマとゴメラ住民たちに食物として役立っている。彼らはそれをすって粉にし、少しばかり大麦粉をまぜる。この混ぜたものは炙られて「ゴフィオ」と呼ばれる。このような粗末な食料は、カナリア諸島の下層民がいかに悲惨な生活をしているかを証明している。

モンテ・ヴェルデの間をいくつもの乾燥した小さな谷間が貫いている。シダ類地域の上で、嵐に無残にも傷つけられた杜松と樅の林のあいだを通った。幾人かの旅行者により「ラ・カラヴェラ」と呼ばれるこの場所で、エデンスは小さな小さな炎を見たといっている。これらを彼は彼の時代の物理学的見方に従い、ひとりでに発火する蒸発性硫黄のせいにしている。ますます上り道になり「ガイタ」と「ポルティロ」の岩のところに来た。この隘路のあと、二つの玄武岩の丘のあいだで、エニシダの平原に足を踏み入れた。ラペルーズの探検旅行のさいマネロンはピックを、オロタバの港からこの海抜約一四〇〇トワーズのところにある平原まで測定した。しかし水の不足と、ガイドの悪意のため測定を火山の頂上まで続けることができなかった。この三分の二まで完成した操作の成果は残念ながらヨーロッパにまで達せず、そのためこの仕事は沿岸からもう一度やり直されなければならない。

われわれは、目には果てしない砂の海にほかならないエニシダの平原を越えるまでに、ほとんど二時間半を要した。高い位置にもかかわらず、ここで摂氏温度計は日没頃に一三・八度を示した、すなわちモンテ・ヴェルデにおける日中より三・七度も高かった。この温度上昇の原因は、地面の輻射と高原の広い拡大をおいてほかになかった。われわれは、からだを包み込む、息が詰まりそうな軽石の埃に悩まされた。この平原の真っ只中にあるのはエニシダ、アイトンのいうイグサ属エニシダである。この美しい灌木をド・マルティニエールは燃料の乏しいラングドクに導入することを勧めているが、それは九フィートの高さになる。それは香りのよい花で覆われ、途中で出会った山羊追いたちは、彼らの帽子をそれで飾っていた。ピックのこげ茶色をした山羊は美味として知られている。それらはエニシダの葉を餌にして、この荒野に大昔から野生のまま生きている。それらはマデイラにまで移送され、ヨーロッパから移入された山羊より珍重されている。

ガイタの岩、すなわちエニシダの大平原が始まるところまで、テネリフェのピックは、美しい姿の植物で覆われている。比較的新しい時代に荒廃したような痕跡は何もない。ローマのカーヴォ山のように長いあいだの休火山に登るような気分である。ところが、軽石で覆われた平原に足を踏み入れたとたん、風景は一変する。一歩ごとに、火山から噴出された巨大な黒曜石のブロックにぶつかる。周囲のすべては寂寥そのものである。僅かの山羊と野ウサギがこの高原の唯一の住民である。ピックの不毛の領域は一〇平方マイル以上にわたる。下のほうの地域は、遠くから見ると短縮されて現れるので、ゆえに島全体は焼けた岩石の巨大な量塊のような外観を呈し、その周りに植生は細い帯のように取り巻いているにすぎない。

イグサ属エニシダの地域を越えてわれわれは、狭い山峡と雨水に洗われた太古の小さな渓谷をとおって行った。最初、比較的高い台地へ、それから夜を過ごすべき場所へ。この場所は沿岸より一五三〇トアーズも高いところにある。この場所が「イギリス人の滞留地」と呼ばれているのは、疑いもなく、以前イギリス人がもっとも度々ピックを訪れたからである。覆いかぶさった二つの岩が一種の洞窟を形成し、風を防いでくれる。カニグの頂よりすでに高いところにあるこの場所まで、騾馬に乗って来られる。オロタバを出発したとき噴火口壁に到達できると思った好奇心のつよい多くの人々は、それゆえ、ここに留まる。夏の季節で、アフリカの晴天が頭上に広がっていたにもかかわらず、われわれは夜分寒さにふるえた。温度計は五度にさがっていた。われわれのガイドはエニシダの枯れ枝で大きな火を燃やした。テントもマントもなしに、われわれは焼いた岩塊のうえに横になった。風がわれわれのほうへ絶え間なく吹き寄せる炎と煙はひじょうに不快だった。われわれは布を使って一種の風よけを作ろうと試みた。しかし炎がこの遮蔽装置に燃え移り、大部分を焼き尽くすまで、われわれは気がつかなかった。われわれはこのように高い所で一夜をあかしたことは一度もなかった。当時私が予感だにしなかったのは、われわれが後日コルディリエーラ山系の山の背で、翌朝登りきることになっている火山の頂よりも高いところにある町に泊まるなどということである。温度が下がればさがるほど、ピックは厚い雲に覆われた。夜間、日中に平地から高い大気圏に上昇した気流は停滞する。そして冷却の結果、空気は水分を解消する力をも喪失するのである。強い北風が雲を追い払った。時おり月が雲間から現れた。明るい月輪が濃い藍色の谷底を照らした。火山の光景はこの夜の景観に真に雄大なものを付与した。ピックは霧の中にまったく姿を隠したり、またすぐ近くに立ち現れたりして、巨大なピラミッドのように、足許の雲の上に影を投げかけた。

早朝三時ころ、われわれは松明のにぶい光を頼りに（円錐形の）ピトンの頂へ向かって出発した。登山の開始は北東側で、斜面は峻険である。二時間後にわれわれは小さな台地に達した。それは孤立した位置のため「高台」と呼ばれている。ここには「氷売り」たちも来ている。これは商売のため氷と雪を探す原住民で、それを近隣の町で売るのである。彼らの騾馬は、旅行者たちに提供される騾馬よりよじ登ることに慣れているので高台まで行き、氷売りたちはそこまで雪を背負っていかなければならない。さらに上で（アルプス的）「悪路」が始まる。メキシコやペルーその他、火山のあるところでは至るところ、地盤からむき出しになった溶岩の破片で覆われた地方はこのように呼ばれている。

われわれは「氷の洞窟」を見物するため、道を右折した。それは一七二八トワーズの高さ、ゆえにこの緯度の万年雪の限界以下にある。恐らくこの洞窟内を支配している寒さは、ジュラとアペニン山脈の裂け目にある氷が維持されているのと同じ原因に由来している。それについての自然学者たちの見解は、なおかなり分かれている。ちなみに、ピックの自然な氷坑は、冷たい空気が底にたまったまま暖かい空気が抜けられるような垂直の開口部を有していない。氷はここでその厚い堆積により、また溶解プロセスが急速な蒸発のさい生じる寒さにより緩慢にされるため、保持されているように見える。この小さな地下氷河が横たわっている場所は、その平均気温が三度以下になることはまずなく、それはまたアルプスほんらいの氷河のように、山頂から流れ落ちてくる雪どけ水でうるおされることもない。冬のあいだ洞窟は雪と氷で満たされる。太陽の光線が位置をこえて進入してくることはないので、夏の暖気は、容器をからにすることができない。自然な氷坑の形成が依存しているのはゆえに、岩の裂け目の絶対的高さと、それがある大気層の平均気温というよりは、冬に入ってくる雪の量塊と夏の暖かい風の僅少な作用である。山の内部に閉じ込められた空気は、排除するのが難しい。ローマのテスタッチオ山で見られるとおりであり、その気温は周囲の空気と著しく差がある。後にわれわれが見るように、チンボラソの氷の巨塊は砂の下にあり、しかもテネリフェのピックにおけるように万年雪の限界以下にある。

氷の洞窟のもとで、ラペルーズの旅行にさいしラマノンとモンジェは、沸騰する水の温度に関する実験をおこなった。彼らが見出した沸点は八八・七度で、バロメーターは一九ツォル一リーニエをさしていた。新グラナダ（コロンビア）王国において、サンタ・フェ・デ・ボゴタ近くのグアダルペ小聖堂の傍で私は、一九ツォル一・九リーニエの気圧のもとで、水が八九・九度で沸騰するのを見た。ポパヤン州のタンボレスでカルダスは、沸騰する水の温度として八九・五度を、バロメーターの示度一八ツォル一一・六リーニエのもとで見出した。これらの結果にしたがい推測されるのは、ラマノンの実験のばあい水がその温度の最高点に完全に達していなかったことである。

氷の洞窟を立ち去ったとき、夜があけた。われわれが薄明の中で観察した現象は、高い山々でしばしば見られるものであるが、われわれのいた火山の位置からしてとくに顕著に現れてきた。綿くずのような白い雲の層がわれわれの眼差しから、海と島の低い地域を奪ってしまった。この層は八〇〇トアーズ以上高くはないように見えた。雲はきわめて一様に広がり、まったく同一平面に横たわっていたので、雪で覆われたとてつもなく大きな平面のような外観を呈していた。ピックの巨大なピラミッド、ランサローテ、フエルテベントゥラ、パルマの火山の峰々は、広大な靄の海から岩礁のように聳え立っていた。それらの暗い色合いは、雲の白さから著しく際立っていた。

悪路の粉砕された溶岩の上をよじ登り、その際しばしば両手を助けに用いなければならなかった間に、われわれは注目すべき光学的現象を観察した。東のほうにわれわれは小さなロケットが大気中に上がるのを見たように思った。さまざまな光る点が、地平線のうえ七、八度のところで、最初は垂直に上方へ動いていくように見えた。しかし、しだいにその運動は水平の振動に移っていった。これは八分間つづいた。われわれの旅の一行、ガイドたちさえこの現象にあっけにとられたので、彼らに特別に注意をうながす必要はなかった。一見してわれわれは、これらの揺れ動く光の点がランサローテの大きな火山の新しい爆発の徴候だと思った。われわれが思い出したのは、ブーゲとラ・コンダミーヌがピチンチャ火山の登山にさいしコトパクシの爆発をいっしょに見たことである。しかし錯覚は長くは続かなかった。われわれに分かったのは、さまざまな光の点が異なった星の靄により拡大された像だったことである。これらの像は周期的に停止し、それから垂直に上昇し、横のほうに下降し、また元の点に戻るように見えた。この運動は一ないし二秒続いた。われわれには横へ移動値を精確に測る手段が手元になかった。しかし光の点の経過をわれわれはかなりよく観察することができた。それは蜃気楼により二重に現れはしなかった。また光る痕跡も残さなかった。小さなトゥルートン六分儀の望遠鏡の中で、さまざまな星をランサローテのある高い峰の頂上と接触させたとき、私が確認できたのは、振動が絶えず同じ点、すなわち日輪が現れるべき地平線の領域に向かっていたことである。また星の偏角運動を度外視すれば、像がつねに同じところへ戻ってきたことである。この外見的な横への屈折は、日光が星辰を見えなくするずっと前に、終わってしまった。

3　観察結果の個別的考察

これまでがフンボルトの精確な観察記述で、それに「眺めながらする考察」、すなわち観察結果にもとづく現象の解釈が続く。これが彼の通常の個別科学的なやり方で、これらの積み重ねが最終的に自然哲学的な綜合としてのコスモス論となる。

私はここで、われわれが薄明の中で観察したことを忠実に再現したが、この異常な現象の説明はなんら試みなかった。この現象を私はすでに十二年まえに、（ゴータの）ツァハの天文学日誌において知らせた。日の出の結果としての靄の小水泡の運動、温度と密度において非常に差異のあるさまざまな大気層の混合は疑いもなく、水平方向における星辰の移動へそれなりの寄与をした。少し似たようなことと思われるのは、日輪がまさに地平線に触れるときの強い振動である。しかし、これらの振動はめったに二〇秒以上続くことはない。これに対し、われわれが星辰の横のほうへの運動を一八〇〇トアーズ以上の高さのあるピックの上で観察したとき、それは肉眼でよく認めることができた。それはこれまで星の光の屈折作用と見なされてきたあらゆる現象よりも目立つものであった。私は日の出にさいし、また一晩中二一〇〇トアーズの高さのところでアンデスの山の背、アンティザナにいたが、かの現象と一致したものを何ひとつ知覚することができなかった。

私が望んでいたのは、テネリフェのピックで到達したような著しい高さのところで日の出の瞬間を精確に観察することであった。さまざまな機器を携行している旅行者で、このような観察をおこなった人はかつてなかった。私は望遠鏡とクロノメーターを所持しており、後者の扱いを熟知していた。日輪が現れるはずの方角に靄はなかった。われわれは現地時間の四時四八分五五秒に最上端を見た。かなり目立ったことは、日輪の最初の光点が地平線の境界に直接触れたことである。したがって、われわれが見た真の地平線、すなわち海面は、四三マイル以上離れていた。計算の結果、この緯度で、平地において太陽は五時一分五〇秒に、あるいはピックにおけるより一一分五一・三秒遅くに昇り始めるはずであった。観察された差異は一二分五五秒であった。これは疑いもなく天頂からの距離との屈折関係が不確かなことに由来している。それに対してはいかなる観察結果もない。

われわれが不思議に思ったのは、太陽の下端が地平線からきわめて緩慢に離れるように見えたことである。この端は四時五六分五六秒に初めて目に見えるようになった。著しく扁平な日輪は、輪郭がはっきりしていた。日の出のあいだ、二重像も下端の延びも示されなかった。日の出は、この緯度でわれわれが予期したより三倍も長くかかった。そこで想定されるのは、きわめて一様に広がった靄の層が真の地平線を覆い隠していて、昇る太陽のあとに移動したことである。われわれがあらかじめ東のほうで観察した星辰の揺れにもかかわらず、日の出の緩慢さは、海上地平線からわれわれのところに届く光線の異常につよい屈折のせいにすることはできないと思われる。なぜなら、ル・ジェンティルが毎日ポンディチェリーで、私がしばしばクマナで観察したように、地平線はまさに日の出のさいに、大気層の温度が直接海面上で高くなるため下がるからである。

われわれが悪路を切り開いていかなければならなかった道は、きわめて難儀であった。斜面は険しく、溶岩のブロックはいつも足許でくずれた。私がこの道程をなぞらえることができるのは、アルプスの「モレーネ」（氷堆石）あるいは氷河の下の終辺に横たわっている大量の標石のみである。しかしピックの上にある溶岩の岩屑には鋭い縁があり、からだ半分落ちてしまう危険のある隙間がしばしばある。残念ながらガイドたちの怠慢と悪意のため、われわれの登山はひじょうに辛いものになった。彼らは歩きながらシャモニ谷のガイドにもグアンチェ族にも似ていなかった。後者についての伝説によれば、彼らは野ウサギや野生の山羊をつかまえたといわれる。われわれのカナリア諸島のガイドたちはやりきれないほど怠け者であった。前日に彼らはわれわれを、かの岩のところの拠点をこえて登らないよう説き伏せようとした。彼らは休息をとるため一〇分ごとに腰をおろした。われわれが丹念に集めた黒曜石と軽石のこぶし大の岩石試料を彼らは、われわれの背後で投げ捨てた。そして暴露されたのは、これまで誰も火山の頂上へ登ったことがないということであった。

三時間の行軍のあとわれわれは「ラ・ランブレタ」という小さな平地のところで、悪路の終わりにたどり着いた。その中心からピトンという円錐形のものが聳えていた。オロタバのほうに向かって山は、フェフムとメキシコにおけるかの階段状ピラミッドと同じであった。なぜなら、エニシダの台地とランブレタは二段になっていて、前者は後者より四倍も高いからである。ピックの全体の高さを一九〇四トワーズとすると、ランブレタは海抜一八二〇トワーズのところにある。ここにさまざまな空気穴があり、先住民のもとでピックの鼻孔といわれている。岩石のいくつもの裂け目からここで間歇的に暖かい水蒸気が吹き出してくる。温度計はその中で四三・二度に上がった。ラビラルディールはわれわれの八年まえに、これらの蒸気が五三・七度であるのを見出した。この違いが指し示しているのは、火山活動の減少というよりはむしろ、岩壁の加熱における局地的な推移かもしれない。蒸気は無臭で、純粋な水のように見える。一八〇五年におけるヴェスヴィオ大爆発の直前に、ゲイ＝リュサックと私は、噴火口の内部から蒸気のかたちで出てくる水がリトマス試験紙を赤くしないのを観察した。なお私は幾人もの自然学者たちの大胆な仮説に同意できない。それによれば、「ピックの鼻孔」はその底が海面の下にある巨大な蒸留器の出口とみなすべきであるという。火山が綿密に観察され、地質学書に奇跡的なものへの傾向があまり認められなくなって以来、海と火山の火の竈（発生源）とのあいだに直接の関連があるということを正当にも疑問視するようになってきた。この全くどろくに当たらない現象は、簡単に説明されうると思われる。ピックは一年のある時期を雪で覆われている。われわれ自身、ランブレタの小さな平地で残雪を見出した。そればかりでなく、オドネルとアームストロングは一八〇六年に、悪路の中に勢いのよい泉を発見した。それは氷洞窟のうえ一〇〇トワーズのところにあり、洞窟も一部この泉によりうるおされている。ゆえに、すべてが指し示しているのは、テネリフェのピックがアンデス山脈とルソン島の火山のように、内部に大きなさまざまな空洞を有していて、これらは浸透してきたにすぎない大気の水で充満していることである。鼻孔と噴火口の裂け目が吹き出す水蒸気は、流れてきた岩壁により加熱されたこの同じ水にほかならない。

テイデ峰には山岳本体に尖った形状の噴火口がいわば付け加わっている。しかしフンボルトは危険をものともせずにそれに登攀し、すべてを極めて正確に観察し記述している。

われわれは頂上を形成する山の峻険な部分「ピトン」をよじ登らなければならなかった。火山灰と軽石の破片でおおわれたこの小さな円錐形の山の斜面はひじょうに険しいので、頂上に達するのはほとんど不可能のように見える。もちろん、そのためには噴火口から流れ出て、その岩屑が時間の歯牙にさからってきた古い溶岩流のあとを辿って行かなければならない。この残墟は鉱滓となった岩壁を形づくり、これは灰だらけの地面を貫いている。ピトンをよじ登るに際しわれわれは、鋭い縁を有し、しかも半ば風化しているため往々にしてわれわれの手に残ってしまったこれらの鉱滓の塊にすがりついた。われわれは三〇分近くかかってやっと、垂直にして九〇トワーズの高さしかない丘によじ登った。テネリフェの火山より三倍も低いヴェスヴィオは、ほとんど三倍も高い火口丘を盛り上げている。しかし、これはそのように急傾斜ではなく、近づきやすい。私が訪れたすべての火山のなかで、メキシコのホルロ山だけがさらに登りにくいが、それは山全体が灰だらけだからである。

ピトンが冬の到来の際におけるように雪で覆われていると、斜面の急傾斜は旅行者に最大の危険をもたらすことがある。ル・グロはわれわれに、ボーダン船長がトリニダードへの旅に際しあわや命を落としそうになった場所を示してくれた。勇敢にもこの士官は、一七九七年十二月末に、自然研究者アドヴェニール、モウジェ、リードルとともにこの火山の登頂を企てた。円錐形の山の中腹で彼はころび、ランブレタの小さな平地のところまで滑落した。幸いなことに雪におおわれた溶岩の堆積が作用して、彼はさらに加速度をましてころがっていくのを免れた。人々が断言したところによれば、コル・ド・バルムの固い草地でおおわれた斜面を滑落したある旅行者は、窒息死しているところを発見された。

ピトンの頂上にたどり着いて、われわれが少なからず驚いたのは、ゆったりと座る場所もないことであった。われわれの目前にあったのは、松脂岩をもとに斑岩質の溶岩から成る輪のような小さな壁であった。この壁が邪魔になって、われわれは噴火口の中を覗き込むことができなかった。風が西から烈しく吹いてきたので、われわれはほとんど立っていられなかった。朝の八時で、温度計の示度が氷点より少し上であったのに、われわれは寒さに凍えた。かなり長いことわれわれは高い気温に慣れていた。乾いた風が寒さの感じを高めたのは、発汗作用によりわれわれの周囲に形づくられた暖かい湿った空気の層を、それが絶え間なく吹き飛ばしてしまったからである。

ピックの噴火口は、縁に関しては、私が訪れた他のたいていの火山――たとえばヴェスヴィオ、ホルロ、ピチンチャなど――の噴火口と、似ている点はなんらなかった。これらの火山においてピトンはその円錐の形態を頂まで保持している。斜面全体は同じ角度で傾斜しており、ひじょうに細かく粉砕された軽石層で一様に覆われている。これら三つの火山の頂上に達すると、深淵の底まで覗くことができる。これに反し、テネリフェのピックとコトパクシはまったく違う構造をしている。それらの頂上では、輪の形で噴火口のまわりを櫛状の頂あるいは壁が取り巻いている。遠くから見ると、この壁は截頭形の円錐体の上にある小さなシリンダーのような姿をしている。コトパクシの場合、この特有の構造物は二〇〇〇トアーズのかなたから肉眼で認められる。それゆえまた、この火山の噴火口まで近寄った人はまだいない。テネリフェのピックの場合、噴火口のまわりに胸墻のように走っている櫛状の頂はひじょうに高い。もし東のほうに太古の溶岩流出に由来するように見える隙間がその中にないならば、それは全然「カルデラ」へ到達させないであろう。この隙間をとおってわれわれは、楕円形の漏斗状噴火口へ下りていった。主軸は北西から南東へ走っている。およそ北三五度東である。これら開口部の最大の幅をわれわれは三〇〇フィートと見積もった。最小は二〇〇フィートである。これらの数値はヴェルギン、ヴァレラ、ボルダの測定値とかなり一致している。これらの旅行者たちによれば二つの軸は四〇トアーズと三〇トアーズある。

容易に納得できるのは、ある噴火口の大きさが、その最大の開口部を形づくっている山の高さと量塊にだけ依存してはいないことである。その広さは、火山の火の強度あるいは火山活動と直接の関係にあることさえ滅多にない。テネリフェのピックとくらべれば丘陵にすぎないヴェスヴィオの場合、噴火口は五倍の直径がある。ひじょうに高い火山がその頂から側面裂け目からよりも少ない物質を噴出することを考えると、火山が低ければ低いほど、その噴火口は同じ力と活動のばあい、それだけ大きいに違いないと想定したくなる。事実、アンデス山脈にあるさまざまの巨大な火山はひじょうに小さな開口部しか示していない。地質学的法則として提示できるかもしれないのは、巨大な山々が頂上で範囲の小さな噴火口しか有していないということである。しかしながら、コルディリエーラ山系には反対の事象を呈示する例がいくつもある。今後私は機会をみて、多数の事実を例示することにしたい。それらは火山の外部構造と呼ぶことのできることに、なにがしかの照明を当てることができるであろう。この構造は火山現象そのものと同様に多種多様であり、自然の偉大さにふさわしいさまざまな地質学的観念にまで高まろうとするならば、すべての火山がヴェスヴィオ、ストロンボリ、エトナの典型にしたがって造り上げられているかのような考えを捨てなければならない。

カルデラの外側の縁はほとんど垂直である。それらはおよそ、アトリオ・デイ・カヴァリから見たゾンマ山のように呈示されている。われわれは砕けた溶岩の帯のうえを噴火口の底へ下りていった。この帯は周囲の壁の隙間へと通じている。暑さはいくつかの裂け目の上で感じられるだけであった。

それらの間から水蒸気が独特のうなり声をあげて響いてきた。これらの空気孔あるいは裂け目のいくつかは、噴火口囲壁の外側、すなわち噴火口を取り囲んでいる胸墻の外側の縁にある。この中へ温度計を差し込むと、直ちに六八度と七五度に上がった。それは疑いもなくもっと高い温度を示していた。しかし、われわれは火傷をしたくなければ、器具を抜き出したとき初めて目盛りを見ることができた。コルディエが見出したいくつかの裂け目の中では、熱は沸騰する水の熱と同じであった。間歇的に現れてくるこれらの蒸気には塩分あるいは硫酸が含まれていると思うかもしれない。しかし、それらを冷たい物体にあてがって濃縮させると、特別な味は示されない。幾人もの自然学者の試薬を使った実験は、ピックの立ち上がる水蒸気が純粋な水を吐き出していることを証明している。ホルホの噴火口における私の観察と一致するこの現象がもっと注目されるに値するのは、たいていの火山の中で塩酸が大量に現れ、ヴォークランがオーヴェルニュのサルコイの斑岩状溶岩の中にさえ塩酸を見出したからである。

私は現場で火口壁内側の光景を素描した。東のほうにある隙間を通って下りていく際の眺めである。高地アルプスの石灰岩のように、湾曲した溶岩層が重なり合っている様子ほど印象深いものはない。これらの巨大な岩層は水平のことも、傾斜していることも、波のように曲がっていることもある。すべてが指し示しているのは、かつて全量塊が液体状であったこと、いくつもの妨害する原因が協調して、どの流れにもそれぞれの方向を与えたことである。上の四方八方に延びる壁に見えるのは、硫黄を除かれた石炭に観察されるような奇妙な樹枝作用である。北の縁が最高のところにあり、南西に向かって壁は著しくさがり、いちばん外側の縁に鉱滓になった溶岩塊が焼き付けられている。西のほうで岩石は貫通されているので、広い裂け目を通して海上地平線が見える。弾性のある蒸気の威力が、噴火口に上ってきた溶岩が溢れ出た時点で、この開口部を切り開いたのかもしれない。

漏斗の内部が指し示しているのは、火山が何千年もまえから、その側面からのみなお噴火したことである。この主張の根拠は、予想されるようにカルデラの底に大きな開口部が示されないということではない。自然を自分の直観にもとづき研究してきた自然研究者が知っているのは、多くの火山が二つの爆発の中間期に消尽してほとんど休止状態にあるように見えながら、それから火山性深淵の中に響きのある輝く荒々しい鉱滓のさまざまな層が見出されることである。存在が認められるのはさまざまの小隆起、弾性のある蒸気によるさまざまな噴出物、小さな円錐形の鉱滓と火口丘であって、それらの下に開口部がある。テネリフェのピックの噴火口はこのような徴表をなにも示していない。その底は噴火が残したままの状態にはない。時間の歯牙と蒸気の影響により周囲の壁はもろくも砕け落ち、盆地を石のような溶岩の大きなブロックで覆ってしまった。

カルデラの底には危険を犯さずに達することができる。その主要活動がヴェスヴィオのように頂上に向かう火山の場合、噴火口の深さは噴火の前後で変わる。これに反しテネリフェのピックの上でこの深さは長いあいだ同じであったように見える。エデンスは一七一五年に一一五フィート、コルディエは一八〇三年に一一〇フィートと見積もっている。目測で私は、漏斗がそれほど深いとは思わなかった。現在の状態でそれは硫気孔である。それには興味深いさまざまな観察の余地が多分にある。しかし、その眺めは堂々たるものではない。この場所が雄大となるのは海抜の高さ、この高い地域の荒涼とした寂寞、目が頂上で展望する広大無辺の地球空間によってのみである。

4 テイデ頂上からの自然絵画

自然観察についての考察内容は具体的に言語と数値を用いて表現されるほかない。しかしフンボルトは自然景観を同時に美的に一幅の絵を見るように鑑賞しているので、繰り返し「自然絵画」について語るのである。

テネリフェの火山登攀が魅惑的なのは、それが科学的研究に豊富な材料を提供してくれることによってのみではない。そうなのははるかになお、自然の偉大さに対してセンスを有する者にそれが豊かな絵画的魅力を与えてくれることによってである。このような種々の感覚的印象を叙述するのは難しい課題である。それらは漠然としていれば、かえって強い作用をわれわれに及ぼす。果てしない空間、われわれを取り巻いているさまざまな対象の新奇さと多様性はこのように漠然としている。ある旅行者が地球の最高峰、大河の瀑布、アンデス山脈の曲がりくねった谷間を記述しなければならないとする。すると彼が直面する危険は、自分の単調な驚嘆の念により読者をうんざりさせることである。この旅行記にさいし私の念頭にある目的により適切と思われるのは、どの地方をも際立たせている特有の性格を叙述することである。ある景観の相貌をよりよく知るよう教えることになるのは、さまざまな個性的特徴をより的確に引き立たせ、それらを相互に比較し、分析の方法を取りながら、壮大な自然絵画がわれわれに提供してくれる種々の楽しみの源をさぐることによってである。

旅行者たちが経験から知っているのは、ひじょうに高い山々の頂上ではめったに美しい眺望がなく、ヴェスヴィオやリギやプュイ・ド・ドームの高さの頂からのような絵画的に多種多様な効果を観察することはないということである。チンボロソ、アンティザナあるいはモンテ・ローザの量塊ははなはだ大きいので、豊富な植物相でおおわれた平原は遠く離れてみるだけで、青みがかった靄が風景全体のうえに一様に広がっている。ところが、そのすらっとした形姿と独特の位置によりテネリフェのピックは、より低い峰々の長所と、高山が提供しているものとを併わせ持っている。その頂上から展望するのは、隣接する島々の最高の山々をこえて迫ってくる巨大な海上地平線だけではない。テネリフェの森も人家のある沿岸地方もひじょうに近く見えるので、さまざまな輪郭と色合いが最高の対照をなして立ち現れてくる。それはあたかも、その基盤をなしている小さな島をこの火山が押しつぶしているかのようである。これは海の胎内から、夏に雲がたなびくのより三倍も高いところに聳えている。なかば何世紀来消滅している噴火口がエオリア諸島のストロンボリのようにもし火の束を噴出するならば、テネリフェのピックは船乗りに、二六〇マイル以上の周辺に灯台として役立つであろう。

われわれは噴火口の外縁に腰をおろして、まず北西のほうを眺めた。そこでは沿岸が村々と村落で飾られていた。風により絶えず千変万化している足許の靄は、えもいわれぬ戯れを繰り返していた。前述のように、一様な雲の層がわれわれと島の低い地方との間にあったが、それはあちこちで、太陽により温められた地表が送ってくれる小さな上昇気流により穴をうがたれていた。オロタバの港、そこに停泊している船舶、町の周辺の庭園とぶどう畑が雲間から見え、これはいまにも大きくなっていくように見えた。これらの人気のない地域からわれわれは、人の住んでいる世界を見下ろした。ピックの不毛な側面、鉱滓に覆われた急な斜面、植物のない台地と耕作地のほほえむような光景との活気あふれる対照をわれわれは楽しんだ。われわれが見たのは、高さとともに気温が下がるにつれさまざまな植物がゾーンに分かれていくことであった。ピトンの下で地衣類が鉱滓となった輝くような溶岩を覆いはじめる。ヴィオラ・デクンベンスに近いスミレが火山の斜面を一七四〇トワーズの高さまで上っていく。他の草本状の植物より高くなるだけではなく、アルプスおよびコルディリエーラ山系の山の背において隠花植物科の植物に直接つらなる禾本科植物さえ凌駕する。花咲くエニシダの灌木が、急流により引き裂かれ、側面噴火によりふさがった谷間を飾っている。エニシダの下にはシダ類の地域、それにはさらに樹木のようなヒースの地域が続いている。月桂樹、クロウメモドキ属、アービュータスの森は、エリカ属とブドウおよび果樹の植えられたゲレンデのあいだに横たわっている。緑の豊かなカーペットがエニシダ平原および高山植物のゾーンからナツメヤシの木とバナナの木の群落まで広がっている。その麓を太洋の波が洗っているように見える。私はここで植物地図の要点を暗示しているだけである。以下にテネリフェ島の植物地理学について少し詳細に述べることにする。

ピックの頂上で沿岸の小村、ぶどう山、庭園がわれわれにきわめて近く見えたことには、大気の驚くべき透明さが大いに寄与していた。距離がかなりあったにもかかわらず、われわれは家々、船舶の索具、木々の幹を認識しただけではなかった。われわれは、平野の豊かな植物世界がいとも鮮やかな色で光っているのも目にした。この現象は立っているところが高いということにだけ帰するべきではなく、さまざまな暑い気候における大気の特別な性状を示唆している。あらゆる地帯において、海抜面にある対象で、それから光線が水平方向に出ていくものは、それを山の頂から見るときよりも光が弱い。そこへは水蒸気が密度の減少する大気層をとおして到達する。同様に明白な差異は気候の影響が条件となる。湖あるいは幅広い川の水面は、おなじ距離のばあい、それをスイスの高地アルプスの頂から見ると、ペルーあるいはメキシコのコルディエーラ山系の頂から見るときよりも輝きが少ない。大気が晴朗であればあるほど、水蒸気は完全に雲散霧消し、光は通過のさいそれだけ弱められない。南海からキトあるいはアンティザナの高原へやって来ると、最初の数日間ふしぎに思うのは、七、八マイル離れたさまざまな対象が身近に現れて見えることとである。テイデ峰のピックは熱帯にあるという長所に恵まれていない。しかし隣接するアフリカ平原から絶え間なく上がり西風を急速にもたらす上昇気流が乾燥していることは、カナリア諸島の大気に透明性を付与し、これにはナポリとシチリアの大気だけでなく、キトとペルーの澄んだ空さえ劣ると思われる。おもにこの透明性にもとづいているのが、乾燥した熱帯におけるさまざまな風景の華麗さである。それは植物の色彩の輝きを高め、それらの調和と対照の魔術的作用を高昇させる。さまざまな対象のまわりに広がっている光の量が日中のある時間に外的感覚を疲労させるばあい、南方の気候の住民は精神的な楽しみによりその代償を受ける。思想の躍動と明晰と内面の晴朗は周囲の大気の透明性に対応している。この印象は、ヨーロッパの境界を越えることなしに得られる。私が引き合いに出すのは、想像力と芸術の奇蹟により讃美されるかの国々、すなわちギリシアとイタリアの至福の気候風土を見た旅行者たちである。

　われわれが、幸多き島々の多島海を全部見渡すことのできる瞬間を待って、ピックの頂上における滞在を延ばしたのは無益であった。足許にはラパルマ島、ゴメラ島、グラン・カナリア島が見えたが、日の出のさい靄がかかっていなかったランサローテ島の山々は、間もなくまた厚い雲に包まれてしまった。通常の屈折を前提にして、目が晴天のさい火山の頂上から見渡せるのは、五七〇〇平方マイルの広さの地表、ゆえにスペイン全土の約四分の一程度である。しばしば提起された問題は、この巨大なピラミッドからアフリカ沿岸を見ることができるか否かということである。しかし、この沿岸の至近領域は、弧にして二度四九分、ゆえに五六マイル離れている。ところで、ピックの地平線の視界半径が一度五七分なので、ボハドール岬はそれに二〇〇トワーズの海抜をあたえる場合にだけ目に見えるようになる。ボハドール岬の黒い山々とこの丘陵脈の南にある、船乗りたちから巨岩と呼ばれる頂がどれだけ高いか全然わからない。テネリフェの火山の頂上がもっと近寄りやすければ、そこで疑いもなく、ある種の風向きのとき異常な屈折のさまざまな作用が観察されるであろう。スペインとポルトガルの著述家たちの伝説に満ちた島サン・ボロンドンあるいはアンティリアに関する報告を読むと分かるのは、これらの地方でおもに西—南—西の湿った風が蜃気楼を伴ってくることである。しかしながら、われわれがヴィエラとともに信じたくないのは、「地上の屈折の戯れによりグリーン岬の島々、アメリカのアパラチェンさえ、カナリア諸島の住民たちの目に見えるようになる」ということである。

われわれはピックの頂で、胞子植物、レツィディウムその他の隠花植物の痕跡を見なかった。また昆虫が空中に飛んでいることはなかった。ところがあちこちで、膜翅類の昆虫が硫黄の量塊にくっついているのが見出される。これらは硫黄を含んだ酸で湿っており、立ち上がる水蒸気の開口部をよそおっている。それらはミツバチで、恐らくイグサ属エニシダの花におびきよせられ、風により高い空に吹き上げられたものである。ラモンがモン・ペルドゥの頂上で見出したチョウもそうである。チョウが寒さで死んでしまうのに対し、ミツバチはからだを暖めようとして不注意に裂け目に近づきすぎると焼かれてしまう。

噴火口の縁で足許に感ずるこの暖気にもかかわらず、火口丘は冬何か月も雪で覆われている。恐らく雪だまりの下にスイスの氷河の下にあるのと似た大きな空洞が形成される。

これらは持続的に、それらが横たわっている地面より温度が低い。日の出から吹いていた烈しい寒風のため、われわれはピトンの麓で身を守らざるをえなくなった。われわれの手も顔も寒さに凍えた。他方でわれわれの長靴は歩いていく地面の上で燃えるように熱かった。わずか数分のうちにわれわれは、苦労してよじ登ったピトンの裾野に戻った。この速度がほとんど半ばやむをえなかったのは、われわれはしばしば灰の中を滑落したからである。この寂寞とした場所からわれわれは離れたくなかった。自然の雄大な全容がここでわれわれの前に開かれたからである。われわれはカナリア諸島をもう一度訪れたと望んだが、この計画は、われわれが当時企画した多くのことと同様やがて水泡に帰してしまった。

われわれは悪路をゆっくり歩んだ。ばらばらの溶岩ブロックの上では足許がおぼつかないからである。岩のある拠点にかけての下り坂はきわめて難儀であった。短いとはいえ密生した草地はひじょうに滑りやすかったので、墜落しないよう、からだを絶えずうしろにそらさざるを得なかった。砂だらけのエニシダ平原で温度計は二二・五度を示していた。それは、頂上で寒くて身震いしたわれわれには、息も詰まりそうな暑さであった。われわれには水の蓄えがなかった。ガイドたちは、コロガンが親切にあらかじめ用意してくれたマルヴァシアワインの小瓶を飲み干してしまったばかりでなく、水飲み容器までこわしてしまった。幸い火口の空気のはいったビンは無事に残っていた。

シダ類と樹木のようなヒースの美しい地域で、われわれは遂にすこし涼気に触れることができた。

厚い雲の層がわれわれを包みこんだ。それは低地のうえ六〇〇トワーズのところに保たれていた。この層を通過するあいだに、われわれには、のちにコルディリエーラ山系の斜面でよく見かける現象を観察する機会があった。小さな気流がたなびく雲を異なった速度で反対の方向へ追いやったのである。われわれには、あたかも大きな溜まり水の中で小さな水流があらゆる方向へさっと流れていくように思われた。雲のこのような部分的運動は、恐らくきわめて異なったさまざまな原因に由来し、考えられるのは、それへの機縁が遠くから起因することである。その根拠を地面のささいなでこぼこに求めることもできる。これらは多かれ少なかれ熱を発散し、その温度差はなにかある化学プロセスあるいは終局的に靄の水泡のつよい電荷にもとづいているかもしれない。

フンボルトみずから上に「ある旅行者が地球の最高峰、大河の瀑布、アンデス山脈の曲がりくねった谷間を記述しなければならないとする。すると彼が直面する危険は、自分の単調な驚嘆の念により読者をうんざりさせることである」（一七二頁）と書いているように、読者は以上の長い引用を退屈に思われたかもしれない。しかしカメラやスマートフォンのまだない時代に自然科学者にはこのような絵画的記述のほか伝達手段はなかったのであり、それがかえって彼の観察眼を鋭くしたに違いない。詩人ゲーテでさえ、かつてスイスへ旅行したとき、本章冒頭のモットーにあるようにイギリス人の旅行熱によりライン河周辺の風景画が成立したことを指摘したのである。

第五章　フンボルトの創始した教科「植物地理学」

さながらエーテルのような山の空気にかこまれ、
山塊の渓谷のうえにある高い森で、
狭い坑道、深い縦坑のなかで、
精神に点火する光をもとめて、
共におこなった考察、
自然はやはり究められるのではないか。
多年にわたる地上の静かな生活、
いとも気高い努力のあかし。（ゲーテ）

1　地誌的地理学から立体的植物地理学への転換

詩人ゲーテはスイスへ三度行っている。『ヴェルテル』出版のあと（一七七五年）、ワイマール公国の若い主君アウグスト公と（一七七九年）、シラーとの交友時代（一七九七年）である。最初のとき彼は帰郷後すぐ、ロッテにつづいて心を惹かれたマクセの母親ラローシュ夫人に「スイスのような国を知っていて幸いです。私はこれから先どうなるか分かりませんが、そこにとにかく逃避する場所があります」と報告した。二回目のスイス旅行のときは一七八〇年ワイマールの新しい友人クネーベル宛に「二回とも私は鳥のように飛んで行っただけだ、ひたすら憧れにかられて」と書いた。そして晩年には「スイスは初め私にひじょうに大きな印象を与えたので、私はそれにより混乱し不安になった。繰り返し滞在し、山々をたんに鉱物学的見地から眺めるようになった後年になって初めて、私はそれらと落ち着いてかかわることができるようになった」とエッカーマンに語った（一八二四年二月二十二日付）。

フンボルトも中部ドイツ・フランケン地方のバイロイト鉱山監督局に在職中、一度スイスへ行っていた。それは一七九五年七月のことで（第二章2）、ミュンヘン、インスブルック、ブレンナー峠、パドゥヴァ、ヴェロナ、パルマ、ジェノヴァ、ミラノ、ラーゴ・マジョーレ湖を経由してゴットハルト峠とシャフハウゼンのライン瀑布に及ぶ北イタリアとスイスへの周遊の旅であった。とくに彼の地質学的世界像にとり重要であったのはジェノヴァからゴットハルト峠までの区間であった。北イタリアの沿岸地方からスイスのアルプス山脈までの高低を体験することにより、彼は地球の形態学における高度の役割に開眼したのである。この経験は南アメリカ・アンデス山脈における山岳の層的構造の把握に役立ち、地理学的描写に高度の次元を編入すること、「国々全体を一つの鉱山のように描写しようとする考え」すなわち『植物地理学論考』におけるグラフ的自然絵画の着想はこのスイス旅行のさいに得られたといわれる。この旅の景観的クライマックスはルツェルン周辺のフィアヴァルトシュテッテ湖で、彼はここに「スイス全体のもっとも優美な地方」を見出し、いつかこの地方に住むことさえ夢見ていた。

もとより、フンボルトの旅行記においては空間的にスイス全体は中心的位置を占めるフィアヴァルトシュテッテ湖に集約され、時間的に氷河時代から植物界における最も原始的な地衣類発生の時代をへて樅や橅のような樹木の屹立する時代まで、さらには人間の素朴な社会生活の開始までの何千年、何万年の自然史が短縮され、暗示的あるいは幻想的に描かれているだけである。したがって、スイスの地理と歴史に精通していなければ、そこで繰り広げられた植物の歴史そのものもきわめて断片的にしか把握されえない。フィアヴァルトシュテッテ湖はいうまでもなく、シラーの戯曲『ヴィルヘルム・テル』の伝説的主人公の故郷であって、もともとこの素材を叙事詩的に扱おうと思っていたゲーテが三回にわたるスイス旅行中に大きな関心をよせていた場所である。ルツェルンは湖の西端、その東端にはブルンネンの町があり、ここから南下したいわば湖尻にフリュエレンの町がある。途中の左岸にテル礼拝堂があり、そのすこし北にあるのがシシコンである。ここに海抜一九二二メートルのフローンアルプシュトックの山がある。

このような位置関係について、ゲーテの「第三次スイス紀行」一七九七年十月七日に的確な写実的記述が見出される。「湖がかたちづくる十字形の中央でのさまざまな光景は最高に興味深い。なぜなら、さまざまな岸辺の特徴があらゆる面で異なるからである。ルツェルンは左手西のほうにある湾のなかにあり、肥沃ななだらかな高地に取り囲まれている。これらの高地は右に、キュスナハトに達する入江の岸まで延びている。北のキュスナハトのほうを見やると、右手に格好のいい丘陵脈があり、多様な形をした森におおわれ、よく耕作されている。東を見ると、湖水は暗い森のある険しい岩壁に縁どられ、ゲルザウの突端は湖の上部への通過を僅かしか許容しないようにみえる。南を振り返ると、シュタンスシュタートの有名な見張り塔が見え、平地にある小さな町は多様な山脈と丘陵脈に取り囲まれ、それらの後ろの南西にはピラトゥス山がのぞいている。」ずっと南にあるゴットハルト峠と高さは比較にならないが、フンボルトはこのピラトゥス山に登っている。ゴットハルト峠の近くにはフルカ峠があり、ここにあるローヌ氷河からローヌ川がレマン湖まで流れ出ている。太古の氷の下にも地衣類が見出されるということから、氷河はフンボルトにとって植物の歴史の始まりである。

レマン湖西端の町ジュネーヴでフンボルトは、ゲーテが一七七九年の第二次スイス旅行の折にすでに訪問し助言を求めていたスイス有数の自然科学者オーラス＝ベネディクト・ド・ソシュール（一七四〇—九九）の面識を得た。ソシュールはアルプスの山々に通暁し、氷河研究の樹立者であった。彼は氷河の運動が重力によって惹き起こされると解釈し、モレーネ（氷堆石）、摩滅した岩あるいは転石などそれと関連した諸現象を最初に記述した。

「ソシュール学派で展開されたアルプスと氷河の研究方法なしにフンボルトは、アメリカ・アンデス山脈の地質学を理解することができなかったであろう。ソシュールに学んで初めて彼にシャモニ谷で明らかになったのは、すべての氷河が谷間であるということであった。ここでフンボルトが認識したのはまた、異なった気候帯（ゾーン）においてだけではなく、山岳の異なった高度においても気象学的な観測所を設置することの必要性であった。二次元的に地球上に広がる気候帯と、高山の谷底から頂上へ登るとき三次元的に通過する同じく区別のある種々の気候風土との親密な関係に関するフンボルトのこの最初の認識は、のちに彼の形態学的植物地理学の本質的法則へと凝縮さ

れるものであった。」（アドルフ・マイヤー＝アビヒ）

熱帯にある高山のばあい、高度の次元に従うことによってのみ、熱帯から寒帯へと達するのである。これまでの二次元の地誌的地理学と異なる立体的植物地理学の概念は、『コスモス』の原著序言に高らかに宣言されている。

「記述植物学は、もはや種と属を規定するだけの狭い圏内に呪縛されてはおらず、遠い国々と高い山脈を踏破する観察者を、大地に広がる植物の地理学的分布が赤道からの距離と立地の垂直高度に比例しているという学理へ導いていく。さらにまた、この分布の錯綜した原因を解明するために、さまざまな気候風土により異なる気温と大気圏における気象学的プロセスの法則も探求されなければならない。」

南米に到着してから、フンボルトは実際に、高度の違いによる植生の特異性をベネズエラで体験することになった。『自然の諸相』の第二論文「オリノコ川の滝について――アトゥレスとマイプレスの急流地帯」においては、まだ最初の印象が次のように記されているだけである。「メタ川合流点の手前の激しい渦巻きの中に、孤立した岩礁がある。原住民たちがそれを適切にも〈忍耐の石〉と呼んでいるのは、水位が低いとき、上流へ舟で行こうとする人々にこれまで、丸二日の滞在を余儀なくさせるからである。深く奥地に入り込んで、オリノコ川はここで、絵のように美しい絶壁の入江を形づくっている。インディオの布教村カリチャナの向かいで旅行者は、思いがけず、異様な眺めを目にして驚かされる。否応なしに目が釘付けにされるのは、花崗岩の険しい量塊エル・マゴーテ・ド・コキューザである。それは二〇〇フィートも垂直に落下した方形の岩塊で、その表面には広葉樹林が生い茂っている。単純な大きさのキュクロプス記念碑のように、この岩塊は周辺にあるヤシの木の梢をこえて屹立している。鋭い輪郭を示しながら、それは濃い青空にくっきりと聳えている。森の上の森である。」

しかし『新大陸赤道地方紀行』における一八〇〇年四月十一日から十二日にかけてのヘルマン・ハウフのドイツ語版による記述には、より詳細な観察が見出される。彼は詩人の弟で、コッタ書店の編集者であった。「この地方がまったく特有の性格を得るのはほとんどむき出しの岩礁によってであり、これらはしばしば周囲八〇〇フィートもあり、周辺の草原からほんの数ツォルしか隆起していない。現在それらは平地の一部をなしている。カリチャナの岩盤のところで、興味深いことに、植生の歩みをその始まりから種々の異なった発展段階をとおして目の当たりにすることができる。ここでまず見られるのは地衣類であって、それらは岩石を裂き、多かれ少なかれ分厚い皮殻を形づくる。つぎに珪砂が少し堆積すると、多肉植物が栄養分を見出す。最後に岩石のさまざまな空洞に風化した根と葉から形成される黒い土砂層が沈殿し、それらの上に常緑の茂みが生長する。大いなる自然の情景のことが話題になるのならば、われわれの庭園と内気な芸術作品のことなど想起しないであろう。しかし、さまざまな岩石と花咲く茂みのこの対照、サバンナの中に分散したこれらの小さな叢林は、われわれの造園施設が多種多様な絵のように美しいものを提供してくれることを思い出させずにおかない。人間はここで、自然の美に対する深い感受性から、この地方の殺風景な性格をあたかも和らげようとするのを信じられるであろう。」

さらに『新大陸赤道地方紀行』における一八〇〇年四月十五日から十七日までの記述では、オリノコ川がアトゥレスで形づくる瀑布とサバンナのあるその左岸が描写されている。「アトゥレスのしなやかな草本のはえたサバンナは真の大草原であって、ヨーロッパのヴィーゼ（牧草地）に似ている。その広大さにもかかわらず、それらはわれわれの平原のように単調ではない。それらは岩塊の周辺、重なり合った花崗岩のブロックに沿って走っている。至るところで地面のように、まったく剝き出しの花崗岩岩盤が露出している。私はそれをカリチャナの箇所で記述したように、旧世界のいかなる所でもオリノコ谷におけるように格別に幅広いのを見たことがない。さまざまな泉が岩石の内部から湧きでるところで、ヴェルカリエン、プソーレン、地衣類が風化した花崗岩に付着し、腐植土をつくりだした。小さなトウダイグサ、サツレヤその他の多肉植物は隠花植物のあとに来た。いまや常緑の灌木林、深紅の花の咲くメラストマタ属が石だらけの荒涼とした平地の真っ只中で緑の島々を形づくる。繰り返し戻ってくるのは次のことである。大地の形成、サバンナに分散されている、革質の輝く葉をつけた小さな木々からなる種々の叢林、岩の中に川床をうがち、肥沃な平原やむき出しの花崗岩層の上をえんえんと流れる小川、すべてはここでわれわれの公園と栽培植物の絵のような魅力的部分を思い出させる。自然のままの風景の真っ只中で、人間の芸術と文化の痕跡に出会う思いがする。」

『自然の諸相』において、マイプレス村からマニミの岩階段をこえて川床へ降り立ったときフンボルトはまた、どの島、どの岩も繁茂する森の木々で飾られている、実にすばらしい眺めを楽しんだ。その絵のような描写のあとに続くのは、スイスにおける植生体験の追憶である。「周辺にあるむき出しの岩のうえに、さらさら流れる川の水が長い雨季に、腐植土の島々を堆積した。ギンバイカ類とモウセンゴケ、小さな銀葉のミモーサ属の植物と羊歯植物に飾られて、それらは荒れ果てた岩石の広がる上方に花壇を形づくる。それらがヨーロッパ人のばあい呼び覚ますのは、アルプスの住人たちがクルティルスと呼んでいる種類の植物に対する追憶である。それらの高山植物でおおわれた花崗岩のさまざまなブロックは、サヴォアの氷河のあいだから聳え立っている。」

この追憶にも、のちの旅行記に対応する箇所がある。

「小さなマニミの山は、ある平地の東の境界を形づくっており、これは植物の歴史すなわち、むき出しの荒涼とした場所におけるその漸進的発展のために、以前アウトゥレス奔流について語ったとき記述したのと同じ諸現象を呈示している。雨季のあいだ、そのむき出しの岩層が水平に伸びている花崗岩のうえに降る雨水により、腐植土は沖積される。これらの芳香を放つ美しい植物で飾られた沃土島は、アルプスの住民たちがサヴォアの氷河から隆起するクルティルス（菜園）と呼ぶ、草花で覆われた花崗岩ブロックに等しい。」

2　自然研究における植物観相学からの出発

アレクサンダー・フォン・フンボルトが中南米探検旅行からヨーロッパへの帰還後に発表したもっとも早い論文は、上記（第二章3）のように「植物観相学試論」（一八〇六）である。フンボルトは一八〇六年一月三十日、プロイセン科学アカデミーにおいて新会員として「植物観相学試論」という論文を朗読していた。そしてそれは同年のうちに、テュービンゲンのコッタ書店から同じ表題で出版されたのである。それはのちに『自然の諸相』に収録され、発表当時、もっとも注目された論文であった。翌年テュービンゲンとパリでドイツ語およびフランス語で同時出版された著作『植物地理学論考』冒頭において「有機的被造物の観相学的研究」としていわば植物地理学の前段階のように言及されているこの研究は、本来ここで初めてフンボルトの造語「植物観相学」として表示されていた。

「自然研究者（植物学者）の調査はふつう、植物学の僅少部分を包括する研究テーマにのみ限定されている。彼らが携わるのはほとんど、新しい種の探索、その外面的形状の記述、さまざまな標識のみである。これらの類似性にしたがい、それらは綱あるいは科にまとめられる。／この有機的被造物の観相学的学習は（形状の認知）異論の余地なく、あらゆる自然記述のもっとも重要な基盤である。それなしには、植物学の、人間社会の安寧により多く直接の影響を有しているように見える諸部分さえ、たとえば植物の薬効、その栽培と技術的使用についての学理もいかなる長足の進歩をとげることができない。したがって、多くの植物学者がもっぱらこの学習に身を捧げることがいかに願わしいことであっても、またさまざまな形の連鎖がいかに哲学的に取り扱われえようとも、それに劣らず重要なのは、植物地理学を開拓することである。この教科については名称くらいしか存在していないが、地球の歴史にきわめて興味深い材料を含んでいる。」（『植物地理学』本論冒頭）

目にみえる外面的な特徴にもとづき目にみえない内面的性格を直観的に把握しようとする観相学(Physiognomik)という斬新な科学は、もともとチューリヒの牧師ヨハン・K・ラファーター（一七四一―一八〇一）により創始され、若いゲーテは『形態学論集・動物篇』および『スイス紀行』に述べられているようにその研究に積極的に協力していた。神学者の考え出した人間学的科学とみなされたためか、リヒテンベルクもヘルダーも多かれ少なかれ自らそれを適用しながら、それを過小評価していたきらいがある。しかしフンボルトはラファーターの著作をゲーテの形態学論文と同様よく知っており、植物地理学の論文においても、岩石そのものにほかならない山々の動植物の世界に見られるさまざまな現象を自然の多種多様な相貌（Physiognomie）としてとらえ、とくに植物界を森林やサバンナなど十七のパターン（範型）に分類し、それらを観相学的「自然絵画」として精確に描写しながら自然の奥深い営みの本質に迫ろうとしていた。彼が山々の様相をみずから精緻に素描し、パリで費用を惜しまずそれらと多数の動植物の絵を描かせていたのはそのためである。自然を生きた全体として眺め、たんに分析的ではなく常に綜合的に把握することをめざしていた点において、彼の自然研究はまさにゲーテ的である。また自然を認識対象としてだけではなく、それを美的に体験し芸術的に表現しようとした点でも、フンボルトはゲーテ時代にふさわしい人文学的自然科学者であった。自然絵画とは結局、『コスモス』の序論において繰り返し強調されているように、自然科学と人文学の一致、自然と歴史の調和の試みにほかならないのである。

たとえば樹齢千年以上といわれる竜血樹をフンボルトは、第四章1で述べたようにテネリフェ島で実際に見る機会があった。この機会に書かれたフンボルトの自然観察および歴史的所見は次のとおりである。

「有機の形成物のなかでこの樹木は、セネガルのアダンソニアあるいはバオバブとならんで、疑いもなく地球における最古の住民のひとりである。ところがバオバブはヴィラ・デ・オロタバの竜血樹よりもっと太くなる。知られているのは、根のところで直径が三四フィートあり、そのさい五〇ないし六〇フィート以上の高さにならない。しかし考慮しなければならないのは、アダンソニアは、ボンバツェ科のオクロマとすべての植物と同様、ひじょうにゆっくり太くなる竜血樹よりはるかに速く生長することである。フランキ氏の庭園にあるのは、いまも毎年、開花し結実する。その眺めが生きいきと想起させるのは〈自然の永遠の青春〉である。これは運動と生命の尽きることのない源泉である。／竜血樹はカナリア諸島、マデイラとポルト・サントの栽培領域においてのみ産出され、植物の移動という観点から注目にあたいする現象である。アフリカ大陸でそれはいかなる所でも野生のままで見出されなかった。東インドがそのほんらいの祖国である。この樹木は、テネリフェではめったに産出されないのに、いったいどのようにしてここへ移植されたのであろうか。その存在は、太古にグアンチェ族が他の、たとえばアジアの諸民族と交流があったことの証明だろうか。」

自然学者としてのアレクサンダー・フォン・フンボルトの画期的著作として、復刻までされて一般に認められているのは、『植物地理学論考ならびに熱帯諸国の自然絵画、観察と測定にもとづく』（一八〇七）である。スペイン本土からカナリア諸島テネリフェへの船旅が彼の中南米探検旅行への序幕であったとすれば、このイベロアメリカ研究初期の労作は科学的主著『コスモス』にいたるまでの彼の全自然研究への序曲である。しかもそれには、南米の高山を図示するかの独創的なグラフ的自然画（次ページ挿画）が添えられていたのである。したがって内容的にみると、序言のあとの比較的短い本論はもっぱら「植物地理学」の概念規定にあてられ、この論考のあとに「と共に」として、さまざまな観察と測定にもとづく「熱帯諸国の自然絵画」が具体的に詳述される。添付された図表の中央は挿絵としてよく知られたアンデス山脈の「絵画的」断面図で占められ、その両側には、一連の項目別に

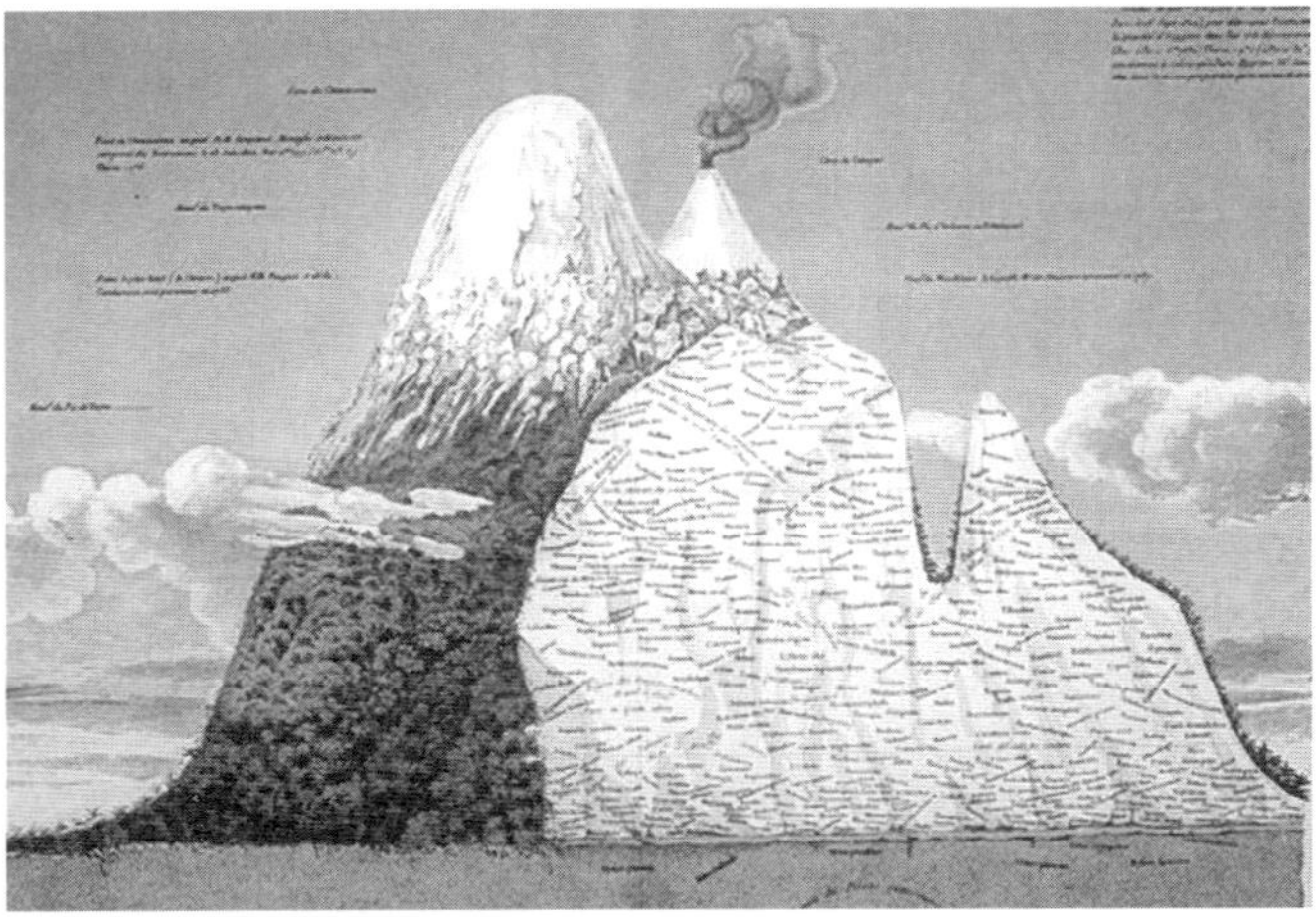

「自然絵画」熱帯諸国の植物地理学概念図

Alexander von Humboldt: Ideen zu einer Geographie der Pflanzen nebst einem Naturgemälde der Tropenländer. Mit einer Kupfertafel. Tübingen 1807.

文字だけの注解が簡潔に記入されている。本論のあとの自然絵画に関する叙述は、それゆえ、これらの注解が本論をはるかに上回るページ数を費やして詳述されたものである。それは基本的に科学的エッセイ集『自然の諸相』の原典に詳しい学術的注解が添えられているのと同じ手法である。

フンボルトの伝記作者ユリウス・レーヴェンベルクは、それまでのあらゆる探検旅行と異なる彼の中南米における研究旅行の意義を的確に要約している。「以前の旅行者たちは単に素朴な好奇心から、提供されるすべてのものを同じように重視し、できるだけ多くのものを、できるだけ多種多様なものを収集し、自分のさまざまな個人的体験を長々と詳細に物語っただけであった。これに対しフンボルトは、すべての個人的なものを意図的に避けながら、地表の基盤全体、全自然をその諸現象の相互関係において、種々異なった地方と絶えず比較しながら、全体として自分の研究対象とした。」まさにその卓越した実例が、フンボルトの最初の科学的旅行記『植物地理学論考――ならびに熱帯諸国の自然絵画、さまざまな観察と測定にもとづく』である。それは浩瀚なアメリカ旅行記の第二七巻として出版されたが、それまでの二次元の地誌的地理学はフンボルトの普遍的地球哲学によって初めて科学となったのであり、事実上の第一巻である。彼はこの地球上で繰り広げられるあらゆる自然現象をその一般的関連において把握し解釈しようと努めた最初の人間であった。そのうえ彼の研究旅行は、アメリカの先住民族の歴史的伝統にふかく根ざしていた。自然地理学は彼において明確に文化史的人文地理学となったのである。彼の提起した新しい問題は究極において、いかなる法則と力が地球を現在の外的形態へと形成したのか、そしていかにその地表の内部と外部にある有機的生命を目覚ましたのかということであった。

このような地球哲学的問題提起にさいし、フンボルトはゲーテ時代の精神を体現しており、とくにゲーテの形態学思想を受け継いでいた。ただゲーテが経験的研究のなかに、すでに直観的に把握し詩的に表現していたものの科学的確認を求めていたのに対し、フンボルトは経験的知見にねざす生の全体が観察と比較および実験による考察によってのみ理念的に認識されることを確信していた。中南米探検旅行まえにすでに詩人と親交のあった彼は、帰国後の一八〇六年五月十四日付で、一八〇五年に死去したシラーの妻の姉カロリーネ・フォン・ヴォルツォーゲン宛にその意義について書いている。

「私の普遍的教養のことを冗談にいろいろ言って頂きましたが、私にドイツ的センスが充分あると認めてくださるので、私は心から感激して日々あなたのこと、ゲーテのこと、故人のことを思い出しております。私にとって偉大で光栄なことと感じられますのは、あなたとこれら二人の人物たちの間で私がまったく無視された存在ではなかったことです。山塊と海洋、そればかりでなく、もっと高くもっと深いもの、ほとんどぞっとさせるほど生きたありのままの自然が、たとえ過去と現在のあいだにあり、それ以来、たとえ幾千のすばらしい形状のものが私の五官に語りかけてきても、〈温故知新〉のひそみにならい、外面的に疎遠なものも比較的古い幻想に難なくつながっていきます。アマゾン河畔の森の中でも高いアンデス山脈の山の背でも、私が認識したのは、一つの息吹に生気を吹き込まれて極地から極地へただ一つの生命が石の中、植物の中、人間の高鳴る胸の中にも注がれていることです。至るところで私がつくづく感じたのは、イェーナにおけるかの人間関係がいかに強力に私に作用し、私がいかにゲーテの自然の見方により高められ、いわば新しい器官を付与されたかということです。」

初期フンボルトの「植物の遍歴」という考え方は、十八世紀ヨーロッパにおいてようやく科学的考察の対象となった地球史という見方と密接に関連している。時間的にそれは隠花植物ないし地衣類における有機的生命の起源にはじまり、遍歴はその見地からは自然史的歴史の意味である。他方で植物は、長い発展史を経るうちに地球を厚いあるいは薄いカーペットのように覆い、自然的あるいは人為的に全世界に広がっている。この観点から遍歴は空間的な分布の意味にほかならない。こうして彼の植物学は一方で地質学（当時の用語で地層構造学）、他方で地理学（観相学）の性格をおびてくる。彼の新しい科学である植物地理学は、フンボルトの次のような問題提起から出発するのである。

「植物の遍歴という大問題に決着をつけるため、植物地理学は地球の内部へ下りていく。そこで、地球最初の植生の墓場である石化した木材、植物体の押型、泥炭層、石炭、地下水平層、腐植土など太古の時代の記念碑に問うためである。それが発見して驚愕するのは、南インドのさまざまな果実、ヤシの木の幹、樹木状のシダ類、バナナの葉、熱帯諸国の竹が寒い北方の地層に埋まっていることである。それが精査するのは、暑い気候風土のこれらの植物が、昨今ヨーロッパで発見されたゾウの歯、バク・ワニ・フクロネズミの骸骨のように、普遍的な大洪水の時代に海流の威力により赤道から温帯へ押し流されてきたのかどうか、あるいはかつて北方の気候風土がバナナの叢林、ゾウ、ワニ、樹木状竹林を生み出したのかどうかということである。」（「植物地理学論考」本論）

もとより、植物観相学論文と植物地理学論考の趣旨は基本的に同じであって、両者の違いは、第二章3で言及したように、科学的エッセイから専門的モノグラフィーへの内容的発展に伴う科学用語の必然的変更にあるとみなされる。前者に比べ、後者は専門的な植物学者の個別科学的な研究領域である。

「住みはじめる人類が精神文化の一定の段階をへなければならないように、植物の漸進的な広がりは一定の自然的法則に拘束されている。いま森の高い木々が伸びのびと梢を広げているところで、かつては繊細な地衣類が土のない岩をはっていた。蘚苔類・草本・禾本植物・灌木が計り知れなく長い中間の時代の間隙を充たしている。北で地衣類と蘚苔類が果たしたことを熱帯で演じているのが、ベンケイソウ科植物、センニチソウ属、その他の肉厚の丈の低い沿岸植物である。植物の覆いとその荒れた地殻上における漸進的分布の歴史に特有の時期があるのは、移動する動物世界の歴史と同じである。」

ゲーテも「近代哲学の影響」に関する一八二〇年の科学方法論的論文の結びにおいて、どちらかといえば、この時代のドイツにおける自然研究の広く深い哲学的背景を称揚している。自然の綜合的理解は、自然哲学あるいは自然科学的個別研究のいずれか一方だけでは得られないのである。

「私がその後フィヒテ、シェリング、ヘーゲル、フンボルト兄弟、およびシュレーゲル兄弟に何を負うにいたったかは、いずれ感謝の念をもって記すであろう。かの私にとってかくも重大な時期、十八世紀の最後の十年を、私の立場から叙述しないまでも、せめて暗示し、略述することが私にかなえられるならば幸いである。」

フンボルトにより創始された植物地理学はこうして、表面的には地球上における植物の分布を詳細に記述している。それは気候風土の性状と諸大陸の形態に従い、植物の厚いあるいは薄いカーペットとして地表を覆っている。その眼差しは、地下の洞穴と湿気の多い鉱山の隠花植物から、万年雪の雲のうえ高くにある、これらと親近性のある似たようなスギゴケ類と地衣類にまで及んでいる。動物界と同様、植物も二つの部類にわかれる、すなわち、孤立し分散して生きるものと、アリとハチのように群生するものである。地球上における植物の今日の分布は、大部分、植物の何千年にわたる遍歴の結果である。この現象の原因とこの大きなプロセスの多様性のためフンボルトは地球太古の歴史の奥深くまで導かれる、その表面のもともとの形態と、現在では海により分け隔てられている諸大陸の連関、さらには山岳と岩石類の研究へのさまざまな問いである。

3　植物学を通しての詩人との交友

ゲーテ『年代記』一八一六年の項に「フォン・フンボルトの大地に広がる種々の植物形態の分布に関する著作は最高にうれしかった」と記されている。この論文に添えられていたに違いない、フンボルトの一八一六年六月六日付ゲーテ宛の手紙は残っていない。しかし一八一六年六月十二日付フンボルトに宛てたゲーテの詩句に次のように書かれている。

「悲しみの日々に
あなたのすばらしい小冊子が私の手許に届いた。
それが言おうとしているように見えたのは、〈元気を出して楽しい仕事に取りかかって下さい、
世界はあらゆる地帯で緑なして花を咲かせています、
柔軟な永遠の法則に従って。
あなたはそれをいつも重んじていたではありませんか。
あなたの打ちひしがれた心情を、私をとおして明るく朗らかにして下さい〉と。」

しかも詩人は同年六月二十四日に美術史家の若い友人ズルピッツ・ボアスレー（一七八三―一八五四）に、フンボルトが「ページ数は少ないが、きわめて重要な論文 Sur les lois que l'on observe dans la distribution des formes végétales を送ってきた」と告げている。かの詩句は、妻クリスティ

アーネ・ヴルピウス（一七六五―一八一六）に先立たればかりのゲーテがフンボルトに謝辞に代えたものであるが、「柔軟な（＝動かしうる）永遠の法則」とはゲーテ自身の教訓詩「動物のメタモルフォーゼ」の「柔軟な秩序」からの間接引用であり、両者の動的な形態学思想のきずなを示している。植物研究が「植物のメタモルフォーゼ試論」（一七九〇）以来ゲーテにとり人生の悲哀に対する慰藉であったことは、続いてボアスレーに洩らされた彼の所見に窺われる。「それはあらゆる混乱にもかかわらず、長いこと歩み親しんできた自然の小道へ私をふたたび駆り立てた。こうして現在という瞬間の暗い根底は明るい、喜ばしい、多彩なさまざまな形象により飾られた。」

他方でフンボルトは、一七九四年にゲーテとの交友がはじまる以前、一七八八年頃からすでに、「地球の自然学」として植物地理学という新しい独創的な科学を考えていた。そのきっかけは、オーデル河畔フランクフルト大学での半年間の遊学後ベルリンで彼の家庭教師となったカール・ルートヴィヒ・ウィルデナウ（一七六五―一八一二）の感化であった。ウィルデナウはわずか四歳年長にすぎなかったとはいえ、すでに植物学者として認められ、事実上の植物地理学である「植物の歴史」という研究プログラムに従事していた。それは植生と気候風土の関係、植物の遍歴という大地に広がるその分布の問題を内包するものであった。それは後年、フンボルトの個人的な特殊研究の主要テーマともなった。翌年四月からフンボルトはゲッティンゲン大学でとりわけ人類学者ブルーメンバッハのもとで学ぶことになるが、散逸した原稿についてとはいえ『植物地理学論考』の序言のなかでフンボルトは、「青少年期の初期から私はこのような著作へのさまざまな考えを集めていた。植物地理学への最初の草案を私は、一七九〇年にすでに師友ゲオルク・フォルスターに提示していた」と記している。

それは奇しくも、形態学者ゲーテの記念すべき処女作「植物のメタモルフォーゼ試論」が出版された年である。当時のフンボルトの構想は、『論考』の中でたびたび言及されることになるプラハの自然研究者タデウス・ヘンケの初期論文「(一七八六年八月) リーゼンゲビルゲ地方への旅の途上の植物学的観察」(一七九一) に対する彼の書評からその片鱗が窺われるが、リーゼンゲビルゲは詩人が植物採集のためたびたび訪れたボヘミア地方の山である。

「これはボヘミア王国学術協会のお陰でできた、われわれドイツの祖国の自然誌への優れた寄与である。それは地層構造学的、鉱物分類学的、物理学的 (おもに気象学的)、昆虫学的、それに植物学的観察を含んでいる。われわれの目的にとって充分なのは、最後のものだけを考察することである。その興味が高められるのは、それがわれわれにある人物を知らせることによってである。この人はいま地球の他の部分に住んでいて、コルディリエーラ山系とアンデス山脈の新しい植物相をわれわれに約束している。ヘンケ氏は物理学者アベー・グルーバー、天文学者ゲルストナー、鉱物学者ジラセクに随伴して一七八六年にリーゼンゲビルゲに赴いた。実務のため彼は七月二十七日から八月十一日までしかそこに滞在することができなかった。それにもかかわらず (取るに足らない所見、不要な同義語、あるいは冗漫な文体により長々と述べることなしに) 彼の植物目録は四つ折り版一三〇ページを満たしている。彼がペルーとチリの植物の宝庫を時間をかけて利用できるならば、このような人物の活動からいかに多くのことが期待できるであろうか。ヘンケ氏は彼のリーゼンゲビルゲの小さな植物コレクションをリンネの綱に従って分類しなかった。彼は自分の収集した植物を見出された時間の順序で数えている。ほとんどレーフリングが書簡の中でやっているのと同じであるが、より才気煥発で優美な書き方をしている。彼は平地から、ゆえにより暖かい、より密度のある大気圏から、より寒い、より希薄な山の円頂へ赴いたので、この方法はたしかに、体系的方法より優れている。それによりヘンケ氏が提供しているのは、(評者が愛すべき夢想家サン・ピエールのある表現を用いてよければ)いわば植物の温度計である。その目盛りはアベー・グルーバー気象観測により詳しく規定されうるであろう。いまやわれわれは植物区系のより厳密な区分へ移行する。しかし、われわれはそれから、個々のものを植物の地理学と自然学のために集大成することによってのみ重要な多くのものを抜き取ることができない。それゆえ次のものは断片にすぎない Samolus Valerandi. Poa salina (フンボルトの所見のついた以下のリストは省略)。読者にリーゼンゲビルゲの植物相の豊富さと、ヘンケ氏の明敏さと仕事ぶりを理解してもらうには、これで充分である。この卓越した人物が、今後とも幸運に恵まれ、彼のさまざまな知見と科学に対する情熱が期待させる成果をおおいに上げられんことを。」

この書評はハンブルク商業アカデミー(第二章2)の学生によるチューリヒの学術誌への自主的投稿であったが、ここに暗示されているように、若き学徒フンボルトの関心事はヨーロッパ内の記述的な鉱物学・植物学・動物学からなる伝統的博物学をこえた新しい地理学的植物学である。そこでは、彼自身が少年時代に習得したリンネの静的な分類体系はもはやなんの役割も演じていない。なぜなら、彼の脳裏にあるのは新大陸南米の世界であり、そこで植物は広大無辺な自然環境のなかで繁茂しているからである。その場合、彼にとって自然は地質的に異なる高い山々と寒暖・乾湿に支配される大気圏、さらには植物の地理的分布と歴史的発展など空間的・時間的要素により規定されている。したがって彼はこれらの要素を「植物という温度計」によりできるだけ精確に観測しようとしているのである。とくに注目にあたいするのは、フンボルトの植物学研究において気温がすでに決定的な役割を果たしていることである。なお書評中のサン・ピエールは彼が南米まで携行していった『ポールとヴィルジニー』の作者ベルナルダン・ド・サン＝ピエール（一七三七―一八一四）をさしているに違いない。この作品は一七八八年に詩人の『自然研究』の第四巻として出版されたばかりであった。

もちろん、新旧両大陸にまたがる植物の分布という新しい見地の根底にあるのは、フンボルトにおける自然の動的理解である。自然、とりわけ動植物の世界は生命という不可思議な無限の力により動かされている。彼はそれをとくに「植物のさまざまな力」と呼び、その研究を植物生理学とみなしていた。それは広大な研究分野であって、植物地理学と同様にチームワークを必要とするものであった。一七八九年二月二十五日付で、彼は学友のヴィルヘルム・ヴェーゲナーに宛てて次のように書いている。「私は植物のあらゆる力（治癒力を除く）に関する研究をしている。これは多くの探究と深い植物学的知見のため私の力を超えているので、私は幾人もの協力を得ようと努力している。それまで私はそれを自分自身の楽しみのために研究し、そのさい俗な言い方をすれば、あいた口がふさがらないような事物にでっくわす。」それはたとえば初期の科学的エッセイ「生命力あるいはロードス島の守護神物語」（一七九五）に示唆されている不可解な生命力のようなものと思われる。

フンボルトは一七九一年五月、ゲッティンゲンとハンブルク商業アカデミーでの外国語の勉学を終えてベルリンへ戻り、ふたたび、ウィルデナウと植物学研究に従事した。その後のフライベルク鉱山アカデミーにおけるヴェルナーのもとでの地質学研究とバイロイトにおける鉱山監督官としての活動は伝記的に周知のとおりである。その間に彼はとりわけ、光のない坑道で生長する原始的な植物地衣類を観察して、無機物と有機体の接点を予感した。そのほか重要なのは、その間にイェーナのシラーと親交を結んでいた兄ヴィルヘルムをとおしフンボルトがゲーテの面識を得、自然研究を通じ両詩人との友情を深めていったことである。とくに一七九七年以降、ゲーテと彼の関係は形態学思想の面で深まっていった。それは独自の研究テーマであるが、いま植物地理学との関連において貴重な資料が残っている。それは植物の研究、植物の地理に関する一七九四年八月六日付シラー宛の手紙である。ここでフンボルトはやはりリンネの植物分類体系にもとづく博物学を批判し、自分の探究している高次の観相学的植物学を詩的に「聖なる科学」と呼んでいる。それは動植物の分布という新しい動的視点からの科学的自然認識にさらに美的視点を導入しようとするものである。

「これまでの博物学のやり方では、形状の差異に固執しているだけでした。植物と動物の観相学を研究しても、さまざまな標識の学、識別論を聖なる科学そのものと混同していた限り、例えばわれわれの植物学は、思弁的人間の考察の対象となることはほとんどありえませんでした。しかし私と共感していただけると思うのは、ある高次のものを探し求め、それを再発見すべきだということです。なぜなら、アリストテレスとプリニウス――後者は人間の美的感覚と芸術愛におけるその涵養を自然記述の中へいっしょに導入したのですが――これらの古人はたしかに、われわれの哀れな自然記録者たちより広い視点を有しておりました。形における普遍的調和、千変万化の様相で呈示される根源的な植物形が存在するかどうかという問題、これら種々の形の大地における分布、植物界が感性的人間の内部に惹き起こす明朗やメランコリーのさまざまな印象、不動の死んだ岩塊や無機的にさえ見える樹幹と、いわば骸骨に冷酷さを緩和する肉を優しくまとわせる生気ある植物のカーペットの対照、植物の歴史と地理あるいは草本の大地における一般的分布の歴史的描写、普遍的世界史の未開拓の部分、最古の植生のその墓場における探索（化石、石炭、泥炭など）、大地の漸進的居住可能性、植物の遍歴と移動、群生的と孤立的、どのような植物が民族移動について行ったかの地図、農業の一般史、栽培植物と家畜との比較、両者の起源、さまざまな変種、一様な形の法則にしっかりとあるいは緩やかに結びつけられた植物、栽培植物の野生化（たとえばアメリカとペルシアの野生植物、〔イベリア半島の〕タホ川からオビイまで）、植民地経営による植物地理学の一般的混乱――これらは考察にあたいする研究テーマのよう思われますが、ほとんど全く触れられておりません。私は絶え間なくそれらに携わっておりますが、周囲から迫ってくる内的騒音のため正常の発展を妨げられております。ナンセンスなことさえ言い表しているかもしれませんが、私の言おうとしていることを全体として感じていただければ幸いです。」

シラー宛書簡の数か月後、フンボルトは友人のヨハン・フリードリヒ・プファフ（一七六五―一八二五）に一七九四年十一月十二日付で、将来の研究計画を伝えた。それは、植物地理学関係の著作において精査されることになる中南米探検旅行へ出発する五年まえのことであった。

「私は普遍的世界史のこれまで未知の部分について研究している。すなわち、クレオメデスに従って彼の〈天と地およびその中に見出される生き物からのシステム〉を獲得したいのである。私の本は二十年後に『植物の来たるべき歴史と地理、あるいは大地に広がる植物の漸進的分布およびその普遍的地質構造学的諸関係についての歴史的報告』という表題で出版したい。植物界を残りの全自然との結びつき並びに感受性ある人間へのその影響という観点から叙述することになるこの著作のとてつもない計画で、貴君をうんざりさせずに、私の単純なヒエロクレス的諸問題に移ろう。私は没落した植生、太古の植物の墓場（植物岩、石炭など）で始める。われわれがここで見るのは北緯六〇度から七〇度の熱帯のさまざまな産物である。それらは（ブルーメンバッハその他により証明ずみのように）無数に流されて来たのではなく、その位置があかししているのは、それらが元の場所に現存していることである。北緯六九度から七〇度のもとで熱帯気温を生じうる多くの可能な根拠のうち、私がとくに学んでいるのは、楕円軌道の傾斜率についてである。」

ここで言及されている「普遍的世界史」について付記すれば、すでに一七八四年にヘルダーの『人類史哲学考』の第一巻が刊行されていた。そして一七八九年五月二十六日には、シラーがイェーナ大学教授就任講義「普遍史とは何か、また何のためにこれを学ぶか」を行なっていた。人間の自然史ともいうべき前者は一七九一年に完結され、人類の世界史にほかならない後者はヴィーラントの文芸評論誌『トイチャー・メルクーア』に印刷公表され、独立の小冊子としても出版された。両者は十八世紀ドイツにおいてあえて引用されるまでもないほど有名であり、その発展的フマニテートないし理想的人間性の思想はゲーテ時代の歴史思想として人口に膾炙していた。それゆえ哲学的に後進のフンボルトは、これを自明の前提にして、人間ではなく植物を天と地の意味における地球の中心に据え、まったく新しい角度から科学的かつ美的な世界史的考察をしようと試みたのである。ちなみに、クレオメデス（一五〇頃—二〇〇頃）は古代ギリシアの天文学者で『天体循環論』の著作がある。ヒエロクレスは二世紀前半のギリシア・ストア派の哲学者ではなく、アレクサンドリアの新プラトン主義者（紀元四五〇頃）のことであって、この思想傾向にフンボルトはあまり関心がなかった。またフンボルトの恩師ヨハン・F・ブルーメンバッハは民族学的人類学の創始者のひとりであった。最新のあらゆるラ科学研究の動向を知っていると同時に、ギリシア・ローマ以来の哲学思想に精通していたことは、ライプニッツと同様、自然科学者としてのフンボルトの特色かつ強みであった。

4　自然絵画概念の二面性

新しい研究分野を確立しようとして努力したとき、フンボルトは一七九四年八月六日付シラー宛て書簡にも暗示されていたように、「彼ら（在来の自然研究者たち）が従事しているのは、ほとんど新しい種を探求することだけである。それがいかに望ましいことではあっても、それに劣らず重要なのは、その名称さえほとんど存在していない教科、植物地理学を研究することである」と批判していた。しかしながら、晩年の主著『コスモス』第一巻の「自然のさまざまな種類の楽しみと世界法則の科学的探究に関する序論的考察」においてフンボルトは、自然研究者にとって特殊なものの精確な知見はどうしても必要であり、彼は個々の科学分野を長いこと究め尽くしていなければならず、みずから測定し、観察し、実験していなければならない。そうしなければ、自信をもって自然の全体像に立ち向かうことができないことを指摘している。とくに「ライン河の向こうのわれわれの隣人たちは、ラプラースの『宇宙の体系』という不朽の名著を有している。その中には、過去数世紀における深遠な数学的・天文学的研究の成果がさまざまな証明の細目とは分けて論述されている。天空の構造はそのなかで、力学の大きな問題の単純明快な解答として示されている。『宇宙の体系』がこの形式のため徹底性がないと批判されたことは決してないであろう。同種類ではないさまざまな見解を区分し、普遍的なことを〔個々の〕特殊なことから分離するのは、明瞭な認識のために有益であるばかりではなく、自然科学の取り扱い方に崇高かつ真摯な性格を付与することにもなる。」数量的関係の測定と発見、個々のものの綿密な観察は、自然全体と世界法則に関する高次の知見を準備しているのである。

そればかりでなく、フンボルトは「人間が自然に働きかけ、その力を自分のものにできるのは、自然の法則をその数量的関係において知悉している場合のみである」(「序論的考察」)ことを確信している。その背景には、十九世紀において自然認識が数学を介して技術と結びつき、これが必然的に国家の経済的発展へ導いていくという時代の趨勢がある。このような科学思想は、精神史的にまだ十八世紀に属する『自然の諸相』においてはまだ言い表されていないので、彼のこの洞察は今日まことに注目にあたいする。

「自然研究のあらゆる部分を等しく高く評価するということは、とりわけ現代の切実な要請である。物質的な富と諸国民の裕福な生活が、自然の産物と自然のさまざまな力をより細心の注意をはらって利用することに基盤を置いているからである。今日のヨーロッパの状態を表面的に瞥見しただけでも教えられるのは、覇権争いの不平等あるいは持続する遅滞のため、国家の富の部分的減少と、最後に絶滅が必然的にやってくるに違いないということである。なぜなら、諸国家の生き残りをかけた運命においても、ゲーテの自然についての意義深い言葉のように、〈運動と生成に停止ということはなく、静止にはその呪いがかけられて〉いるからである。化学的・数学的・博物学的研究を真剣に活性化することだけが、この面から忍び寄ってくる害悪に対抗できるであろう。」

もちろん、フンボルトはあくまでジェネラリストであって、彼以後はますますスペシャリストの時代となっていった。「自然知がこのように諸国民の安寧幸福とヨーロッパの今日の状態に大きな影響を及ぼしていることは、ここであえて多言を要しない。われわれが完走しなければならない走路は計り知れないので、私に不適当と思われるのは、われわれの努力の主目標である自然の全体を見ることから逸脱して、故意に専門分野を拡大することである。」そこで彼は第一巻の第二序論的な章「自然学的世界記述の限定と科学的取り扱い」においてさらに、あらゆる自然研究における数と大きさの決定的重要性を強調する。

「二つの形式の抽象化が認識の全域を支配している。量的形式すなわち数と量〔数値〕による関係規定と、質的形式すなわち物質的な種々の性状である。アプローチしやすい前者の形式は数学的知識に、後者は化学的知識に属している。諸現象を算定できるようにするため、物質は原子（分子）から構成されるとされ、これらの数・形状・位置・極性が諸現象を規定する条件とされる。計量しがたい個別の物質およびいかなる有機体の中にもある固有の生命力についてのさまざまな神話により、自然の見方は錯綜し曇らされる。認識のこのように種々異なった条件と形式のもとで鈍重に動いているのがわれわれの経験的知識の（バラストのような）底荷で、これは累積し、日々なお急速に増大しつつある。穿鑿する理性は勇気をふるって古い形式を打破しようとするが、なかなかうまくいかない。これらの古い形式により人間は、それらがあたかも力学的構造物やさまざまなシンボルであるかのように、抵抗する物質を支配することに慣れてきたのである。」

その成果はフンボルトによっていくら高く評価されてもそれに過ぎることはない。「われわれに近い時代になって、自然哲学の数学的部分は、大幅にすばらしく形成されることができた。同時にさまざまな方法と機器〔分析〕がより完全なものに改良された。このように多様な仕方で、原子論的諸前提の慎重な適用により、また自然とのより一般的かつより直接的な接触により、さらに新しい知覚器官〔望遠鏡〕の出現と形成により獲得されたものは、古代におけると同様いまも人類の共通財産なので、種々の形態に変転する哲学の自由な取り扱いから排除されてはならない。」(第一巻「第二序論」)これに対し綜合的な見方である「自然絵画」とは、『コスモス』原著序言における定義を敷衍すれば、天と地を包括する「世界」としてのコスモスにおけるさまざまな自然現象の概観のことである。

この意味でそれは普遍的であるが、「この一般自然絵画は、宇宙空間の最も遠い星雲と周行する連星から有機体〔植物・動物・人種〕地理学という地上の諸現象まで下りてくるので、それはすでに、彼がこの全著作の最も重要かつ最も本質的なものとみなしているものを含んでいる。すなわち、普遍と特殊の内的連鎖、さまざまな経験的命題の選択、構図のフォルムと様式における取り扱い方の精神である」。換言すれば、第二序論的論文にさらに言われているように「客観的内容、自然全体のリアルな経験的見方、自然絵画という科学的形式」である。それは自然の実質とその描写の仕方を同時に含む包括的概念で、ある程度まで単なる数量的自然認識と対立している。それはフランス百科全書派におけるように、言語的記述だけではなく、図像による視覚的手段をも援用するものである。

自然科学者フンボルトはもともと、純然たる科学的認識という前提がなくても、たいていの問題は充分に論じられると考えていた。「すべての個々の部分において大きな自然絵画がはっきりとした輪郭で描写されないとしても、それはやはり真実であり、充分に魅力あるものとなり、精神を観念で豊かにし、想像力を生きいきと実り多く刺激することができる」からである。彼の特色は実際、自然研究にさいし自然のあたえる美的印象とその倫理的作用を、豊かな文学的感受性をもって誰よりも鋭敏に受け取っていることである。『コスモス』の「自然のさまざまな種類の楽しみと世界法則の科学的探究に関する序論的考察」において彼は、それらをロマン主義的自然の遍歴者として例示している。

「平原では単調に群生する植物が地面を覆い、われわれの目は果てしない遠くの光景に安らぐ。海の波はやさしく岸辺を洗い、アオサ属（緑藻）と緑なす海草によってその流れを表示する。至るところでわれわれの心を貫くのは自由闊達な自然という感情であり、その〈内的な永遠の法則に従って存続している〉ことがおぼろげながら予感される。このような種々の刺激には神秘的な力が宿っている。それらは気持を明るく和らげ、疲れた精神を元気づけ爽やかにしてくれる。また心情が深い苦痛にさいなまれたり、激情の嵐に襲われたりしているときには、しばしばそれを慰めてくれる。それらに備わっている厳粛かつ荘重なものは、ほとんど意識されない自然の高次の秩序と内的合法則性から生じている。さまざまな形成物が永遠に反復されるというこの印象は、有機体のきわめて特殊な形状のなかに普遍的なものが反映しているからである。それはまた道徳的に無限なるものと、われわれが逃れようと努めている自分自身の狭隘さというコントラストにある。地球のどの地帯においても、動植物の生命の変転する形態変化が見られるところでは至るところ、知的教化のどの段階においても、これらの内面の癒しは人間にあたえられている。」

フンボルトによれば、われわれは無意識に、あらゆる有機体の形態が神秘的なしかたで関連しており、それが必然的であるという感情を抱いている。これにより熱帯自然における異国趣味の形態はわれわれのファンタジーに、幼少年時代われわれを取り囲んでいたさまざまな形状が高められ洗練されたかのように立ち現れてくる。「こうして、さまざまな暗い感情とさまざまな感性的直観の連鎖から導き出されるのは、理念的結合をつくりあげる理性的活動と同様、次のような認識である。すなわち、それは人類のあらゆる教化段階を貫くもので、共通かつ法則的、それゆえ永遠のきずなが全自然を囲繞しているということである。」自然絵画はこのような指導理念に従って連結され、われわれの精神を快く刺激するのである。

彼は『コスモス』の読者を、かつて『植物地理学論考』の自然絵画的図表および他の数量的データで疲れさせてしまったようなことがないよう（第一章4）、熱帯地方の自然絵画からのこのような描写を随所に挿入していく。しかしながら、「熱帯諸国が繁茂する自然の豊かさのゆえに心情にとっていっそう印象深いとすれば、それらが同時にまた、次のことのために著しく適していることである。すなわち、大気圏の気象学的プロセスと植生の周期的発展における一様な規則性により、また地面の垂直方向の高まりに従いさまざまな（植物の）形態を厳密に分離することにより、天体空間の規則的秩序が地上の生活に反映されているかのように人間精神に示すことである。」彼が自然絵画を描きながら、時折、数量的関係にさえ結びついているこのような規則性のイメージのもとに止まらざるをえないのは、そのためである。こうして『コスモス』第一巻の本論において自然絵画の実質的内容として呈示されるのは、具体的に以下のように多種多様な自然の形成物である。

コスモスの星辰部分
星雲の宇宙空間
太陽系の惑星
彗星群の特徴
流星と隕石
小惑星の特異性
黄道光の現象
蒼穹の景観
コスモスの地上部分
地球の形態と熱量
電磁気現象と極光
地震とその随伴現象
地球内部からの物質的産物
火山の構造と活動
火山の分布
岩石類の成立形式
異なった地層構造学的年代
地球表面の陸と海

大気圏と比較気候学
動植物の地理学
人類と言語

しかしながら、『コスモス』において詳述されているこれらの個々の事物がすべて自然絵画の中に含まれるとしても、「コスモスの星辰部分」と「コスモスの地上部分」の大部分は概念図にしかならず、人間の目に具体的に映るのはせいぜい「地球表面の陸と海」「大気圏と比較気候学」「動植物の地理学」くらいである。しかもゲーテに捧げられたドイツ語版『植物地理学論考』（一八〇七）には完成した図版がまだ添えられていなかったため、詩人はほとんど折り返し、自分の想像する三次元の地形的図解「新旧世界の高度比較図」を素描してフンボルトに送った。これにもとづく彩色された銅版画はようやく一八一三年に印刷されたので、両者を比較するのは極めて興味深い（第二章2）。フンボルトみずから描いた南米コルディリエーラ山系の理念的自然画にたいし、ゲーテの両大陸比較図は、一幅の象徴的風景画のように見える。前者の図においては、陸地と接する海面から濃い空の青にかこまれた万年雪の高峰までが描かれ、山の構造だけではなく、夥しい植物の分布の仕方と植生の限界が綿密に記入されているのである。

そして植物の全領域をカバーするフンボルトの意義深い研究書に添えられていた横長の大きな折り畳み図版には、「熱帯諸国における地理学、アンデス山脈の自然絵画、北緯一〇度から南緯一〇度にかけてなされた種々の観察と測定にもとづく、一七九九年から一八〇三年までアレクサンダー・フォン・フンボルトおよびA・G・ボンプランにより」という表題が付けられている。中央には全体の長さの半分を占める高山の断面図があり、高山の上と中腹に雲がかかっている。山の左の空間に上から、チンボラソの頂、ボンプラン、モントゥファル、フンボルトが種々の機器を携行して一八〇二年一月二十三日に登ったチンボラソの高さ、ポポカテッペの高さ、ブーゲとラ・コンダミーヌが一七三八年に登ったカヤンベの高さ、テイデ峰の高さとある。山の右側には、コトパクシの頂、ピコ・デ・オリザバないしシトラテペテルの頂、ソシュールが一七八七年に到達したモンブランの高さ、キトの町の高さ、ヴェスヴィオの高さとある。そして断面図の左右にそれぞれ四分の一のスペースをとって個別の書き込みが見出される。それぞれの両端にメートルで〇から六五〇〇まで、対応するトアーズの尺度が〇から四〇〇〇まで記されている。これで海抜から二つの休火山と活火山の頂上までの高さが示されている。各項目は左から順に以下のとおりである。記入されている細目は技術的な理由から省略せざるをえない（全図は西川治『人文地理学入門』第三章に復元されている）。

水平の光線屈折
山々が海面で見える距離（光線屈折を顧慮せず）
異なった大陸における高度測定
大気層の高さによる電気現象
高さの差異による地面の栽培
振り子の振動による重力の減少、真空空間における示度

キャノメーター度数における空の青さ
湿度の減少、ソシュールの湿度計の示度
バロメーター高度における気圧
大気層による気温、温度計の最高気温と最低気温の示度
大気圏の化学成分
万年雪の下限、緯度の差異による
種々の動物、住処の高さによる
水の沸点、高度の違いによる
熱帯世界の地層構造学見地
光線の希薄化、大気層通過のさい

なお、これらの項目とは別に「熱帯諸国の自然絵画」には、そこに包括される個々の視点として「植生、さまざまな動物、地層構造学的な諸関係、農業、気温、万年雪の限界、大気圏の電圧、引力の減少、空気の密度、空の青さの強度、大気層通過のさいにおける光の希薄化、地平線における光線屈折と海抜の高度の違いによる水の沸点」などが列挙されている。しかし、これは図表のデータと一致していないだけでなく、本文の叙述そのものとも厳密に同じではない。いずれにしても、それらは生物と自然現象との関連およびその相互作用を目に見えるように描こうとする未曾有の試みであった。

それればかりではなく、それらの地球史的原因を尋ねているうちにフンボルトは、おのずから人間の

歴史的領域へ入っていった。なぜなら、それは人間生活との関係によっても惹き起こされるからである。秋風・海流・渡り鳥は、もとより、植物の種子が移動しはじめる自然的な遍歴を促進するに違いない。しかし植物の分布に持続的な影響を及ぼすのは人間である。遊牧民がいろいろな理由から放浪の生活を放棄し定住するようになると、彼が必要とするのは、食生活のささえとなる動植物である。こうして何世紀もまえから、耕作と栽培に適した植物、とくにブドウと穀類は、遍歴する人類とともに諸大陸へ遍歴していった。

フンボルトが好んで辿るその道は、ブドウの場合、カスピ海からギリシアへ、ギリシアからシチリア島、そこから南フランス、さらにライン河とモーゼル川までである。穀類のばあいその由来は、動物の乳を飲みチーズをつくる習慣と同様はるかに闇に包まれている。すると解明の手がかりとされるのは、多種多様な神話である。至るところ自然学者フンボルトには、農業の起源、諸民族の性格、さまざまな植民地、海上交易、戦争、歴史的伝承などの文化史的諸問題について考察するきっかけが生じてくる。「このように植物は、いわば人間の精神的および公共の歴史に介入してくる。もちろん、自然のさまざまな事物の歴史が自然史的記述としてのみ考えられうるのに対し、ある深遠な思想家の発言（シェリングの超越的イデアリスムスの体系において）によれば、自然の種々の変化さえ、人間のさまざまな出来事に影響を及ぼすばあい、歴史的性格をおびる」からである。

ここで自然科学から包括的な歴史的描写を導き出すフンボルトの手腕がすでに示されているとすれば、それが後に遺憾なく発揮されるのは、とりわけ『コスモス』第二巻の「自然学的世界観の歴史」においてである。また最終的に植物が人間におよぼす精神的影響は、フリードリヒ・ムートマンの

『アレクサンダー・フォン・フンボルトとゲーテ時代に照らして見たその自然像』（チューリヒ、一九五五年）によれば、次のような一連の問いとして言い表される。

「大地に広がる植物の分布とその光景は諸民族のファンタジーと芸術感覚にいかなる影響をおよぼしたか。」「植物界が観察者のこころの中に喚起する明朗あるいは厳粛な気分という印象は、何にもとづいているか。」「風景画と記述的詩文の一部がそのさまざまな作用を生みだすかの神秘的手段は、それと関連があるのだろうか。」

この二面的テーマは「植物観相学試論」の末尾においてすでに論じられ、最後に『コスモス』第二巻の巻頭論文「自然研究への刺激手段」における文学作品に表れた諸民族の自然感情と風景画の成立の項において取り上げられることになる。フンボルトの創始した植物地理学は、こうして自然科学と精神科学を両立させようとした、時代を先取りする最初の試みであったことが判明する。

第六章　『コスモス』の構想と根本理念

私にとって不可解なのは、われわれの世紀が人工的なものの影のなか、暗い仕事場のなかに深く落ち込んでしまい、牢獄に閉じ込められていない自然の広く明るい光を一度も認識しようとしないことである。人間精神の最大の英雄的行為を人間は生きた世界との接触においてのみ行ない、外部に現すことができたのであるが、それらはいまや、われわれの牢獄のような学校のほこりに埋まった課業となり、人間の文芸と雄弁術の名作は児戯にひとしいものとなり、年老いた子供や幼い子供たちが、それらをもとに字句を学び規則を穿鑿するのである。

（ヘルダー『言語起源論』第二部第一自然法則から）

1　自然の全体像としてのコスモス概念

すでに指摘したように（第二章2）、アレクサンダー・フォン・フンボルトの最初期の科学論文は、一七九〇年の『ライン河畔のいくつかの玄武岩に関する鉱物学的観察』であった。それは科学的にフォルスターにより促され、彼の最初の家庭教師でルソー教育思想の流れを汲む言語学者ヨアヒム・H・カンペ（一七四六―一八一八）の編集上の助力によって出版された。奇しくもゲーテが、イタリアにおける文学的・芸術的・自然科学的成果のひとつとして最初の科学論文『植物のメタモルフォーゼ試論』を公表した年である。他の二つは「自然の単純な模倣・技巧・様式」と「ローマの謝肉祭」である。二十一歳の少壮研究者アレクサンダーは、兄ヴィルヘルムがすでに学んでいた、イギリスの自然科学を模範とする一七三七年創立のゲッティンゲン大学へ、リベラルなドイツ啓蒙主義の中心地ベルリンから遊学してきたばかりの学生であった。彼は入学後まもなく、彼にとってドイツの未知の風土であるライン中流地方へオランダ人の医学生とともに地質学的研究旅行に出かけた。そしてボンの上流オーバーヴィンター対岸のウンケル採石場で観察したのは、玄武岩の気泡の多い空洞に水分がたまっていることであった。これがどこから岩石のなかへ入ってきたのかは分からなかった。しかし若い研究者の発見は、のちに学ぶことになるザクセン・フライベルク鉱山アカデミーで教鞭をとる著名な地質学者アブラハム・G・ヴェルナーの岩石水成論の形成に寄与することになった。なぜなら、それは創世記の混沌のイメージとも、太古の始原の海という往時の地球史の地層構造学的仮説とも結びつきえたからである。

このように自然科学者フンボルトの出発点は学生時代からすでに、観察したもの、直観と実験において確認されたもの、カント哲学の用語でいう経験であった。シラーと親交を結ぶきっかけになった一七九四年七月下旬の対話においてゲーテが原植物のスケッチを描いてみせたとき、カント学徒シラーが「それは経験ではありません、それは理念です」と言ったときの、あの経験である。ヴィルヘルム・フォン・フンボルトは一七八九年七月に、ゲーテの青年時代の親友フリードリヒ・H・ヤコービ（一七四三－一八一九）に宛てた手紙のなかで弟について、「彼は思索がさまざまな事実のあとに続く会話を好む」と記し、経験を重んずる「彼には形而上学に対するセンスがほとんどない」と嘆いている。ヤコービは自然観において、ゲーテに「彼の神が世界からますます隔離されていったのに反し、私のはますますその中に吸収されていく」（一八一二年一月三十一日付シュリヒテグロル宛）と批判された宗教哲学者である。しかし形而上学とはほんらい「博物学の父」アリストテレスの『自然学講義』第八巻に由来する、経験のあとにくる自然哲学的考察のことである。人文学者ヴィルヘルムにとって自然学を含むあらゆる古典学が研究目標であったように、アレクサンダーも知的教養についての時代の考え方に従って幼少の頃からラテン語のほかギリシア語をも学び、古典古代の研究に精通してはいた。それは繰り返しなされる文学史的言及における彼の該博な知識に遺憾なく発揮されている。しかしながら彼は、兄のように神話や英雄伝説を文献学的に研究したり、ギリシア悲劇を手本に創作したりはしなかった。

それに代わって『コスモス』第一巻の原著序言の冒頭に暗示されているように、フンボルトがすでに半世紀も前から抱懐していた科学的構想は、経験から出発しながら自然の全体像を描くことであった。それは単なる経験科学的自然研究をこえる哲学的理念であった。彼はそのため青年時代から、地質学に相当する地層構造学、記述植物学、化学、天文学的な経緯度の測定、さらに大がかりな探検旅行の準備としての電磁気などの新しい教科を学んでいた。しかし「習得のほんらいの目的は、つねに高次のものであった」（原著序言）。彼を駆り立てた主要な動機は、物体的事物の諸現象をその一般的関連において、自然を内的なさまざまな力により動かされ生気づけられた全体として把握しようとする努力だったのである。彼が早くから到達していた洞察は、なるほど「個々のものの知見を求める真剣な傾きがなければ、すべての壮大かつ一般的な世界観も空中楼閣かもしれないということ」であった。しかし同時に彼は、「自然知における個々のことがらが、その内的本質により、あたかも同化する力があるかのように生産的に刺激し合うことを可能にする」のを察知していた。アレクサンダー・フォン・フンボルトは南米探検旅行（一七九九―一八〇四）に出かけるまえから、当時の自然科学における個々の研究成果を綜合的に包括する考えを抱いていたのである。彼はバイロイトの同僚モルに宛てた一七九九年六月五日付別れの手紙のなかで、植物と化石を収集し、優秀な機器をもちいて天体観測を行ない、空気を化学的に分析するつもりだと述べたあと、「しかし、これらすべては私の旅の主目的ではない。さまざまな力の協調作用と相互作用を研究し、生命のない被造物が生命のある動植物界に及ぼす影響、また調和ということに私は絶えず注目したいと思う」と抱負を語っている。

その成果である『自然の諸相』初版への序言にも「自然の全体像の展望、さまざまな力の交互作用の実証、熱帯諸国の直接の観照が感知する人間にあたえてくれる喜びを新たにすることが、私の追求している目的である」と記されている。彼の中南米旅行も後年のロシア・アジア旅行も、すべては将来の『コスモス』執筆を志向する研究課題を成就するための準備であった。フンボルトが目ざしていた世界像を洞察する前提となっていたのは、自然全体の認識をカントいらい理性が自立的に求めて努力するようになったこと、新時代となり世界のさまざまな事象により観察の地平が思いがけず拡大されたこと、新しい観測機器の発明により感性的知覚の範囲が多様化されたことであった。このような客観的見方は『自然の諸相』における基本的態度である。しかし、そのためにはまた、多様な諸現象の統一性、万有のなかに作用しているさまざまな力の関連に関する先人たちの思想を学ぶことも必要であった。フンボルトは、一世を風靡した観念論的ロマン主義者シェリング（一七七五―一八五四）の主要な自然哲学的著述が一七九二年から一八〇三年にかけて執筆された十八世紀世紀末に、新大陸における研究旅行で得られた自然認識にもとづき、個別より全体に向けられた統一的な自然観をより科学的に描こうと構想していたことになる。

もとより、フランシス・ベーコン（一五六一―一六二六）以来の経験主義と帰納法を重んじる自然研究者として、彼が個別研究にさいしまず博物学的ないし自然誌的な見方を重視していたことはあえて言うまでもない。しかし彼は、モザイク画のように、単なる個々の知識の百科事典的集積からひとりでに理念的な自然像が現れてくるとは考えなかった。彼は自然全体を考察するさいに、伝統的なヘルメス思想に由来する「連鎖」の比喩を援用しながら、個々の事物の関連と自然の全体性に絶えず意を用いていた。それは中世の唯名論論争における普遍概念を実在とみなす意味の形而上学ではなく、近代的意味の自然の形而上学、すなわち経験と理念に基づくアリストテレス的かつプラトン的な自然哲学であった。そのルネサンス的特徴は、自然を排除したスコラ神学におけるのと異なり、ゲーテが高く評価した芸術家的医学者カール・G・カールスの場合のように、存在と生成という基本概念のうち今や明らかに生成のほうに重点が移ってきたことである。それは「序論的考察」につづく第二序論的論文「自然学的世界記述の限定と科学的取り扱い」において明確に指摘されている。

「しかし存在するものは、自然を把握するさいに、生成（のプロセス）から絶対に分離されることができない。なぜなら、有機的なものだけが絶え間なく生成し消滅していくのではなく、地上の生命全体がその生存のどの段階においても、以前に経過してきたさまざまな状態を思い出させるからである。そこで地殻の外面の大部分が成り立っている重なり合った岩層には、ほとんど全く絶滅した被造世界の痕跡が含まれている。それらが告知しているのは一連の形成物で、これらはグループ別に入れ替わったものである。観察者の目にそれらは、空間のなかに同時に、過ぎ去った数千年間の動物群と植物群を含んでいる。この意味で自然記述と自然史を互いに分離することはできないであろう。地層構造学者〔地質学者〕は、現代を過去なしに捉えることはできない。地球体の自然画のなかで両者がくまなく行き渡り、溶け合っているのは、言語の広い分野におけるのと同様である。語源学者は文法形式における現下の状態のなかに、種々の言語の生成と漸進的な形成、そればかりではなく、言語形成の過去全体が現在のなかに反映しているのを見出すのである。しかし物質の世界において過去にあったもののこの反映は、われわれが種々の類似した産物生成の様子を眼前に見られるだけ、いっそう明瞭である。地層構造学の例を一つだけ借用すれば、岩石類のなかで景観を特有の仕方で生気づけるのは、粗面岩の円錐形・玄武岩・軽石層、燃え殻のような晶洞石である。それらはわれわれの想像力に、太古の世界に由来する物語のように作用する。それらの形状はそれらの歴史である。」

そのうえフンボルトの考え方は、岩石の形成においてさえ基本的に、有機体の形態変化を主眼とするゲーテの形態学を踏襲していた。「生きた形成物の多様性と周期的な変転のなかで、あらゆる形成の根源的秘密がたえず新たにされる。私の言わんとするのは、ゲーテによりあのように適切に取り扱われたメタモルフォーゼ〔形態変化〕の問題で、この解決方法は、さまざまな形状をある種の根本的範型に理念的に還元しようとする欲求に対応している。」（第一巻「序論的考察」）両者にとって自然は「永遠に成長するもの、永遠に形成と展開のプロセスのうちにあるもの」（カール・G・カールス）であった。それは台頭しつつある十九世紀後半のいわゆる精密科学とすでに対立するものであり、一切の形而上学を拒否し、ゲーテの自然科学を酷評したことで知られるベルリンの生理学者エミール・デュ＝ボア・レイモン（一八一八―九六）により再び批判されることになる。

これに反し、ガリレイ以来の自然科学の課題として、物質世界のすべてを運動と運動の法則に還元することを提唱した彼の学友ヘルマン・ヘルムホルツ（一八二一―九四）はゲーテ的自然研究をなおある程度まで評価していた。科学的思考の分かれ道は恐らく、ヨーロッパ思想における自然に対する精神の優位にねざしたフンボルトの「序論的考察」の次の基本的命題を容認するか否かにかかっている。

「自然は考察にとって多様性のなかの統一、外形と混合における多様なものの結合、自然の事物と自然のさまざまな力の総体であって、生きた全体として存在している。明敏な自然学的研究のもっとも重要な成果は、それゆえ、次のようなことである。すなわち多様性のなかに統一性を認識すること、個別的なものから、比較的最近の時代のいろいろな発見がわれわれに提供しているすべてのものを包括すること、個々の事柄を検証して分離し、それら膨大な分量に屈服せず、諸現象のおおいの下に隠されている自然の精神を捉えるという人間の崇高な使命を自覚することである。このようにして、われわれの努力は感覚世界という狭い限界を越え出ることができ、われわれは自然を把握しながら、経験的直観という素材をいわば観念により支配することに成功できるのである。」生成する存在という近代的な動的存在論に関連して、それに対応するやはりゲーテ的なフンボルトの科学方法論がある。なるほど彼は、コスモスの多様な諸現象を思想の統一性のなかで包括することが究極において不可能であることを予感している。「コスモスの多様な諸現象を統一ある思想、純粋に合理的な関連づけという形で包括することは、私の洞察によれば、われわれの経験的知識の現状においては達成されえない。経験科学はけっして完成されることがなく、感性的知覚の豊富さは汲み尽くすことができないからである。いかなる世代も、諸現象の全体を展望できると誇ることはできないであろう。」（第一巻第二序論）しかし彼は「経験的知見の総体とそのすべての部分において完成された自然の哲学（このような完成がいつか達成される場合）は、自然の哲学がその約束どおり万有における現実のさまざまな現象の理性的把握である限り、互いに矛盾することはありえない」ことを確信し、静的な存在に対しては原子論的な見方が有効であっても、生成に対しては動的な見方が必要であり、なおかつ自然の全体を把握するためには両者が、光学における粒子説と波動説のように、適宜適用されなければならないと考えていたように見える。ただ暗に経験を欠いた観念論の演繹法を批判しながら、「序論的考察」において「一般的世界記述の科学的取り扱い方に関する私の考察において論じられていないのは、理性によって与えられている少数の基本原理から導き出すことによる統一である」と明記されており、ゲーテの『色彩論』教示編におけるような根源現象からの演繹的な「導出」に関する言及はない。

2 『コスモス』出版の二面的反響

フンボルトは『コスモス』執筆にさいし最初から『自然の諸相』の完成稿におけると同様、善くも悪しくもドイツ的学問、とりわけ文献学の特徴である詳細な注をつけることに全力を尽くし、双対文といわれる彼特有の複文的文体は晩年のゲーテの文体に似てきた。そもそも自然科学の諸概念を学者でも知識人でもない一般読者に分かるような文学的手段で表現することは、至難の業であった。それにもかかわらず彼は出版者のコッタに宛てて、「私が活発な興味を抱いているのは、一般読者への効果、さまざまな観念の普及、高齢になっても、理性と心情に同時に刺激をあたえるような何かをつくり出したという感情です」と書いている。こうして『コスモス――自然学的世界記述草案』の第一巻は一八四五年、第二巻は一八四七年、第三巻は一八五〇年、第四巻は一八五八年に出版された。第五巻は一八六二年に遺稿として出版されたが、山脈形成に関する最初の数十ページだけがフンボルトの手になるもので、その校正刷りは一八五九年四月十九日になおシュトゥットガルトのコッタ書店へ発送された。彼の遺志どおり千百ページをこえる詳細な索引を追加した刊行者は、奇しくも、兄ヴィルヘルムの遺稿『カーヴィ語序論』の出版をアレクサンダーが委嘱したエドワルト・ブッシュマン(一八〇五―八〇)であった。フンボルトは原著第五巻の序論の終わりにおいて、彼の多年にわたる協力に衷心から感謝している。

全巻の序論にあたる第一巻の執筆がある程度まで試行錯誤であったことは、原著序言に率直に言い表されている。第二巻が刊行されたとき、フンボルトは自らそれを第一巻より高く評価し、『コスモス』の構図のほんらいの特性が「世界全体としての外界が人間により認識され、これに反映し、これに創造的に作用する」ことにあると強調した。この見方が自叙伝を執筆したときのゲーテの立場と基本的に一致していることは、『詩と真実』の序言から「伝記の主要課題であるように見えるのは、人間をその時代環境のなかで描き、全体がどの程度彼に逆らい、またどの程度幸いし、彼がそこからいかなる世界観と人間観を形成し、もし彼が芸術家・詩人・著述家であるならば、それらをまたいかに外部に向かって反映したかを示すことである」という言葉を次のように言い換えてみれば明白である。「自然学的世界記述の主要課題であるように見えるのは、自然を人間の研究活動のなかで描き、認識がどの程度彼に逆らい、またどの程度幸いし、彼がそこからいかなる世界像と自然観を形成し、もし彼が著述家であるならば、それらをまたいかに外部に向かって反映したかを示すことである。」

客体である自然と主体である人間の精神的相互作用から出発する著述家としてのフンボルトの構想も、親友のファルンハーゲンや出版者のコッタに対して述べられているように、いかにもゲーテ的である。そこで彼は第一巻において外界の自然を理性の認識対象として規定し、その客観的な研究が心情にあたえる楽しみを段階的に示したあと、第二巻において逆に自然現象が人間の主観的な感情に及ぼすさまざまな影響を内面に映る自然として指摘し、その表現である詩歌と風景画、その代替物としての異国趣味植物栽培の意義を称揚している。「われわれはさまざまな客体の範域から感覚の区域へ入っていく。観察の主要成果はファンタジーから遠ざかって純粋に客観的な科学的自然記述に属しているのであるが、厳密に配列されて本書の第一巻に自然絵画の形で呈示された。いまやわれわれが考察するのは、外的感覚により感じ取られたイメージの感情および詩的気分にある想像力への反映である。われわれに対して開かれるのは内部の世界である。」（第二巻序論冒頭）十九世紀後半に、自然科学者が合理的認識だけではなく、文化全体における想像力とファンタジーの役割を強調したことは、ロマン主義的自然哲学に対するアンチテーゼとして実証的精密科学が台頭してきた時代において、ゲーテ時代におけるように両者の相対的権利をふたたび容認しようとする前例のないことであった。

『コスモス』短縮版の刊行者ヴィルヘルム・ベルシェ（一八六一―一九三九）によれば、第二巻が刊行されたとき、読者の多くは、この部分こそ第一巻の第二序論を詳述した『コスモス』の核心であると認識したといわれる。ハンノー・ベックにより高く評価されている解説のなかで、彼は次のように述べている。

「ページ数のことなど気にせずに全体の構図のなかで占める膨大なスペースを使ってそれが提示しているのは人間の完全な文化史で、世界概念に焦点が合わされている。叙述されているのは、人間が視覚と思考の地平を層的に拡大することにより世界の中へ成長していく有様である。まず狭い地中海、それから諸民族の大規模な混血、さらにローマ帝国とキリスト教における諸民族の高次の一致がこの視覚の成長を活性化する。大航海時代における視野の巨大な拡大は（この知見はフンボルトの専門的研究の特殊分野であった）地球の全貌を見せてくれる。望遠鏡の発明により宇宙的まなざしが真の天球へ導かれる。銀河と星雲までの地平が開かれる。これらすべてが八章にわたりドラマティックに高められて繰り広げられる。フンボルトの筆力はここで至るところ最高潮に達する。渾然一体となった叙述でありながら、光輝あるディテールは、適切な夥しい事実、精緻な特徴的シルエット、自分自身の無制限ともいえる資料の宝庫からの個人的追加に満ちているので、何度読み返してもこの書物のすべての星を数え尽くすことはできず、絶えず新しい星を発見する——昔も今も。」

実際、著名なオリエント語学者で詩人のリュッケルトは『コスモス』を「ドイツの顕彰碑」と呼んで讃美した。ウィーン会議の保守的政治家メッテルニヒさえ、この書物が彼にあたえた「至福の時」について語った。フンボルトからそれを捧げられたプロイセン王フリードリヒ・ヴィルヘルム四世は著者に最高勲章を授与し、世界的に有名な侍従の栄誉のためにコスモス・メダルの図案をみずから作成し、ロマン派の画家ペーター・コルネリウス（一七八三―一八六七）に仕上げさせた。そして、のちに植物学者としてベルリン科学アカデミーの会員となる詩人シャミッソーの『ペーター・シュレミールの不思議な物語』（一八一四）の第二章には未来の予感的な夢として早くも「おまえの前にはハラー、フンボルト、リンネの本が開かれていた」というシュレミールの言葉が記されている。巻末で主人公は、たまたま手に入れた一足で七マイル飛ぶ魔法の長靴をはいて、作者そのもののように、北極から熱帯までフンボルトのように世界中を研究旅行するのである。探検旅行者としてのフンボルトの名声については、カール・フリードリヒ・フォン・マルティウスのバイエルン科学アカデミーにおける、第二章3で全文を引用したかの「追悼の辞」に「われわれの大陸は、数々の不幸な戦争に見舞われているあいだ、大洋のかなたの諸国から隔離されていた。いまや生きいきとした精神の持主が、熱帯の太陽光線、アメリカから魔法の園の香気をドイツの霧のなかへ投げ入れてくれた。いやしくも科学の友、科学の学徒で、遠い大陸の情景をうっとりとした憧れの念を抱いて眺め、それらにより内面的に豊かにされなかった人はいない」と言われていたとおりである。

ところが、これと裏腹に国王の側近筋からは、世界中で尊敬された「宮廷民主主義者」に対する政治的な陰謀が企てられるようになってきた。また聖職者のなかには、創造主の存在がほとんど感じられない『コスモス』の「無神論的傾向」を批判する向きもあった。深い自然感情に関する旧約聖書の詩篇やギリシア教父たちからの多数の引用は、彼らの目に止まらなかったのである。フンボルトも、一八五二年八月、ある友人に「自分が嫌われ者になってしまった」と伝え、「革命家、瀆神的なコスモスの著者としてとっくに国外追放になっているも同然です」と苦衷を述べている。彼が宮廷の保守主義者たちから、一八四八年の三月革命に共感している「革命家」とみなされたことについては、かつての東独における啓蒙的なフンボルト研究者ヘルベルト・スクルラの所見が参考になる。「フンボルトは主として生物学的なもの、とくに植物学的なものに規定された彼の考察方法により時々さまざまな社会理論に傾き、これらは諸民族の種々異なった発展におよぼす、自然景観に制約されたいろいろな気候学的影響を過大評価するのである。」「気候学的影響」はヘルダー以来の風土論を示唆しており、今日、自然環境と気象の問題（エコロジー）が人々の重大な関心事となるにつれ再び脚光を浴びている。

いずれにしても、アレクサンダー・フォン・フンボルトの科学的主著の世界的反響をあかししているのは、それがハンノー・ベックにより「十九世紀のベストセラー」と呼ばれるほど急速に普及した事実と、次々に出版された数々の翻訳である。最初の英訳のひとつは一八四五年にすでに刊行され、それに続いて三つの翻訳がロンドンとニューヨークで出版された。一八四六年には二つのイタリア語訳、オランダ語訳、デンマーク語訳が出はじめた。三つの異なった、部分的に不完全なフランス語訳のうち最初のものは一八四七年に由来する。これに続く外国語への翻訳は、ロシア語訳（一八四八—五七）、スペイン語訳（一八五一／五二）、ポーランド語訳（一八五一／五二）、スウェーデン語訳（一八五二—五八）、ハンガリー語訳（一八五七／五八）である。原著第三巻と第四巻、まして第五巻遺稿の本文は大部分翻訳されないままである。日本語による全訳はいまだにない。少なくとも『コスモス』前半二巻に収録されている序論的諸論考とそれぞれの本論「自然絵画」および「自然学的世界観の歴史」が、後半三巻の三つの序論とともに日本語で読めるようになれば、それは十九世紀の科学史を知るために歴史的価値があるだけではなく、このような自然の見方がかつて可能であったということは、一種の文化遺産として記憶されるに値すると思われる。これまでドイツで出版された短縮版あるいは選集において現代にも通用するとして取り上げられているテクストも、原則として最初の二巻からの、注解を省略した本文に限られている。

なお付言すれば、ウィーン大学天文台長ヨゼフ・モイラースがプロイセン科学アカデミーの委嘱でAcademica Cosmologica Nova 学会において、一九八〇年代から『コスモス』の科学的現代版を準備しているとのことである。ゲーテ時代まで、ヨーロッパ思想の基本的カテゴリーは神・世界・人間であった。しかしゲーテが自然との関連においてなお神や神性や神的なものについて絶えず語っていたのに対し、フンボルトのコスモス論において神はいわば棚上げされ、世界法則は原則として星辰の領域と地上の領域のなかで探究される。カール・フリードリヒ・フォン・ヴァイツゼッカーやアドルフ・ポルトマンも名を連ねていた新しい宇宙論学会は、さらに一歩進んで人間・地球・宇宙空間を一つの閉ざされたシステムとみなし、グローバルなエコロジー（環境保護と環境形成）を思考の原則として掲げ、「村の小川の機能も大気圏の物理学も回避可能な部分的危険分析の出発点」としている。そのため同学会はコロキウムをかさね、フンボルトの宇宙論的全体性思考の表れである『コスモス』を、太陽系・生命系・人間系を統一体として把握する学際的生態学の見地から、現代の読者のために改訂しようとしているとのことである。フンボルト自身も、十九世紀半ばまでに達成されたあらゆる自然科学的認識を『コスモス』において集大成するにあたり、さまざまな分野の専門家に記述の正確さをチェックするよう依頼していた。校正刷りはパリ、ベルリン、ケーニヒスベルク、シュレジエンをひっきりなしに往復した。しかしながら、人文学的自然科学者として彼が青年時代からめざしていたのはあくまで「物質的自然と人間の精神的自然の調和」、そしてコスモスの語源どおり究極において、自然の事物により世界の美と秩序を証明することであった。

3　自然研究促進のための芸術的手段

フンボルトの顕著な人文学的傾きは、星をちりばめた夜空と地表をおおう植物のカーペットと万年雪に輝く山々で装われた大地の美しさを心情で充分に感じ取り、その自然科学的描写である「自然絵画」をこれらのさまざまな反映像で飾ろうとすることであった。それら全体が包括的な意味で自然画の概念であった。それゆえ、膨大な学識にもとづくドイツ語による著述『コスモス』全五巻（一八四五―六二）は、専門の科学者たちだけではなく、なによりも自然科学について常識的な知識しか有しない一般の読者にも向けられていた。彼はみずから「（コスモス講義における）多くのことは、個々の博物学的部門に精通している人々によってのみ深く理解されるであろう。しかし私の講演はいつも、あまり知識のない人々になんら妨げとならないように行なわれている」（一八四一年四月二十八日付ファルンハーゲン宛）と記していた。実際、自然研究を通俗化することなく、自然知を大衆に親しみ深いものにしたことは『コスモス』の功績の一つとみなされている。そのうえ聴衆と読者のなかには教養ある多くの婦人が見出され、この著作は女性の知的水準を高めるのに大いに貢献したといわれる。

このような読者にとって理解しやすいとフンボルトが考えたに違いないのは、ごく初期のヘルマン・クレンケ原著のフンボルト伝第六版（一八七〇）に指摘されているように、予備知識なしに広大無辺の宇宙空間のまえに立たせられるよりも、親しみ深い美術館の壁面にかかっている風景画を眺めることである。理想的な筆致は画家の想像力ないしファンタジーのなかにだけ理念的にあるのかもしれない。しかし、ここでわれわれの目を楽しませるのは、青空を背景に山々が遠くに聳え、近くに小高い森や絶壁が屹立したり、谷間の苔むす岩塊から清冽な小川がほとばしり出たりする自然画である。巧みな構図のなかで光の明暗、褐色や灰色の岩石、動植物の微妙な色彩、流れる水の色調も調和を保たれている。ところが、これらのモチーフは、ゲーテ時代における写実主義の絵画の場合たいてい、われわれがかつて多かれ少なかれ旅したことのある現実の風景から取られたものである。われわれは記憶のなかで眠っていたさまざまな形象を新たにしようと努め、それが目のまえにある自然画と一致するか否か検証しようとする。こうして記憶をふたたび呼び覚まされると、われわれは戸外におけるもともとの自然の楽しみがいっそう高められるのを感じる。

まして眺められた絵が、好奇心を呼び起こす異国ではなく母国の自然の親しみ深い情景を描いている場合、われわれは想像をたくましくして、涼しげな渓谷に横たわる小道をたどって深い森に分け入り、その水源を探し求めることができる。そして、しまいにわれわれは精神のなかで人跡稀な高山の峰によじ登り、その頂から教会の塔や牧場の見える人里への広々とした眺望さえ楽しむことができる。さらに、小川のほとりの木陰ですごした楽しい生活体験まで思い出すならば、自然画はおのずから画家あるいは自分の人生とまで結びついていく。人間の手になる狭く限られた自然画の場合でさえこうならば、計り知れない宇宙の万有を眺めたさい、それはいかほど多く当てはまることであろうか。巨視的なマクロの世界から目に見えないミクロの世界までその精緻なロゴス的構造は、あらゆる時代にあらゆる民族のもとで驚嘆の念を惹き起こし、想像力あるいはファンタジーを熱狂的な夢想にまで掻きたてたり、分析的な悟性を真摯な洞察に富むさまざまな理性的考察へと導いていったりしたのである。

フンボルト『コスモス』の根底にある第一巻本論「自然絵画」の構想は恐らくこのようなものであり、それは序論的考察の前半「自然のさまざまな種類の楽しみ」において分かりやすく説明されている。ここで示されているのは、自然を眺めることが与えてくれる楽しみの最初の感性的段階がさまざまな力の作用への科学的洞察に依存していないこと、そればかりではなく、われわれを取り巻いている地方の相貌的性格の認識にもほとんど依存していないということである。

「平原では単調に群生する植物が地面を覆い、われわれの目は果てしない遠くの光景を見て安らぐ。海の波はやさしく岸辺を洗い、アオサ属（緑藻）と緑なす海草によってその流れを表示する。

至るところでわれわれの心を貫くのは自由闊達な自然という感情であり、その〈内的な永遠の法則に従って存続している〉ことがおぼろげながら予感される。このような種々の刺激には神秘的な力が宿っている。それらは気持を明るく和らげ、疲れた精神を元気づけ爽やかにしてくれる。また心情が深い苦痛にさいなまれたり、激情の嵐に襲われたりしているときには、しばしばそれを慰めてくれる。それらに備わっている厳粛かつ荘重なものは、ほとんど意識されない自然の高次の秩序と内的合法則性から生じている。さまざまな形成物が永遠に反復されるというこの印象は、有機体のきわめて特殊な形状のなかに普遍的なものが反映されているからである。それはまた、道徳的に無限なるものと、われわれが逃れようと努めている自分自身の狭隘さのあいだにあるコントラストにある。地球のどの地帯においても、動植物の変転する形態変化が見られるところでは至るところ、知的教化のどの段階においても、これらの内面の癒しは人間にあたえられている。」（「序論的考察」）

次に、同じく感情に訴えるいま一つの観相学的な自然の楽しみがある。「それは、われわれがたんに戸外に出ることではなく（ドイツ語で意味深長に〈自由なところへ出る〉というように）、自然の中のある地方の個性的性格、いわば地球表面の相貌的形態のおかげである。このような種類のさまざまな印象は比較的生きいきとして明確であり、それゆえ心情の特別な状態に適している。」個別的な自然の楽しみの諸段階を表示しているのは刺激の強さではなく、むしろそれらが生みだし、それらに継続を付与する知見と感情の一定の範囲である。しかしながら、これらの感性的な自然の楽しみが本質的に高められるのは、心情へのさまざまな刺激にもう一つの第三の楽しみ、すなわち「観念から生ずる自然の楽しみ」が加わる場合である。というのは、「相争う四大（始原的エレメント）の戦いのなかで、秩序あるもの、法則的なものが単に予感されるだけではなく、理性的に認識される」からである。「さまざまな現象の一般的概観」である自然絵画とはこれらの指導理念に従って連結されたものにほかならない。

「人間はその教化の種々異なった発展段階をへながら、大地に呪縛されていることはあまりなく、しだいに精神的自由へ高まっていくものである。すると彼はもはや暗い感情、自然における根源的猛威の統一性の静かな予感で満足することはできない。分析し秩序をあたえる〔分類する〕思考能力がその権利を主張しはじめる。全被造世界にみなぎる生命を目にしたとき、人類の教化に応じて成長してくるのは、諸現象の因果関係に、より深く浸透しようとする絶えざる衝動である。」

この科学的段階においては、自然の直接の楽しみに人類がそれぞれ到達した教化の程度に応じて限界がもうけられているとはいえ、認識の階梯において漸進的に上昇する意識は、考える人間に新しい間接的な楽しみの泉を開くことができる。知識が高まるにつれ、まだ解明されていない自然の神秘もますます明るみに出され、性急に研究成果をあげようとする人間は意気阻喪してしまうかもしれない。しかし科学研究を歴史的に考察し、新旧の研究成果を冷静に比較するならば、先人の努力をそれなりに評価することを学ぶと同時に、達成された科学の進歩に喜びを見出して安心立命の境地に達することもできるであろう。多くの人々が第一段階の自然の美を感受し、嘆賞する文学的あるいは美術的能力を有していることは自明である。また風景画家は意識しているか否かを問わず、多かれ少なかれたいてい第二の自然観相学の段階で創作している。ここですでに植物・動物・岩石あるいは雲の形態に関するほとんど博物学的あるいは気象学的な知識が必要とされてくる。ただ問題は自然科学者が、人間としてこのような自然愛好家あるいは芸術愛好者であることをやめずに、第三段階の専門的な自然研究にいそしむことが可能かどうかということである。たとえば科学者デュ＝ボア・レイモンは、詩人の自然研究を過小評価しながらゲーテの文学作品を愛読し、『ファウスト』第一部を暗記していたといわれる。

もちろん身近な自然環境は限られており、研究者でもすべての人々が遠方の風景や動植物にアプローチできるわけではない。たとえば十八世紀のベルリン市民にとって、南欧へ旅行し、スイスのアルプスやイタリアの景色を体験することはまだ容易ではなかった。まして大多数のヨーロッパ人にとって、新大陸へ旅し、少数の探検家たちから喧伝されたり称揚されたりするアメリカの原始林や熱帯雨林を追体験することは不可能であった。感性的第一段階にある彼らの想像力に現地の自然を多少とも近づけるため、写真のない時代においては、絵画的記述あるいは植物の相貌的性格にもとづく的確な風景画による芸術的第二段階の仲介がぜひとも必要であった。また万有の知識、天地を支配する永遠の法則に関する知見は、天体望遠鏡が普及していない時代において、教養ある読者たちのもとでさえまだ大幅に欠如していた。これに反し、個々の自然科学、天文学・地質学・物理学・化学・動植物学が多種多様な天体現象と地上の自然現象についてもたらす個別的な研究成果は、しだいに夥しい量に達しつつあった。それらを結びつけて綜合的認識へ導く、すなわち統一的な自然像を一種の自然画として描くためには、感性とともに想像力・ファンタジー・悟性・理性をすべて駆使する活発な精神力がぜひとも必要であった。そのうえ、この知見は人間の実生活にも役立てられなければならなかった。なぜなら、十九世紀に至り、多種多様な科学的認識が国の富のもとであり、これが初めて市民生活を豊かにしていくことを、多くの人々がすでに理解していたからである。
こうしてドイツでは、この科学的第三段階に達するため、古典語中心の人文主義的ギムナジウムとならんで数学と自然科学の諸教科を教えるいわゆる実科ギムナジウムがしだいに数多く創設され、自然科学者たちも科学的知見を利用して産業のための実用的な技術を開発するようになってきた。その実例がフンボルトにより援助されたユストゥス・リービヒ（一八〇三―七三）の農芸化学研究であった。こうした時代の趨勢から生まれ、またその要請に応えようとしたのが、まさにフンボルト畢生の大著『コスモス』である。

「自然に関するこの論述の特別な目的は、生半可な経験から生じ、（優れた文学的素養がありながら）国民の、とりわけ上流階級の間ではびこっている誤謬の一部を正し、そうすることによって自然の楽しみをその内奥の本質へのいっそう深い洞察により増大することである。このような洗練された楽しみの必要性はひろく感じられている。なぜなら、現代独特の性格は、観念の富を増大することにより生活を美化したいというあらゆる知識階級の努力に表れているからである。」

そのうえフンボルトのような包括的精神の持主に付け加わる第四のいわば最高の楽しみが、このような自然科学的認識をあらゆる時代、あらゆる国民にわたって追跡し歴史的に経験する人文学的研究である。なぜなら、シラーによって詩的に暗示されている「観念から生ずる自然のこの楽しみをその最初の萌芽まで追跡するのに必要なのはただ、自然の哲学あるいは古いコスモス論の発展史を一瞥することと」だからである。そのために、ゲーテが『色彩論』歴史編におけるように古今の科学史文献を渉猟し、古文書に言い表されているさまざまな臆測や見解を苦労して集大成しなければならないのは言うまでもない。もとより、さまざまな言語で書かれた断片的な所説を脈絡のある全体へまとめ上げ、読みやすく叙述することは自然科学者の誰にでもできることではない。『コスモス』第一巻の諸現象の概観である「一般自然絵画」とならんでこの楽しみを、第二巻の自然の全体としてのコスモス概念の展開と拡大を扱った「自然学的世界観の歴史」において追体験できるようにしてくれた人文学的自然科学者が、ほかならぬフンボルトである。彼の手引きにより読者は、受け身の自然体験あるいは風景画による間接的自然観照から、さらに自然現象の全体的概観という最高の段階にまで導かれるのである。

4　理念的自然像としての世界観

自然の科学的考察そのものについては、第一巻序論的考察の後半「世界法則の科学的探究」において当時の最新のさまざまな発見と研究成果に言及され、「数量的関係を測定し見つけ出すこと、個々のものの綿密な観察は、自然全体と世界法則に関する高次の知見を準備している」といわれていた。自然の神秘を明るみにだす科学的認識があたかも必然的に、感激した自然感情を冷却し、ファンタジーの創造的な造形力を根絶し、そうすることにより自然の楽しみを妨げるかのように思うのは杞憂にすぎない。そのような偏見は、人間の教化が漸進するにつれて一般に広まる、高次の知的喜びを誤認しているために生ずるのである。フンボルトによれば、「もっとも危険な世界観は、世界を観たことのない人々の世界観」である。真の世界観は多様性を統一性へと止揚し、個にもとづき普遍的なもの、高次なもの、すなわち理念的なものを追求することにある。上述のように、フンボルトのコスモス論において、個々のものは自然の全体との関連においてのみ、世界のさまざまな現象の一部として考察される。それゆえ彼は、個別研究を軽視することなしに、綜合的見方の意義を次のように力説する。

「この序論的考察の目的は、自然知の重要性を叙述することではなかった。それは一般に承認されており、いまさら称揚されなくてもよいからである。私が目指していたのはむしろ以下のことであった。すなわち、特殊な諸教科の徹底的な研究をそこなうことなしに、自然科学のさまざまな努力に高次の〔全体論的〕立場がいかに教示されうるかを説明し、またそこから、すべての形成物とさまざまな力が内部で躍動する一つの生きた自然全体として明らかにされうる事情を示すことである。自然は死んだものの寄せ集めではない。それは〈感激した研究者には〔シェリングが造形美術に関する優れた講演でそう表現しているように〕世界における永遠に創造する聖なる根源的力であって、すべての事物を自分のうちから生み出し、活動しながら創りだす〉のである。これまでただ漠然と言われてきた〈自然学的地球記述〉という概念は、考察の拡大と地球空間および天体空間にあるすべての創造されたものを包括することにより、〈自然学的世界記述〉の概念へと移行する。これら二つの名称の一つは他のものに即して造語される。しかし私が理解する世界記述すなわちコスモス論は、最も一般的かつ重要な研究成果の百科事典的総括ではない。」

ここで表明された立場から、自然学的世界観へのいわば入門講義である第一巻第二序論において、フンボルトの著述計画はさらに個別化される。序論的考察の冒頭にすでに記されているように、彼が『コスモス』を執筆するにあたり最も恐れていたのは、大プリニウスの『博物誌』に対する高い評価にもかかわらず、百科事典的な皮相的論述に陥ることである。「この著作において、自然現象は一定の視点から考察されることになるが、それらの視点が高ければ高いほど、基礎づけるべき科学の境界はそれだけいっそう明確にされ、すべての親近関係にある教科から区別されなければならない。自然学的世界記述は、すべての創造されたもの、空間内にあるすべての存在（自然の事物および自然のさまざまな力）が同時に存続している自然全体の考察である。それは地球の住民である人間にとって、二つの主要部門、地上部門と星辰部門に分かれる。自然学的世界記述の科学的独立性を確認し、他の諸分野との関係、ほんらいの自然学すなわち一般物理学、博物学すなわち自然誌、地層構造学（地質学）、比較地理学すなわち地球記述との関係を叙述するため、われわれはまず地上の（地球学的）部分にとどまることにしよう。哲学史は種々異なった哲学的見解をたんに羅列したものではない。同様に世界記述の地上部分は、上記のさまざまな自然科学の百科事典的集合体ではない。」それゆえ、コスモス論における自然学的世界記述は、けっして自然科学百科事典と混同されてはならないのである。

これまでの叙述から明らかなように、フンボルトの語法において「世界」とは天と地、地球と宇宙空間を包摂する大自然の意味であって、これに対応して世界観とは自然観のことである。それらはまた精神のなかで描かれた理念的な像としての世界像ないし自然像である。感性にもとづく個別研究である限りそれはあくまで実証的な自然科学であるが、全体像というものは常に哲学的思考の所産である。フンボルトの自然研究がこのようにすべからく人文学的自然科学であることは、『コスモス』の表題から概観されるとおりである。この著述は全体として「自然学的世界記述草案」という副題を持ち、物質的世界だけでなく精神的世界をもある程度まで包括するものである。とくに原著第一巻および第二巻はもともと全巻の序説「プロレゴメナ」として意図されているため、その内容は必然的に人間における知情意の調和をめざす「自然絵画」と「世界観の歴史」を中心とした人文学的なものである。これに対し、第三巻と第四巻は十九世紀において達成された自然知の集大成として、はるかに自然科学的である。その草案において孤立したさまざまな事実の百科事典的堆積が避けられなければならなかったのは、「物体の世界全体を囲繞している共通のきずなの存在、永遠の法則の支配、諸現象のグループ全体の因果関係をこれまで認識された限り直観的に現出させる」ためなのである。それは具体的にたとえば以下のように、一種の科学的エッセイとして描かれている。

「長い航海ののち、故郷から遠くはなれて初めて熱帯の国に足を踏み入れたとき、険しい岩壁を見てわれわれが嬉しく思うのは、ヨーロッパの地を離れたときと同じ岩石類〔粘板岩あるいは玄武岩状の晶洞石〕を見出すことである。それらの広範囲に分布しているという事実は、〔現在の科学的認識とは異なる〕太古の地殻が現在の気候風土の外的影響にかかわりなく形成されたことを実証しているように見える。しかし、この見慣れた地殻はさまざまな形態の異質な植物相で飾られている。北方地帯の住民であるわれわれにそこで明らかにされるのは、見慣れないさまざまな形をした植物、圧倒的な大きさの熱帯有機体と異国趣味の自然に取り囲まれながら、人間の心情がそれらと同化する不思議な力である。われわれはすべての有機的なものと親近性を有していることを感じる。そのため、最初は故郷の景観が故郷の方言と同様われわれにより親しみ深く、自然の特有な魅力により、われわれにかの繁茂する異国の植物よりも親密感を抱かせずにおかないと思われたのに、われわれはやはり間もなく熱帯性ヤシの気候に帰化されることができると信ずるようになる。あらゆる有機体の形態が神秘的な仕方で関連している（われわれは無意識に、この関連が必然的であるという感情を持っている）ことにより、かの異国趣味の形状のものはわれわれのファンタジーに、幼年時代われわれを取り囲んでいたさまざまな形状のものが高められ洗練されたかのように立ち現れてくる。こうして、暗い感情とさまざまな感性的直観の連鎖から導き出されるのは、のちの理念的結合をつくりあげる理性的活動と同様、次のような認識である。すなわち、それは人類のあらゆる教化段階を貫くもので、共通かつ法則的、それゆえ永遠のきずなが生きた全自然を囲繞しているということである。」

しかしながら、これは熱帯地方へ初めて旅したロマン主義的遍歴者の単なる自然感情の表白ではない。その少しあとに、熱帯を体験した自然研究者の冷静な観察の記述が見出される。ゲーテが「科学する詩人」であるとすれば、フンボルトはいわば詩作する科学者である。

「赤道に近い山岳地方には、あまり注目されていない別の長所がある。それは地球の表面で、最も狭い空間内で自然の多種多様な印象がその頂点に達する部分である。新グラナダ（現在のコロンビア）とキトの深くえぐられたアンデス山脈において人間に恵まれているのは、あらゆる形態の植物と夜空のあらゆる星辰を同時に見られるということである。一度に見渡せるのは、食用バナナ類の木、高い羽状のヤシの木、タケ類、そして熱帯世界におけるこれらのさまざまな形状の植物の上方に樫の木の森、セイヨウカリン類、繖形花序の植物が茂っている。あたかも、われわれのドイツの故郷におけるかのようにである。また一目で見渡せるのは、南十字星、マゼラン星雲、北極星をまわる小熊座の指針となる星である。ここでは地球の胎内および天空の両半球が、その諸現象と種々さまざまな形成物の全容を開示しているのである。そこではまた、さまざまな気候風土と、それらに規定された植物ゾーンが層をなして重なっている。」

「自然研究への刺激手段」という表題の原著第二巻の序論的巻頭論文は、ほんらい読者をより高い段階の自然の楽しみへ導いていこうとする広義の方法論であって、自然研究へ刺激するための手段として自然景観の美的取り扱い、動植物界に関する生きいきとした叙述、とりわけ（当時の）非常に現代的なジャンルである文学的自然記述と植物観相学的に把握されはじめた限りにおける写実主義的な風景画、さらに、ますます普及しつつある熱帯植物の栽培と異国趣味植物のさまざまな形態の対照的配置が挙げられている。そして、これら三種類の哲学的自然理解への刺激手段が各論的に詳述されたあと、本論の「自然学的世界観の歴史」において、さまざまな時代に自然がいかに科学的に記述されてきたかが取り扱われる。「漸進的発展の主要時期と自然全体としてのコスモス概念の拡大」を標語的に列記すれば、エジプト人をはじめとする地中海文化、ギリシア人、ローマ人、中国人、古代キリスト教、インド人、アラビア人、ルネサンス、大航海時代の近代の順である。それは美的感情を伴った「地球は青かった」という（不幸にして事故死した）現代の宇宙飛行士にまで及ぶ系譜である。それらの共通項は「自然絵画」と表現される自然の観照的な見方であり、これは芸術的に描かれると詩的紀行文や風景画になる。哲学的に言語で表現されれば、それは理念的自然像ないし広義の世界観である。そのさい自然科学者フンボルトの人文学的特徴は、あまり知られていないアメリカ発見史研究においてさらに顕著であるように、科学史的よりも文化史的に事物の歴史的発展を考察することである。

そこで「コスモス」と表示される森羅万象は星辰と地上という二つの視点から眺められ、前者は原著第三巻「さまざまな宇宙現象の分野における観察の特殊な成果」、後者は第四巻「さまざまな地上現象の分野における観察の特殊な成果」において詳細に取り扱われる。特殊な研究成果を扱うのが本来の「教科」である。しかしながら、地球上の自然はそれまでしばしば言及されてきたので、叙述にたびたび重複の指示あるいは参照の必要が生じてくる。そのうえ天文学的記載は、当時としていかに精確であっても、十九世紀後半までの科学史的認識を反映しているだけで、かなりの部分が二十一世紀の現代においてはもう時代遅れになっているかも知れない。フンボルト自身がこれを強く意識しており、原著序言においてすでに、「よく言われるように、自然科学の古い著述は時代遅れで読むにたえないとして忘却に委ねられてしまう。しかし自然研究への真の愛とその崇高な価値に鼓舞されている人は、未来における人知の完成を思い起こさせる何物によっても意気阻喪することはない。この知識の多くの重要な部分は、宇宙空間における諸現象においても地上の諸関係においてもすでに、ほとんど揺るぎない確固とした基盤を得ている」と述べている。

これに対し、自然の全体像を把握するという理念的立場でのフンボルトの自然哲学は、物質に対する精神の優位を前提にしている限り、最終的に十八世紀ドイツにおけるイデアリスムという言葉の二重の意味で、すなわち観念論と理想主義であることが判明する。それは彼がシェリングだけではなく、ヘーゲルをも引き合いに出している箇所に窺われる。

「ところで、自然を精神的なものの領域に対比させ、あたかも精神的なものが自然全体のなかに含まれていないかのように思う人がいるかもしれない。あるいは自然と芸術を対立させ、後者を高次の意味で、人間性におけるあらゆる精神的生産力の総体とみなすかもしれない。しかしながら、これらの対立するものは自然学的なものと知性的なものを切り離し、〈天地を包括する〉世界の自然学が経験的に集められた個々の事象のたんなる集積に貶められることになってはならない。科学が初めて始まるのは、精神が〈素材としての〉物質を自分のものにし、夥しい量の経験を理性的知見に屈服させようと試みるときである。科学は自然を志向する精神である。しかし外界が存在するのはわれわれのためのみであり、われわれはそれを自分の内部に受け入れ、それがわれわれの内部で自然観へと形成される。精神と言語、思想と受胎させる言葉が神秘的に分かちがたく結ばれているように、われわれ自身にいわば無意識のうちに、外界は人間の内奥のもの、思想および知覚と融合するのである。ヘーゲルが『歴史哲学』のなかで表現しているところによれば、〈外界のさまざまな現象はこうして内面の表象へと移し替えられる〉。客観的世界はわれわれによって考えられ、われわれの内部へ反射されることにより、われわれの精神的生存の永遠かつ必然的な、すべてのものの条件である種々の形式〈カントのいうカテゴリー〉の支配下に置かれるのである。」

もとより、精神の所産である優れた人文学的著作が古典として不朽であるのに対し、物質に関する自然科学的知見そのものは日進月歩である。しかしコペルニクスやケプラーからダーウィンやアインシュタインまで科学史上の名著も、この意味で宗教の聖典や卓越した文学作品あるいは哲学書と同様に古典とみなされる。両分野のこの質的相違を明確に認識し、それぞれの意義を正当に評価しなければ、フンボルトの畢生の大著はその学問的価値を大幅に失いかねない。特筆大書すべきは、『コスモス』が精神史的に、自然科学の綜合をめざした最初で最後の雄大な試みであったことである。それは『自然の諸相』においてすでに着手されていたように、十九世紀半ばのヨーロッパにおける自然知全体を集大成しようとするものであった。そればかりではなく、該博な歴史知識にもかかわらず人文学の領域へ入っていくことをほとんど断念するものであった。ヴィルヘルム・フォン・フンボルトを兄とし、ゲーテおよびシラーと親交のあったフンボルトには、その必要もなかったと考えられる。注目すべきことに、ドイツで出されているこの著作のいくつかの短縮版は、それぞれの時代になんらかの意味で「現代のために」という編集方針を打ち出し、個別科学的な第三巻と第四巻の専門的詳論を全部省略し、第一巻と第二巻の人文学的部分を「内容とフォルムにおいて不滅」（W・ベルシェ）と称揚している。しかしこの傾向さえ、その後ヴィルヘルム・ディルタイ（一八三三―一九一一）により自然科学と異質のものとして基礎づけられた精神科学が過小評価される二十世紀以後の欧米において、今後いつまで続くか分からない。

二〇〇四年、フンボルトのヨーロッパ帰還二百周年を記念して『コスモス』原著の大型一巻本がアメリカ探検旅行およびロシア・アジア調査旅行に関する多数の地図・図表とともに文明批評家的詩人ハンス・マグヌス・エンツェンスベルガーにより刊行されたが、その反響を手がかりとして、十年後にその再版が出版された。二〇〇九年に出版されたアメリカ発見史『新世界の地理学的知見の歴史的発展および十五世紀と十六世紀における航海天文学に関する批判的研究』の豪華本の読書界における反響のほどは不明である。『自然の諸相』の注解付き新版は一九八六年、同じくエンツェンスベルガーの「いま一つの図書館」叢書にすでに出ていたとはいえ、ほんらい画期的であった『植物地理学論考』が自然絵画の図表とともに東独版と西独の復刻版以後、ベック選集版以外に改めて刊行されることは恐らくないであろう。

第七章　フンボルトの人文学的自然科学

『コスモス』は、新しい自然科学的コスモス像の人文学的価値と人文学との連結への省察の書となった。ゲーテとシラーの精神を、たとえばガウスとファラデーの精神と結びつけることは、執筆中にフンボルトの真の目標となっていった。

（ヴィルヘルム・ベルシエ）

1　科学史におけるフンボルトの位置

アレクサンダー・フォン・フンボルトは人文学におけるゲーテと同様、自然科学におけるその卓越した重要性がすでに同時代人から認められていた人間である。ゲーテ時代の著しい特徴は自然と精神の調和であるが、同じ理想を追求したフンボルトはゲーテの死後、ドイツ人としてヨーロッパにおける最大の名声を博していたとさえいわれる。両者は世界に対する普遍的な関心とそれに対応する多様な研究分野、秩序と展望と総括の探究、人類に裨益する実践の努力という点で似ていただけではなく、ともに実生活に距離をおく非政治的人間でもあった。彼のコスモス論によれば、外界の自然はわれわれの精神のために存在し、われわれはその反映を自分の内部に受け入れ、それを自然絵画として把握し、最後に歴史的に発展する理念的自然観へと形成する。ゆえに前章末の引用において簡潔に、「科学は自然を志向する精神である」と要約されているのである。同様の見方は、第一章1ですでに引用したように、ゲーテ『色彩論』教示編「まえがき」に詳述されている。

「ある物事をたんに眺めるだけでは、われわれは裨益されることはない。あらゆる熟視は考察へ、あらゆる考察は思念へ、あらゆる思念は〔理念的〕結合へと移行し、それゆえ、われわれは対象世界を注意深く眺めるだけですでに理論化しているといえるのである。これをしかし明確な意識、自己認識、自由、そして思いきった言葉を用いるならばイロニーをもって行なうためにはひじょうな熟練が必要である。とりわけ、われわれの恐れる抽象を無害なものにし、われわれの望む経験からの帰結をほんとうに生き生きとした有用なものにしようとする場合にそうである。」

広義のゲーテ時代におけるフンボルトの生涯は、一七六九年から一八五九年まで、ヨーロッパ精神史における近代の三つの時期にまたがっていた。ルソー以来のフランス啓蒙主義、イデアリスムスの時代でもあるドイツ古典主義、ドイツ・ロマン主義の自然哲学に対抗するアングロ・アメリカ的な新しい啓蒙主義である（ルドルフ・ツァウニック）。一八三二年に死去したゲーテは、イギリス啓蒙主義の再来をもはや体験しなかった。ルソーの自然思想は文芸だけではなくフランス革命という現実政治にも重大な影響をおよぼし、イデアリスムスは第六章4で指摘したように理想主義ないし観念論というドイツ的二面性を有し、科学技術時代の到来を告げる新しい啓蒙主義はキリスト教的な精神主義ないし唯心論に対する唯物論ないし実証的精密科学を生み出した。フンボルトの浩瀚な著作はこれらの時代思潮を多かれ少なかれ反映しており、その特徴はごく一般的な意味で初期には合理主義的、中期には人文主義的、後期には高次の自然哲学的であったということができる。

そのうえ、フンボルトの時代は大航海時代の転換期にあたり、ジェイムズ・クックの三回にわたる近代的な世界周航（一七六八／七一、一七七二／七五、一七七七／七九年）により、ヨーロッパ人の動植物に関する視野と地理学的知見が飛躍的に拡大された。それらには自然科学者と画家が乗船しているのが常であり、その成果はとりわけゲオルク・フォルスター（一七五四―九四）によりフンボルトに伝えられた。優れた博物学者の父と第二回目の世界周航を共にしたフォルスターは、ある地方の自然景観全体の特色を記述しようとしただけではなく、その独特の美に対する理解をも喚起しようと努めたのである。彼らの先駆者のひとりが、すでに元禄時代に蘭医として来日したドイツ人ケンペルで、少年フンボルトが家庭教師クリスティアン・ヴィルヘルム・ドームを通して知っていたに違いない『日本誌』がドームにより遺稿から出版される以前、ケンペルは一七一二年、みずからラテン語で『廻国奇観』という九百頁以上の大著を出版している。それはフンボルトの『新大陸熱帯地方紀行』が刊行され始める百年まえのことであった。フランスの偉大な博物学者ビュフォンの四十四巻におよぶ『一般的ならびに特殊的自然誌』（一七四九―一八〇四）は独創的な業績というよりも、大航海時代の征服者、冒険者あるいは商人たちのもたらした関連のない断片的知識の集大成であった。

しかしながら十八世紀に至るまでこのような探検旅行は、最初から、ましてもっぱら異国と海洋に関する知見を広めるための科学的研究を目的とすることはなかった。それらにはむしろ、国家的および個人的利益追求の目標があった。大航海時代の人々はインドへの海路、すなわち大西洋を起点に北東あるいは北西へ、貴重な香辛料その他種々の財宝を獲得するために最短距離の航路を探し求めたのである。キリスト教の名をかりたスペインの南米征服者（コンキスタドール）たちの軍事的目的の航海は、宣教師たちの偏見にみちた布教方法とともに、近代史における功罪半ばする二義的な出来事の最たるものである。それまで知られていた世界は、一四九四年、ローマ法王のトルデシラス協定にもとづき、スペインとポルトガルのあいだで不可侵境界線により分割されていた。フンボルトと同行のフランス人植物学者ボンプランが最初に足を踏み入れたスペイン領ベネズエラは、こうしてアマゾン河とネグロ川を境にブラジルから隔絶され、スペインとポルトガルは同じキリスト教国でありながらライバルとして敵対し合っていた。現地のスペイン人たちは純然たる自然研究を目的とする二人の科学者にある程度まで不信感を抱いてはいたが、フンボルトはとにかく本国からの好意的な正式の許可状を持っていた。これに対しポルトガルは、フンボルトが皮肉っているように、人跡未踏の原始林にかこまれた河川地帯を厳重に監視し、フンボルト一行がアマゾン河を越えたらスパイとして直ちに逮捕するよう命じていた。異国人が経済的資源の横たわる地域に近寄ることを警戒あるいは阻止する、キリスト教布教を標榜する植民地勢力同士のこのような敵対関係が地理学的研究調査の大きな障害となったのはいうまでもない。

いずれにしても、フンボルトは科学史上、アリストテレス、アルベルトゥス・マグヌス、ライプニッツの系列につながる最後の偉大な百科全書派であった。自然学的「地球学の開祖」として彼は、鉱山技師・植物学者・動物学者・地質学者・地理学者・気象学者・測地学者・水理学者・天文学者、同時にまた考古学者・科学史家・文化史家・国民経済学者・政治家だったのである。それゆえ、このような自然研究者を一面的に経験主義者・収集家・分析家などと名づけて、特定の研究分野や方法論の専門家に限定しようとするのは的はずれである。彼の基本的態度は本質的に、合理主義的なもの、デカルト的な思考によってのみ規定されてはいなかった。なぜなら、ゲーテの自然研究にそぐわなかった「測定し、数え、量る」ことはフンボルトにとって自己目的ではなかったからである。この分析的方法で獲得された個々のデータは、ゲーテの直観的自然観察のばあいと同じく、自然の綜合的な全体像と自然のさまざまな力の作用への洞察を導き出すための前提にほかならなかった。

ゲーテの論文「動物哲学の諸原理」に詳述されている一八三〇年の有名なアカデミー論争がパリで（七月革命のように）「勃発した」とき、フンボルトはすでにベルリンへ帰国していたが、彼は経験的個別科学を自明とみなし、どちらかといえば、ゲーテが支持するサンティレールではなく、むしろ古生物学を創始したキュヴィエの側に立っていたかもしれない。キュヴィエと同年に生まれたフンボルトが、パリでの長年にわたる研究活動にさいし、自然研究におけるこのような情勢を鋭敏に感じ取っていたことは想像にかたくない。キュヴィエの比較解剖学と相関説という斬新な理論により、被造世界とりわけ動物界を展望し分類する新しい基礎が築かれ、彼から発した科学的刺激により、動物の広い世界を研究するため遠洋航海に出かけ、地球の太古の地層における化石となった生物の残骸を探索しようとする気運が高まってきた。それに伴って生じてきた科学的衝動は、地球体のあらゆる地点を比較しながら探究し、種々異なった形態のあいだに見出されるさまざまな内的関連を獲得された事実によって解明することである。同時にキュヴィエ学派は一切の思弁、すなわち五官による検証のない純然たる思考の戯れを排除し、現存するデータだけにもとづいて新しい研究成果に達しようとしていた。

これに反しあらたに提唱されたのが、発見されたさまざまな標識ではなく、考え出された諸原理により分類しようとする正反対の立場である。それはジョフロア・ド・サンティレール、シェリング、オーケンなどによるロマン主義的自然哲学派の立場である。この収拾のつかない意見の相違に対する調停は、ゲーテがこの生前最後の自然科学論文において提案している、両者の相互作用をおいてほかにないと考えられる。

「彼らは、彼らに提起された同一の課題により、たとえ異なった視点からであれ共同の研究に入る代わりに、研究対象によってではなく、それを扱う見方により敵対的な確執にまで心を奪われ、対立したのである。このように注目すべきケースはしかし、われわれすべてに、科学そのものに大いに参考になる。この機会にわれわれの誰もが言ってほしいのは、分析と綜合が二つの切り離すことのできない生の営みであるということである。多分よりよくいえば、欲すると否とにかかわらず、全体から個へ、個から全体へ行くことは必須不可欠である。精神のこれらの機能が、呼気と吸気のように生きいきと作用すればするほど、それだけ科学とその研究者のためになるのである。」

自然学におけるフンボルトの新しい植物地理学の構想は、上記のように（第五章3）一七九四年十一月十二日付ヨハン・F・プファフ宛の手紙にすでに言い表されていた。しかし彼が南米旅行へ出発する直前にかつての同僚モル宛に書き記したかの言葉、「さまざまな力の協調作用、生命のない被造物が生命のある動植物界に及ぼす影響、また調和ということに私は絶えず注目していたいと思う」は、綜合をめざす自然研究者としての彼の全活動に対する決定的な発言とみなされる。それは「世界を奥の奥で統べているものを認識しようとする」ファウスト的衝動に通ずるものである。彼も「万象が全体へと織り成される仕組み」を究明しようとしていたのである。ただ原則として数学的・計量的であった点において、その見方は同時に方法論におけるゲーテとフンボルトの科学的立場の違いを明確にしている。一八二九年にフンボルトのロシア探検旅行に同行した動物学者エーレンベルクが、一八五九年五月六日、九十歳の高齢で世を去ったアレクサンダー・フォン・フンボルトに対するベルリン科学アカデミーにおける追悼演説のなかで、「きわめて難しいのは、故人の恵まれた実り多い巨大な生涯を、さまざまな前提条件、錯綜した特殊な諸関係、その多面的な活動に立ち入って概観することであります」と述べているのはこの意味である。

もともと、フンボルトの認識論的立場は学生時代から不変であった。すなわち、彼にとって認識の基盤は経験であり、これは現実のものをあらゆる感覚器官をもちいて観察し探究することに尽きていたのである。ただゲーテ的な古典主義者として、彼はさらに観念論的かつ理想主義的であったばかりではなく、生活感情において多分にロマン主義的でさえあった。彼はカール・アウグスト・ファルンハーゲン・フォン・エンゼに宛てて一八二七年十一月一日にすでに、「自然を生きいきと、しかし真実に（すなわち、観察されたものと厳密に一致して）叙述するいくつかの試論」について書いている。『自然の諸相』に収録された彼の科学的エッセイにおけるように、観察されたものと厳密に一致している言語的表現が、まさに躍動的な自然記述となるのである。この態度によりフンボルトはたしかに、ゲーテ時代の古典主義的イデアリスムスの精神を、十七世紀いらい勃興しつつある全ヨーロッパ的自然科学の実証的・合理主義的精神と一致させることができた。彼が強調していたように、人間は物質的自然、その諸現象とさまざまな形態への洞察を最高度にまで高めなければならない。しかしその際、人間に認識可能かつ到達可能な自然の領域にとどまらなければならない。彼が繰り返し明言していたのは、彼にとって精神的なものは身体的・物質的なものから切り離すことができないということである。『コスモス』において彼が雄大な筆致で示しているのは、人間の魂のなかに外的自然が反映していて、自然的世界と精神的自然が分離しがたく連結していることである。それは『若きヴェルテルの悩み』の第一部五月十日付の手紙にすでに壮大に言い表されているとおりであって（第一章4）、フンボルトは『コスモス』第二巻の巻頭論文「自然研究への刺激手段」の「I自然記述」の結尾にこの作品を他の多くの作品のなかからあえて称揚している。彼は科学的にいろいろな点でゲーテとは異なった道を歩むことになったとはいえ、結局、詩人の若い時代と同じ立場を堅持していたことになるのである。

フンボルトがゲーテと異なる仕方で把握しようとしたのは、とりわけ自然現象のさまざまな因果関係であった。彼は平均値というものを信奉し、南米の自然現象に関するあらゆる調査項目に数字を列挙しようと努めた。これに対しゲーテは自然考察において数学とあまりなじまず、もっぱら目に見える形態のさまざまな変化に注目していた。また彼は『ヴィルヘルム・マイスターの遍歴時代』のなかで描いているように、産業革命が雷雨のようにアルプスの谷間にも押し寄せてくるのを一種の恐れをもって予感していた。しかしフンボルトは科学技術の進歩を、ゲーテよりはるかに積極的に推進しようとしていた。自然科学的研究方法においてゲーテとフンボルトには根本的な違いがあったことは、ゲーテ自身「著者は自己の植物研究の歴史を伝える」のなかで「分析においても私はやや熟練することができたが、それほどの成果はなかった。分析と数えることは、私の本性に合わなかった」と指摘していることから明らかである。とはいえ、両者に共通なのは、経験に先立つ思弁的な自然哲学と異なる経験の反省としての「自然の形而上学」への確固たる信念である。若いフンボルトは『植物地理学論考』の後半論文「熱帯諸国の自然絵画」においてすでに、しばしば演繹的なロマン派の自然哲学と異なるこの高次の立場を明確にしている。「経験主義者は、さまざまな現象が直接提供するものを数え測量する。自然の哲学に保留されているのは、すべてに共通のものを把捉しいくつかの原理へ還元することである。」

分析と綜合は認識における個と全体の関係にほかならず、アリストテレスいらい言われ、『コスモス』の扉モットー「自然の本質と尊厳が啓示されるのは、そのすべての部分が全体としても把握される場合である」（プリニウス『自然誌』第七巻、第一章）にもあるように、全体はつねに個の総和以上のものである。逆に個とは、端的にいえば、五官によって知覚されたもの、観察によって得られた経験である。しかし感覚的に経験できる世界は人間には往々にして乱雑な多様性として現れてくるので、ゲーテは第三次スイス紀行のおりにシラーに宛てて「経験（エンピリー）という百万倍ものヒドラ」について語っている（フランクフルト、一七九七年八月十七日）。個ではなく全体を探究する彼独特の演繹的「導出」の方法論によれば、「緻密なエンピリーというものがあり、これは対象と親密に一体化し、それにより本来の理論となる」（一八二八年十月五日付ツェルター宛書簡）からである。彼にとって、神的自然を忍耐づよく、可能な限り暴力を加えず、想像力ないしファンタジーをも働かせながら知覚することにより、純粋な経験である直観が得られるのである。これに対しフンボルトは、ゲーテ的直観に依拠せず、フランシス・ベーコン以来の帰納法的自然研究に徹することにより、伝統的な博物学あるいは同時代の自然史的自然学から近代的地球学への道を切り開くことになった。

「ゲーテは有機体論的・綜合的自然科学と機械論的・分析的自然科学のあいだに絶対的な対立を見た。フンボルトにとって、ここに対立関係はなかった。彼は分かちがたく同時に分析家かつ綜合家であった。われわれがまさにフンボルト独自の創造的業績とみなさなければならないのは、ドイツ古典主義のイデアリスムスの精神を十七世紀および十八世紀の全ヨーロッパ的自然科学の論理的・合理主義的精神と有機的に結び付けたことである。彼は自然科学のドイツ的本性に規定された世界像を基礎づけた。この世界像は今後もさらに形成可能であり、科学および社会の進歩に役立つことができる。なぜなら、それは人間の内面的なものに操作されたさまざまな力を進歩のために利用できるからである。」（ルドルフ・ツァウニック）

フンボルトは現実に見出される個々の事物を綿密に観察し、それが数に還元される限り最新の観測機器をもちいて精確に測定した。とくに十八世紀の半ばにロンドンで反射六分儀と精確な時計クロノメーターが発明され、高度計が改良されたことにより、さまざまな観測が可能になった。この徹底的に科学的な研究は先入見や偏見を知らない。なぜなら、それはあらかじめ考え出された作業仮説のような理論を特殊なものに当てはめるのではなく、事物のさまざまな現象ないし作用を記録し、それらを分析したあとで初めて一般的法則を導き出そうとするからである。『新大陸赤道地方紀行』のなかで、「種々の研究調査にさいし探究精神は、経験とアナロジーがもはや導き手でなくなるや否や停止する」と言われているとおりである。「自然絵画」について絶えず語るフンボルトは、たしかに、自然美を讃美する詩人的側面をも有している。しかし科学者としての彼は、自然とその法則に関する知見が、思弁によってではなく、自然現象の精緻な観察によってのみ広げられうることを確信している。この意味における自然科学的研究は十八世紀においてヨーロッパ各地ですでに始まってはいたが、帰納法を地理学の全分野とその隣接諸科学に首尾一貫して適用したのが、時代を先取りするフンボルトの卓見であったと言えるであろう。

2 新時代における自然学的世界像

フンボルトは、中南米探検旅行から持ち帰った膨大な資料を整理し「アメリカ旅行記」全三十巻のフランス語版を出版するのに、一八〇八年から二十年の歳月を要した。彼がそのために滞在したパリは、そのずっと以前からヨーロッパにおける自然科学と地理学の中心地であった。イタリアからジョヴァンニ・ドメニコ・カッシーニ(一六二五—一七一二)が一六六九年にルイ十四世により新設されたパリ天文台の台長に招聘されて以来、地球の大きさと形状に関する科学もここで組織的に行なわれていた。それからギョーム・デリール(一六七五—一七二六)とブルグィニョン・ダンヴィール(一六九七—一七八二)が宮廷付地理学者として科学的地図作製術を創始した。こうしてパリは、さまざまな数学的・自然科学的・政治的利害関係からヨーロッパの科学的首都になっていった。『新大陸赤道地方紀行』のドイツ語版は、一八五九年から六〇年に、なおフンボルトの監修のもとにヘルマン・ハウフ(一八〇〇—六五)により四巻本として作成され、オットマール・エッテによる最近の新しいドイツ語訳までここからさまざまな抜粋が刊行された。

当時ここで生活し活動した著名な科学者は、天文学者ピエール・シモン・ド・ラプラース（一七四九―一八二七）、ジョゼフ・ジェローム・ラランド（一七三二―一八〇七）、ジャン＝バティスト・ドランブル（一七四九―一八二二）、物理学者ドミニク・フランソワ・アラゴ（一七八六―一八五三）、ジャン＝バティスト・ビオ（一七七四―一八六二）、化学者クロード・ルイ・ベルトレー（一七四八―一八二二）、ルイ＝ニコラ・ヴォークラン（一七六三―一八二九）、アントワーヌ・ド・フールクロワ（一七五五―一八〇九）、ジョセフ・ルイ・ゲイ＝リュサック（一七七八―一八五〇）、ルイ・ジャック・テナール（一七七七―一八五七）、鉱物学者・地質学者ルネ・ジュスト・アユイ（一七四三―一八二二）、ピエール・ルイ・コルディエ（一七七七―一八六一）、アレクサンドル・ブロンニャール（一七七〇―一八四七）、化石動物学者ジョルジュ・キュヴィエ（一七六九―一八三二）、ピエール・ラトレイユ（一七六二―一八三三）、ジャン＝バティスト・ラマルク（一七四四―一八二九）、エティエンヌ・ジョフロワ・サン＝ティレール（一七七二―一八四四）、植物学者アントワーヌ＝ローラン・ド・ジュシュー（一七四八―一八三六）などである。

これに加えて、ジャン＝フランソワ・シャンポリオン（一七九〇―一八三二）のようなエジプト学者、画家フランソワ・ジェラール（一七七〇―一八三七）あるいはピエール・ジャン・フランソワ・テュルパン（一七七五―一八四〇）のような花専門の画家がパリにおけるフンボルトの同時代者であった。とくにテュルパンはゲーテの挿絵画家としても重要である。列挙したフランスの自然科学者たちは、その他のイギリスやドイツの著名な科学者たちを含め、それぞれフンボルトと同等の専門家、それぞれの個別領域のスペシャリストとしては彼以上の専門家であったかもしれない。しかしジェネラリストとしてのフンボルトが彼らすべてを凌駕していたのは、彼の学識の全体、彼の深遠な洞察の多様性においてである。アレクサンダー・フォン・フンボルトが一七八九年の精神的自己描写においてすでに指摘していたように（序章）、彼は諸国の科学的記述をこえて、種々の理念的結合（コンビネーション）、すなわち一種の観念連合のように「さまざまな考えを結びつけるように生まれついて」（ヴィルヘルム・フォン・フンボルト）いた。彼は観察したもの、体験したものをゲーテと同じく自然全体と関連させるすべを知っていたのである。

もっとも「さまざまな考え」は通常の思想（Gedanke）と区別すればむしろ理念の複数形「思想」（Ideen）ないし観念であり、フランス語版「植物観相学試論」とドイツ語版「植物地理学論考」という表題の「試論」も「論考」も原語は実はともに Ideen である。『自然の諸相』の諸相（Ansichten）が明らかに彼の師友フォルスターが用いている表題『ライン下流の諸相』を踏襲していたように、「植物地理学論考」（Ideen zu einer Geographie der Pflanzen）はヘルダーの歴史哲学的主著『人類史哲学考』（Ideen zur Philosophie der Geschichte der Menschheit）を暗示していると考えられる。フンボルトが自分の科学的主著『コスモス』の副題に用いている「自然学的世界記述草案」の草案（Entwurf）もゲーテの「色彩論草案」と同じ言葉である。これらの言葉遣いからも分かるように、彼はゲーテの美しい科学的エッセイ「花崗岩について」で始まる「宇宙に関するロマーン」のような彼自身の『コスモス』の構想を早くから抱いていたのである。ただ彼は玄武岩を火成岩の最たるものと考えており、花崗岩を少なくとも変成岩とみなしていた。

この構想を実現するために、フンボルトはもちろん『新大陸赤道地方紀行』完成後さまざまな分野で研究を続けた。彼は不屈の精神で多種多様な資料を収集し、精査し、見通しのきく全体「コスモス」の自然絵画へと配列した。そして、もともと自然地理学として構想されたこの著述を謙虚に「自然学的世界記述の草案」と名づけた。『自然の諸相』が「ドイツ国民にもっとも愛好された本」と呼ばれるのに対し、『コスモス』は十九世紀ドイツ文学における最も人口に膾炙した本であったといわれる。事実、その初版は第五巻を除き今日でもなお、比較的廉価で入手することができる。もとよりフンボルトは、このような集大成が時代により制約されていることを知っていた。自然科学の急速な進歩をみずから目の当たりにしてきた彼にとり疑いの余地がなかったのは、『コスモス』のなかで記された科学的認識が繰り返し補充され、後代の研究により部分的にさらに誤りとして訂正されなければならないことであった。それは彼自身が長い研究生活のあいだに行なってきたことであった。ここに科学史の必然性があり、また場合によりこの著述が抜粋あるいは抄訳により読まれなければならない必然性である。これを踏まえ、フンボルトの後継者である人文地理学者カール・リッター（一七七九―一八五九）は、『コスモス』の意義を次のように指摘している。

「さまざまな事象の混乱した偶然性、それらの不幸な孤立した存在形式は消滅した。それに代わって現れてきたのは、地球という有機体におけるさまざまな諸現象の、それまでほとんど予感されることのなかった因果関係であった。それは科学と思弁のあらゆる分野を高次の自覚へと高め、地球上のあらゆる文化民族に自分たちの故郷に恵まれているものが何であるかを教え、これにより彼らの物質的および精神的財産をさまざまな仕方で豊かにしてくれた。」

フンボルトの集大成は博物学的自然研究の終結であったばかりではない。それはまた新時代の始まりであり、自然科学的世界像を獲得しようとする科学史における一連の時期のひとつを代表していた。彼が伝統的博物学の頂点かつ近代的地球学の鼻祖といわれる所以である。自然科学においてある個人が天と地に関するすべての科学を概観するというような大胆な試みは、十八世紀のゲーテ時代においてのみ可能であった。カント、ヘルダー、ゲーテ、シラー、シェリング、ヘーゲルなど当時の哲学者ないし思想家はみな多かれ少なかれこのような普遍性を追求していたからである。もちろん、普遍性は必ずしも厳密性あるいは精密科学の欠如を意味せず、フンボルト自身が動植物や火山に関する自然研究における専門性を体現していた。しかし個々の領域の細分化が進めば進むほど、彼はそれに対抗して科学者の共同作業、いわゆる学際的研究が必要となることを痛感していた。その利点は彼がまさにパリで体験していたことであった。それはまた後年、微生物学者クリスティアン・G・エーレンベルク（一七九五―一八七六）と鉱物学者グスターフ・ローゼ（一七九八―一八七三）を伴って行なわれた彼のシベリア旅行のさいに実証された。そのうえ彼にはゲーテという普遍的人間性の身近な模範があった。自然科学と人文学の典型的な結びつきは、とりわけ詩人の『イタリア紀行』であった。その三度にわたるスイス旅行を綴った紀行文も、彼は『詩と真実』やシラーの文芸雑誌『ホーレン』のなかできっと読んでいたに違いない。

『コスモス』において自然の全体性ないし統一性への洞察を理念あるいは観念、さまざまな「思想」として書き記し、「自然絵画」として描いたのは疑いもなくフンボルトである。しかしアメリカから持ち帰った膨大な資料を整理し科学的に利用するために、多数の植物学者・動物学者・地質学者・物理学者・化学者・画家たちが協力したように、その自然学的世界記述のためのさまざまな歴史的資料は、これら科学者の友人たちが彼に多かれ少なかれ提供したものである。この意味で『コスモス』も無数の専門家の科学的認識にもとづく一種のチームワークの成果である。青年時代から最高齢にいたるまで、フンボルトは自然に関する最新の科学的認識を得ようとし、アラゴやゲイ＝リュサック、ガウスやダーウィンなど、他者の最新の研究と自己の体験により自分の世界像をたえず豊富に拡大しようと努めていた。それぱかりではなく、彼の多種多様な興味、彼の広い人文学的素養と自然についての広範な専門的知識により、フンボルトはこれら科学の進歩を受身に取り入れるだけではなく、それらを自分の研究成果により次の世代へと積極的に促進することができたのである。

そもそも地上の自然を扱う地理学の科学的水準は、十八世紀の末に、数学および天文学とくらべははるかに低かった。フンボルトのフライベルク鉱山アカデミー時代の恩師アブラハム・ゴットロープ・ヴェルナー（一七五〇—一八一七）は、岩石類を組織的に分類し、地層あるいは岩脈からなる地殻の構造を明らかにし始めたばかりであった。しかし彼が地殻の成立を静的に把握し、始原的海からの岩石や化石の沈殿を想定する水成論をとなえたのに対し、新大陸で数々の活火山を観察し動的に考察するほかなかったフンボルトは、学友レオポルト・フォン・ブーフ（一七七四—一八五三）とともに、現代の地球物理学に導く火成論の立場をとらざるをえなかった。彼の研究によれば、岩石類は火山性の噴出物から生じ、さまざまな変成（メタモルフォーゼ）をへて、これらの沈殿した沈積層からはじめて太古の地質年代が水成論的に成立したのである。しかも、それらもキュヴィエの激変説をへてチャールズ・ライエル（一七九七—一八七五）の斉一説により打破されていく運命にあった。

彼の第二の専門領域である植物学においても、カール・フォン・リンネは『自然の体系』（一七三五）により植物の人為分類を確立していた。しかしジュシューが自然分類への道をすでに切り開いていただけではなく、化石生物学の創始者ジョルジュ・キュヴィエの弟である動物学者フレデリック・キュヴィエ（一七七三―一八三八）も動物分類の新しい方法を確立し、フンボルトは彼と活発な意見交換を行なっていた。化学と物理学においても既成の知識のたんなる拡張ではなく、新発見が陸続として行なわれるようになった。ジョゼフ・プリーストリー（一七三三―一八〇四）とカール・ヴィルヘルム・シェーレ（一七四二―八六）が互いに関係なく酸素を発見し、アントワーヌ・ローラン・ラヴォアジエ（一七四三―九四）が燃焼現象を解明して以来、空気の化学的組成は自然科学における焦眉の問題となった。

フンボルトがつとに研究していたのは、緑色素をもたず光合成能力のない、したがって坑内の闇のなかでも生長する隠花植物であった。彼がこのため行なったさまざまな実験について報告した、最初期の著書『フライベルクの植生』はおおいに注目された。なかんずく彼が確認したのは、灰その他の化学物質を添加することにより植物の生長が影響されるということであった。のちにこの分野で研究をつづけたのが若い化学者ユストゥス・フォン・リービヒ（一八〇三―七三）で、フンボルトの庇護のもとにパリで有機化学と農芸化学発展の基礎を築いた。そのほかフンボルトがバイロイトの鉱山監督官として着目したのは、ルイジ・ガルヴァーニ（一七三七―九八）が一七八九年に偶然発見したいわゆる接触電気であった。彼は自分を苦痛の多い被験者にしてまでその実験を繰り返したので、しまいに健康を害して高熱を発するまでになった。しかし彼はこれらの動物電気実験と空気の組成に関する研究を、のちにアメリカ旅行のさいにも続けた。その一例が『自然の諸相』「草原と砂漠について」

のなかで記述されている有名な電気うなぎの場面である。空中電気の研究には、熱帯の激しい雷雨がとくによい機会をあたえてくれた。また彼は、空気が音響の重要な媒体であることに、早くから注目していた。当時、人々はすべての地震が火山活動によって惹き起こされると信じていた。しかしフンボルトは、地震の遠隔地での作用がそれと異なること、それが火山の作用よりはるかに遠くまで及ぶことをすでに確認していた。最近の研究によれば、火山性地震の到達範囲が小さいのは震源地が比較的浅く、いわゆる擾乱という褶曲あるいは断層運動による地震は本質的に震源が深いことに起因しているようである。彼は大陸プレートにより惹き起こされる地震については、まだ知る由もなかった。

とくにメキシコにおける地磁気のさまざまな測定結果によりフンボルトが実証できたのは、地磁気が地球の磁極から赤道に向かって遠ざかれば遠ざかるほど弱まることである。また天文学的な経緯度測定と旅行した地域の作図法的記入にもとづき、既成の地図もたとえば南アメリカの河川系の点でしばしば訂正することができた。ただオリノコ川の水源がエスメラルダに近いところにあると思ったのはフンボルトの誤りで、一九五一年にはじめてフランス・ベネズエラ探検隊により、その正確な位置が、ある村落の廃墟から直線距離にして約百四十キロのところにあると確認された。彼の温度測定はきわめて正確で、後人のよき道しるべとなった。これらの測定値を利用し、同じ平均気温のさまざまな場所を結び合わせることにより彼が作成した等温線は、比較気候学研究の信頼のできる基盤となった。

一八二九年のシベリア旅行のあと彼はアジアでも気象学と地磁気のための観測所網が設立されることを提案した。彼の提案に促されて、「上部カナダのトロントから喜望峰の岬までとファンディーメンスランド〔タスマニア〕まで、パリから北京まで、地球は一八二八年いらい地磁気観測所でおおわれて、それらの中で間断なく、同時観測により地球のいかなる規則的あるいは不規則な変動も把握されている。そこでは磁場強度の四万分の一の減少も測定され、一定の時期には二十四時間続けて二分半ごとに観測されている。（中略）ある自然現象の量的諸法則を探究するために、これほど大規模なよろこばしい努力が示されたことはなかった。それゆえ当然望んでもよいと思われるのは、これらの法則が、大気圏およびさらに遠い宇宙空間で支配している法則と比較して、われわれを次第に、磁気現象そのものの発生論的なもの〔起源〕に近づけてくれるだろうということである」。

気象および気候研究と密接に結びついていたのは、もちろん、動植物の研究である。フンボルトとボンプランがラテンアメリカから持ち帰った植物は六千種にのぼり、その半分以上がヨーロッパの科学者たちには未知のものであった。そのうえボンプランは旅の途中ですでに繰り返しさまざまな種子と取り木を、それらの栽培方法の精確な指示とともに、ヨーロッパへ送っていた。そのため比較的早くから多数の熱帯植物が、少なくとも温室でヨーロッパの風土に馴化された。この異国趣味植物の栽培は、『コスモス』第二巻に「自然研究の刺激手段」の一つとして挙げられている。しかしながら、新種の植物を発見することは決してフンボルトの旅の主要目的ではなかった。彼が追求していたのは植物界の水平面と垂直方向における関連、すなわち、どのような風土的条件のもとでどのような植物が生育し、それらが他の植物とどのような形で孤立あるいは群生するのかということであった。彼は旧大陸と新大陸の一定の気候地帯における植生の一致と差異、植物が地球上に分布するさいの数量的法則、この伝播の歴史的・発生論的展開に照明を当てようとしたのである。この全く新しい問題提起により、彼の初期の著作『植物地理学論考』は、科学的植物地理学の嚆矢であった。

3　自然絵画の理論と実践

『コスモス』原著第一巻の本論「自然絵画」に付されている副題はたんに「さまざまな現象の一般的概観」である。なるほどここでも、「コスモスという雄大な言葉の威厳、宇宙、世界秩序、秩序あるいは飾りは、それを要請しているのである。すると、計り知れなく種々異なったもろもろのエレメント（四大的要素）が一幅の自然画のなかへ押し寄せてくるが、それが静謐と統一という（自然絵画のめざす）調和的な印象を損なわなければよいと思う。これがすべて文学的あるいは純粋に芸術的な構図の究極の目的だからである」と憂慮の念が記されている。しかし科学的エッセイ集『自然の諸相』第三版（一八四九）の「初版への序言」には、自然科学的認識を美的にも取り扱おうとする文学的意図が明言されている。

「どの論文も一つのまとまった全体をめざしているが、すべてに共通して言い表わされることになるのは、同一の傾向である。さまざまな博物学的研究テーマのこの美的な取り扱い方は、ドイツ語の柔軟な表現能力にもかかわらず、構図という大きな困難を伴っている。自然の豊かさに促されて、個々の画像は積み重ねられざるをえず、この堆積は自然の絵画的描写の静謐と全体的印象を妨げる。感知能力と想像力に訴えようとすると、文体は詩的散文になってしまう恐れがある。」そして「第二版および第三版への序言」には、フンボルトの自然研究のこの二面性が、「文学的目的と純粋に科学的目的を結合すること、想像力に訴えると同時に知識を増すことにより人生を思想で豊かにしたいという願いは、個々の部分の配列と、統一ある構図として要請されるものを達成することを困難にしている」と言い表わされている。本来これらの論文こそ、マルティウスのフンボルト追悼の辞において指摘されているロマン主義的時代思潮の期待の地平に応えるものであった。なぜなら、自然を直接あるいは間接に観照して得られる喜びは、自然のさまざまな力の内的関連を洞察することにより増大されるからである。

とりわけ、中南米旅行から帰国後の最も初期の論文である「植物観相学試論」において、フンボルトが文学的目的として原則的に主張しているように、「岩石類の鉱物学的知見が山岳学と区別されるように、個別的自然記述と異なるのは一般的記述、ないし自然の観相学である」。科学的目的と異なるこのような観相学的叙述においては、世界のさまざまな方位にある自然の性格に関する知識は、人類の歴史とその文化とも密接に結びついている。しかし、世界の異なった方位の性格は同時に自然のあらゆる外的な諸現象に依存している。山脈の輪郭、動植物の相貌、空の青さ、雲の形、大気の透明さが全体の印象を惹き起こすのである。とはいえ否定できないのは、この印象を規定する最たるものが風景画において描かれる植物の覆いだということである。動物の有機体制には量塊というものが欠けているからである。なるほど、われわれが植物の覆いの広がりに向けたのと同じ眼差しが明らかにしてくれるのは満ちあふれる動物の生命であり、これは植物の覆いによって養われ維持されている。しかし、百花繚乱の植物界が剝きだしの地球体のうえに広げる絨毯の織り方はふぞろいであって、画家がスイスの自然、イタリアの空という言葉で表示するものは、この局地的な自然の性格を漠然と感じていることにもとづいている。空の青さ、光の度合い、遠くの香気、動物の形態、草本のみずみずしさ、葉の輝き、山々の輪郭、これらすべての要素は、ある地方の全体的印象を規定しているのである。類型論にちかいフンボルトの植物地理学における、ゲーテの原型に代わる範型思想は、この自然の観相学からの帰結である。一年後にフランス語とドイツ語で同時出版された著書『植物地理学論考』(一八〇七)に先立ち、それはこの論文において次のように言い表されている。

「このように自然を一目で包括し、局地的現象を捨象することのできる人が認識するのは、生命を付与する気温の上昇とともに、極地から赤道にかけて、有機的な力と充溢する生命もしだいに増大していくことである。しかし、この増大にさいし、どの地帯にも特殊な美が予定されている。熱帯には植物の形の多様性と大きさ、北には草地の眺め、春風が最初に吹く頃の自然の周期的に繰返される目覚めである。どの地帯もそれに独自の長所のほか、特有の性格も有している。有機組織の根源的な力は、個々の部分の異常な発達をある程度まで許容するにもかかわらず、すべての動物と植物の形態を、永遠に再来する堅固な範型に縛りつける。個々の有機体を見れば一定の相貌が分かる。記述植物学と動物学は言葉の狭い意味で動物と植物のさまざまな形状の解剖である。同様に自然の相貌というものがあり、これはどの地帯にももっぱら当てはまるものである。」

しかしながら、植物が群生として呈示されるところでは、葉の輪郭と区分、幹と枝の形態が流動し合って定まらないので、自然の相貌を規定する十六ないし十七の植物形を区別するため、観相学者は画家のように繊細な芸術家的自然感情をはたらかせなければならない。とくにそれらを言葉で記述しようとする場合、文学的な表現能力が必要とされる。フンボルトがあえて試みるのは、どのグループの植物にも当てはまる主要な性格を指摘することだけであるが、それは彼がその言語的表現の難しさを自覚しているからである。列挙にさいし彼は初版への序言のあと再びこの論文の中でも、「われわれの祖国の言語はひじょうに豊かで柔軟ではあるけれども、ほんらい画家の模倣芸術にだけ描写するのがふさわしいものを、言葉で表示するのはやはり困難な企てである。また避けるべきは、個々の形を数え上げることにどうしても伴う冗漫な印象である」と告白せざるをえない。たとえば、ラン科植物形について、「画家は一生かかっても、たとえ狭い領域でもよく調べて、ペルーのアンデス山脈の深い谷間をかざっている華麗なランの花を写し取る時間が足りないであろう」と言われている。

また自然という魔法の絵について「風景画家にとっていかに興味深く教示に富むかと思われるのは、数え上げた十六の主要形をまず個別に、次にそれらを互いに対照させて視覚的に提示してくれるような著作である。その細く織られた葉をメキシコの月桂樹のうえに広げる木本的羊歯類ほど絵画的なものがあるだろうか」とも付記されている。「人間が活発な感覚をもちいて自然を研究し、あるいはファンタジーを働かせて有機的被造物のひろい世界を渉猟するならば、彼が受け取る多様な印象のなかで、最もゆたかに広がった生命の生みだすものほど深く強力に作用するものはない」という文章ではじまった「植物観相学試論」は、こうして次の文章で終わっている。「われわれの言語を陶冶し、詩人のファンタジーを逞しくし、画家たちの描写芸術を促進することに多くの豊かな可能性が開かれている。われわれの想像力は、そこから異国趣味の自然の生きたイメージを汲むことができる。冷たい北方、寂寞とした荒れ地で、孤独な人間は最果ての地帯での研究成果をわがものにでき、自分の内面に精神の作品にほかならない一つの世界を作ることができ、それは精神と同じく不滅である。」これは『ファウスト』第一部「夜」の場面において、地霊がファウストに対して浴びせる嘲笑的な問い「一つの世界を自分自身の内部に創り出したおまえの胸はどこにいったのか」(四九一行)を踏まえた科学者フンボルトの文学的返答である。

「植物観相学」より僅か一年後の出版年を度外視すれば、『植物地理学論考』のさまざまな考えは、ほんらいフンボルトがキューバから南米のカルタヘナへ戻り、マグダレナ川を遡ってボゴタに到着し、キト高地のピチンチャ、コトパクシ、トゥングラグラなどの活火山を踏査したあと、最高峰チンボラソに登るためアンデス山麓にしばらく滞在したときの所産である。ドイツ語版序言の日付が、最初のアカデミー講演「植物観相学試論」のそれよりも早い、「ローマ、一八〇五年七月」と明記されているのはそのためである。それゆえまた、なんの概念規定もなく冒頭において単刀直入に次のように言われている。「私自身と、あの遠くはなれた方位の地方で克服しなければならなかったさまざまな障害について語るまえに、科学のためにより有益であると思われたのは、私が観察したさまざまな現象の主要研究結果を一般的な図表へと纏め上げることである。」そして、本著作はこのような「自然絵画」に他ならないとされる。またさらに追加説明として、「私がこの自然絵画のなかで総括するすべての現象は、われわれの惑星の地表とこれを包み込んでいる大気圏が呈示するものである」といわれている。当時のフンボルトは「われわれの惑星」すなわち地球上の自然のことしか考えておらず、『コスモス』において初めて彼の自然絵画の概念は、天と地、すなわち大自然の森羅万象を包括する「世界絵画」へ移行するようになる。そしてそれに伴い「自然学的世界記述」という表現に含まれていた「世界」は宇宙空間と地上の自然をともに包括し、在来の「自然学的」(physisch)はしだいに近代的な「物理学的」（physikalisch）というニュアンスを帯びるようになった。

もとよりフンボルトは、経験的自然研究に忠実な学徒として、事物の内的協調作用の本質を考察するよりも、まだ多種多様な現象をたんに列挙する傾きがある。しかし、これはまだ予備的段階である。「このようなことを白状するのは、私が批判的に判断されたいと希望している立場を表示していると同時に、いつか全く別種の、いわば高次の種類の自然絵画を自然哲学的に叙述することが可能であることを指し示している」（「植物地理学」序言）。個別的自然認識からコスモスとしての綜合的自然像の構築へと進むことを示唆していることから分かるように、この高次の段階では「植物地理学」という名称はもはや適切ではない。ここで脚光を浴びてくるのはむしろ美術における風景画のジャンルである。「しかし自然の美を感知することのできる人間は、そこに同時にまた、少なからざる精神的および美的問題の解決を見出すであろう。」

たとえば、かの十七の植物形を研究することは、風景画家にとっても特に重要となるに違いないのである。本論である『植物地理学論考』の論文には、このように、自然絵画の概念は理論的にほとんど定義されていない。これに対し、はるかに長い追加論文はまさに「熱帯諸国の自然絵画」と銘打たれている。ここで初めて著書全体に添付されている大判の図表が詳しく解説されるのである。フンボルトがあえて描いたという熱帯諸国の「自然学的絵画」が試みているのは、太平洋の沿岸からコルディリエーラ山系の頂上にいたるまで、地表と大気圏が呈示しているすべての現象を総括することである。それゆえ、この絵画が包括するのは次のような実践的観察データである。植生、さまざまな動物、地層構造学的な諸関係、農業、気温、万年雪の限界、大気の電圧、引力の減少、空気の密度、空の青さの強度、大気層通過のさい光の希薄化、地平線における光線屈折と海抜の高度の違いによる水の沸点など。

熱帯諸国の諸現象と温帯諸国のそれらとの比較を容易にするため、これらにはたとえば「世界のさまざまな方位における山々の高さ、ならびに、それらが地上の光線屈折なしに見られるような距離」などの諸事情が付け加えられた。この自然絵画は、それによりいわば、フンボルトが五年間にわたり熱帯諸国を探検旅行していた際の調査項目を網羅していることになる。それゆえ彼が望んでいるのは、一方で「彼の自然絵画が新しい思いがけない考えを、多数の事実を総括し研究する労をいとわない人々の中につくりだすことが可能かもしれない」ことである。他方で彼は、「自分の草案が想像力を刺激し、しばしば恐ろしいが絶えず慈愛にみちた不可思議な大自然を観照する楽しみに参加させることができる」と信じている。

博物学の段階における自然科学は、その根底において、動植物や岩石を一定の視点あるいは原則から精確に分類・記載する自然誌であった。それはカール・フォン・リンネ（一七〇七—七八）により体系的に集大成されたあと、同時代のビュフォンの多種多様な記述により最高潮に達した。これに対し、自然のさまざまな力はそれまで多かれ少なかれ奇跡のように思われ、宗教的信仰に支配された自然学によってはとうてい説明されえなかった。ヤン・スワンメルダム、レオミュール、レーゼル・フォン・ローゼンホーフなどによる微細な昆虫解剖はすでに十八世紀の新しい動植物研究に道を拓くものではあった。しかし外面的標識にもとづくリンネの人為的命名法は、自然の内部生命を解明する手がかりを与えるものではなかった。リンネの断乎たる反対者であったビュフォンはもっぱら感性的経験にもとづく自然研究を行なってはいたが、精確な観察からはまだ程遠かった。彼の著述により貴族社会や一般の自然愛好者のあいだに広まったディレッタンティズムに対抗して現れたのが、比較解剖学を動物学の基盤とし、地質学を視野にいれた古生物学を樹立した自然科学者ジョルジュ・キュヴィエであった。

フンボルトは、キュヴィエと同じ原則で事実にもとづく自然研究を始めたとはいえ、かのアカデミー論争にはなんら関与しなかったように見える。なぜなら、彼自身の立場は、自然における個別ないし特殊性を悟性による分析の対象、自然の全体像を理性による綜合の成果としてとらえ、したがって「動物哲学の諸原理」におけるゲーテの結論のように、次元を異にした経験科学と自然哲学はそれぞれ相対的な権利をもって両立しうるものだったからである。それ以上の論争は不毛であり、彼は個々の自然現象を広く把握することにより、自然の理念的全体像の理解を深めていった。彼の目的は、宇宙空間と地球上における万有の全現象をとらえ、電磁気や生命のような自然のさまざまな力と法則を個別的かつ一般的に理解することにより、人間の認識の生きた内容として呈示することであった。

もちろん、フンボルトにとって直接の自然現象は、星辰の世界ではなく地上に見出された。彼には世界の現実はもはや謎でも奇跡でもなかった。彼はアルプスの氷河やアンデス山脈山の背のうえに立ち、ヴェスヴィオ火山に登り、嵐の海をたびたび航海し、その間に天体観測を行ない、南米の大草原や熱帯雨林を踏破したりオリノコ川をカヌーで下ったり、メキシコの各地で地磁気を測定したりシベリアと中国辺境のステップを調査したりしたのである。彼の目標が最終的に人類に向けられていたことを、彼は一八二八年秋ベルリンで開かれた「ドイツ自然科学者ならびに医師協会」の開会の辞において次のように言い表した。社会において今なお対立しているように見えるキリスト教の新旧宗派、立憲君主制と共和制、祖国と国際性なども、ここでは自然界の特殊性と普遍性の対立のように克服されている。「宗教の相違と市民憲章が生み出すかもしれないいかなる距離もここでは止揚されています。ドイツはいわば精神的統一体として呈示されており、真理の認識と義務の遂行が人倫の最高の目的であるように、統一体であるというかの感情は、各人に宗教・市民憲章・国法を貴重なものとしているいかなる絆をも弱めるものではありません。」

実際、フンボルトは国境を越えた新しい科学、自然学における地球記述の創始者であった。彼の精神に明らかにされたのは、共時的自然地理学と通時的人文地理学のあらゆる分野であった。すなわち一方で大気圏にかこまれた地上の自然の三界における現在の状態と、他方で地球の歴史とその発見史、地球の性状に関する各時代の人間のさまざまな見方・考え方であった。それは広義の普遍的文化史であった。彼はとりわけ、有機体が種々異なった土壌の地熱と気温に従って地表上に分布していく諸法則を認識した。彼がさらにこれらの動植物の分布されていくプロセスをさまざまな地方における海抜の高度、地殻の変動、噴火や地震などとの関連から追跡していくなかで認識したのは、大気中の垂直および水平方向における気温の分布、季節と地形による温度変化、海陸の気候の差などが地球上におけるあらゆる生物の法則的分布の重大な原因だということである。それゆえ彼の自然研究においては、温度計とそれまであまり重視されていなかったバロメーターがきわめて重要な役割を果たすことになり、かの植物地理学の論文におけるように高度・気温・気圧の精確な観測データが自然絵画の一部として記載されるようになった。

こうして一八一七年いらい作成されたのが等温線や等暑線の図表であり、これを世界的規模で充実させるためには、海陸における地球磁場の測定同様（地磁気曲線）、国際的な気象学情報網の設置が必須不可欠となった。こうして科学的に可能となったのが、比較気候学であり、これにより、年間平均気温の最高の地域を連ねた線「熱赤道」が作成され、赤道直下の地方が必ずしも最も暑いわけではないことが判明した。また諸大陸の東海岸が西海岸より寒いのは、東風が極地から赤道への冷たい潮流、西風が冷たい赤道潮流に属しているからであり、島嶼と大陸の屈曲の多い部分の気候は海の温度調整作用のため温暖である、すなわち大陸性気候ほど夏は暑くなく、冬は寒くない。極地寒流と赤道寒流はさまざまな大陸と海洋の相互の位置により変化し、これはとくにインド洋のモンスーンと陸風や海風のばあいに認められる。両大陸の温帯の中間緯度において支配的な気流は西–南–西である。

ちなみに、地表の温度変化と関連しているのは地磁気現象である。しかし熱と電気と磁気の神秘的な相互関係は充分に知られていない。少なくとも当時の認識で分かっていたのは、温度差が種々異なった物質の相互接触と同様に電流を呼び起こすこと、鉄棒がその周辺を回転する電流の作用のもとで磁石になり、磁石が鉄に牽引作用をおよぼし、牽引と反発により第二の磁石に照準作用を及ぼすこと、ほかのさまざまな物質もこの照準力に磁石と同じ意味で、あるいは本質的に変化した仕方で委ねられていることである。ところが、地球体の内部ではさまざまな種類の物質が至るところで接触しあい、化学変化している。それは自転運動により、その半分が絶えず太陽の光線により暖められ、他の半分が冷たい宇宙空間に浸っているためである。それゆえ、それは絶えず電流に取り巻かれ、みずから大きな磁石のような様相を呈し、これは自由に動く小さな磁針に照準を合わせて作用している。これから説明できるのは、地表上の温度分布における周期的変化が電流の方向と強さに似たような変化を惹き起こし、その結果、地磁気もまた周期的変化の性格をおびているに違いないということである。この性格は極光を惹き起こす磁気嵐のような特殊な摂動によってただ一時的に影響を受け、その存在はこれにより記録されるが、どこで起こるのかは往々にして闇に包まれている。

伝統的博物学の枠を越えた地磁気の作用は、三種類の異なった仕方で表れる。水平に漂う磁針の北半分は地磁気により、観測場所の地理的子午線の方向から東へあるいは西へ多少ともずらされる。この現象は磁針の偏角ないし偏差と表示される。重心が磁気の子午線の方向に吊るされた磁針は地磁気により水平の位置からはずれ、最寄りの極のほうに向いた端が多少とも下がる。この作用は磁針の伏角ないし傾角と呼ばれる。最後に表示された二つの種類のいずれも、異なった場所で同時刻に異なった振動数を示すので、これにより観測場所における地磁気の力ないし強度が測定される。地球儀あるいは地図の上で、同じ偏角、同じ伏角、あるいは同じ強度を示す地表の場所を線で結ぶと、等方位角線・等伏線角・等磁力線という三つのシステムが得られる。これらの絶えず振動しながら伸びる曲線の間隔と相互の位置は、必ずしも同一ではない。これらの変動曲線は科学の進歩に伴いより精確に研究され、それらが延びていくさいの法則性が明らかにされるだけではなく、これらの複雑な現象の究極の地球物理学的原因も専門的に解明されるであろう。しかし永続的にフンボルトの科学的功績とみなされるのは、彼がこのような精緻な測定を大々的に始め、国際的な観測網を組織したことである。

4　一連の自然絵画としての自然学的世界観の歴史

『コスモス』原著第一巻の本論が「コスモスの星辰部分」と「コスモスの地上部分」に分かれた大自然の絵画的記述であったのに対し、第二巻の本論は「自然学的世界観の歴史」と題されている。それは「自然全体の認識の歴史、いわば諸現象の統一と宇宙におけるさまざまな力の協調作用の関連についての思想の歴史」と定義されていて、副題にあるように「自然全体としてのコスモス概念の漸進的発展と拡大の主要時期」を含意し、人類による世界の発見を七つの主要段階に分けて歴史的に叙述している。事実上、コスモス理念を一般的に定義している第一巻第二序論の詳論であり、「まえがき」ですでに引用したように次のように言われている。「自然学的世界観の歴史は自然全体の認識の歴史であって、地球空間および天体空間に作用するさまざまな力の協調を把握しようと努力する人間性の描写である。したがって、それが表示しているのは種々の見解の一般化における進歩のさまざまな時期であり、われわれの思想史の一部である。この部分がそうであるのは、感性的現象のさまざまな対象、球形となった物質の形態、それに内在しているさまざまな力に関係している限りである。」人間を自然全体の洞察へと導いたものの考察が人間の文化史全体ではないのは、それが自然科学の歴史、科学史とさえ呼ばれえないのと同様である（第一章3）。

「世界観の歴史」は、一見、世界全体の空間的な描写である自然絵画と直接には関係していないように思われる。しかし八番目の最後の要約において、それぞれの主要時期はやはり自然絵画の時間的系列であることが判明する。第二巻のこの本論が「通過してきたのは、二千年以上にわたる。地中海の海盆と西アジアの肥沃な河川地域付近に住んでいた諸民族における初期の文化状態から、過ぎ去ったばかりの世紀の初頭まで、ゆえに物の見方と感情がすでにわれわれのと融合する時代までである。私が思ったのは、七つのはっきり区分した項目において、いわば同数の個別〔自然〕絵画の順番で、自然学的世界観の歴史、すなわち自然全体のしだいに発展する認識の歴史を描写することである」。

人類がいかにその視覚と思考の地平を層的に拡大させながら世界の中へ成長していったか、具体的に見れば、最初はまず狭い地中海の東西方向への突破、それからオリエントにおける諸民族の混血、ローマ帝国とキリスト教世界における高次の政治的・文化的一致である。この時代にヘレニズムの科学はアラビア経由で西欧へいわば逆輸入される。次にさまざまな地理的大発見による地球の拡張、最後に望遠鏡の発明に伴う宇宙空間の発見である。もっとも、フェニキア人、マケドニア人、インド人、ギリシア人、ローマ人のあとアラビア人が台頭してきた時期を越えると、フンボルトの見方によれば、中世以降におけるコスモスの歴史は自然学的諸科学の歴史と合致する。自然知の漸進的拡大の歴史的認識は、地文学（地球学）および天文学という二つの範域において、特定の時期、ある種の空間的および知的に作用するさまざまな出来事に結びついており、これらはかのさまざまな時期に特有の色調を付与するのである。その際、最大の地質学的現象とみなされるのは地球の数量的形態の測定であって、その回転楕円体像の根本的特徴は、十七世紀の終わりにまだ両極軸と赤道軸のあいだにおける諸関係の精確な数量的記録なしに描かれた。その地理学的前提となるコロンブス、ヴァスコ・ダ・ガマ、マゼランの時代、すなわち大航海時代は運命的なさまざまな歴史的事件、宗教改革における宗教的思考の自由のめざめ、ルネサンスにおける高尚な芸術趣味の発展、コペルニクスの科学的地動説と競合していた。

しかしながらフンボルトによれば、十七世紀の始まりを表示することになるのは、コペルニクスのシステム、太陽中心の更新された（地球の自転と公転の）学理の普及ではなかった。これらの発見は、ある偶然になされた発明の結果、すなわち天体望遠鏡の発明の結果である。それらはコペルニクスの学説を仕上げ、拡大したのである。また自然学的天文学のさまざまな成果（ガリレイによる木星の衛星システムの発見と金星の位相）により確認・拡大されて、コペルニクスの根本的見解は理論的天文学に確実な目標へ導かざるをえない道を予示したのである。そればかりではなく、この道は、分析的計算の改良を必須不可欠としていた数学的諸問題の解決へ刺激をあたえるものであった。この意味で十七世紀は、その初頭においてガリレイとケプラーによる天体空間に関する知見の突然の拡大に、その終わりにおいて、主にニュートンとライプニッツによる純粋な数学的知識の進歩にその輝かしい名望を負っているといわれる。

「われわれはガリレイ、ケプラー、ニュートン、ライプニッツの偉大な時代の叙述を、新しく発明された望遠鏡による天体空間におけるさまざまな発見で始めた。それを終えるのは、地球の形態が理論的推論からいかに認識されたかということである。〈ニュートンが宇宙体系の説明に立ち上がったのは、彼がある力を見出すことに成功したからである。ケプラーの諸法則はこの力の作用の必然的結果であり、それが諸現象に対応しなければならなかったのは、これらの法則が諸現象に対応していて、これらをあらかじめ告知していたからである〉（ベッセル）。このような力の存在をニュートンは彼の不滅の著作、(一般物理学の)『諸原理』(プリンキピア)において展開したが、その発見は微積分により開かれた新しい数学的諸発見への道とほとんど同時であった。精神の作業がその崇高な偉大さにおいて示されるのは、物質的な外的手段を必要とせずに、その輝きを、数学的思想の展開、純粋な抽象から湧き出るものからのみ受けるところである。」

もちろん「抽象」こそ本章冒頭の『色彩論』からの引用にあるように、詩人ゲーテが自然科学者として最も恐れたものである。二十世紀における偉大な物理学者の一人であるヴェルナー・ハイゼンベルクも、数学的抽象の欠如にまさにゲーテの形態学的自然研究の特色と同時にその限界を見出している。しかしながら、ここでフンボルトの念頭にある知識の拡大は、とりわけ外界とのより精確な接触にもとづいている。そのうえ「認識の進歩を十九世紀においてとくに促進し、時代の主要な性格を形成したものは、眼差しを新たに獲得したものに限定せず、以前に触れたすべてのものを、事の軽重に従って厳しく検証し、たんにアナロジーから推論されたものを確実なものから分離し、そうすることにより知識のあらゆる部分、物理学的天文学、地上の自然のさまざまな力の研究、地質学、考古学などを同一の厳しい批判的方法に委ねる、効果的な一般的努力である」。すなわち、それは特殊な科学史的見方をこえた、人類の精神的・知的発展に対する一般文化史的な見地であって、ヘルダーの『人類史哲学考』を彷彿とさせる。

このような批判的なやり方の普遍性はとくに、個別科学の現下の限界を際立たせ、そればかりでなく、根拠のない臆測が事実として、シンボル化する神話が真面目な理論として立ち現れてくるある種の教科の弱点を暴露するのに貢献する。それはフンボルト自身が、起源に関する人文学的諸問題において、神話を内面における創造的ファンタジーの働きとして好むのとなんら矛盾しない。なぜなら「研究されたものはいずれも、事物の運命的な経過の中で、高次なものへの一段階にすぎない」からである。「自然学的世界観の歴史」の序論部分においてすでに次のように明言されていた。

「とりわけ厳密に截然と分離されなければならないのは、初期の予感と現実の知識である。人類の文化が増進するにつれて、最初のものから次のものへ多くのものが移行し、このような移行は発明の歴史を不明確にする。以前に探究されたものの思慮深い理念的結合は、しばしばほとんど無意識のうちに予感能力を培い、これをあたかも精神化する力で高める。いかに多くのことがインド人とギリシア人のもとで、中世においていかに多くのことが、さまざまな自然現象の関連について言い表わされたことだろうか。初めは証明がなく、荒唐無稽なものもまざっていた。しかし、のちになって、確実な経験にささえられ、それから科学的に認識されたのである。予感するファンタジー、精神のすべてのものを生気づける活動はプラトン、コロンブス、ケプラーのなかで作用していた。それが科学の分野において何も作り出さなかったとか、本質的に現実のものの探究から引き離すとかいって非難することは許されない。」

それゆえフンボルトは歴史的考察において、自然知の初期の萌芽を指摘するほとんど至るところで、それらが現在到達している発展段階を表示していた。彼がもともと意図していたのは『コスモス』最終巻に予定されていた第三部において、一般自然絵画のために、科学的見解の現状が主にもとづいている観察のさまざまな成果を提供することであった。これは最終的に二巻になってしまったとはいえ、一八五〇年に出版された原著第三巻において初めて、実際に「コスモス的諸現象の分野における観察の特殊な結果」が始まった。それは第一巻の本論「自然絵画」と同様に星辰部分と地上部分に分けられているが、第二巻を絶賛したヴィルヘルム・ベルシェの批評はかなり手厳しい。

「言語的美しさは依然としてすばらしく、そればかりでなく、個々の点で無味乾燥なことも精神的に深め形式的に美しくマスターしようとする努力には時おり喝采を叫びたくなるほどであるが、それは観客を感激させるものではない。その色彩と大理石の日光に輝く外観の建物から立ち去ったばかりのわれわれは、思い出の中で（先行した前二巻との）対照を二倍にも感じる。疑いの余地がないのは、たとえ深められていても多様な繰り返しが、第一巻のすでに的確に叙述された明るい日光の中での自然絵画に比べ色褪せて見えることである。誰もが感じたのは、かの絵画がもう欠けているか、すでに全体を含んでいたということであった。」

恐らくただ全著作を完結したいという願いから、老フンボルトが全力を振り絞って第四巻において「地球学的諸現象の分野における観察の特殊な結果」を書き終えたとき、執筆の重点は明らかに、青年時代から愛好していた地質学に傾いていた。しかし科学技術時代の到来とともに自然科学者の間でさえ、岩石や火山や氷河に関する関心はしだいに薄くなっていた。新しい先端科学として、彼はもちろん専門の科学者たちの協力を得て生物学ないし生命科学について書くことができたかもしれない。しかし、そのために彼は絶筆となった更に分厚い第五巻を完成しなければならなかったであろう。原著者の意図は、ほんらい各巻の序論から読み取ってもらうほかない。第四巻の山岳地質系統に関する校正刷りがベルリンに到着したとき、王家のドームで国王の偉大な侍従の葬儀が盛大に行なわれていた。遺稿を収録した第五巻は、すでに述べたように、エドワルト・ブッシュマンにより膨大な索引を付して刊行された。アレクサンダー・フォン・フンボルトの『コスモス』はこの意味で巨大なトルソーに終わったのである。

日進月歩の進歩をとげるのは自然科学の長所であると同時に、当事者にとっては自分の研究がいずれ後塵をあびて他人の業績により凌駕される恐れが多分にある。フンボルトの場合も、コスモス像の専門的研究が彼の死後に宇宙科学の進歩により急速に進捗したため、著作そのものの自然科学的内容が部分的に時代遅れになるのは自明であった。しかしヴィルヘルム・ベルシェがとくにその人文学的内容について百年まえに下した判断は、今日なお通用するように思われる。

「これに反し、最初から高く評価されていた豊富な諸部分に、このように時代遅れになる傾向はまったく宿っていなかった。これらは第一巻と第二巻においてコスモス理念を基礎づけ、偉大な美的・文化史的な〈書物の中の書物〉を形づくったのである。それらにおいて真価が発揮されたのは、なんらかの形で美的なものに触れるものは永遠の青春の魔力を備えている、という古い格言である。ホメーロスが今日なおその最初の日々のように若々しく、ゲーテの小さな詩が千年たってもなお現在のように森の爽やかさをたたえ、泉のように新鮮に響くであろうように、頭に霜をおくことなく生き続けるのは、老大家が専心没頭して詩人の自然観照とコスモスのすばらしさに対する人間の魂の憧れについて語った言葉である。」

しかしながら、フンボルトが語った自然絵画全体の要諦は美的性格のものではなく、原著第一巻の結語における自己限定のように、彼の高貴な人間性を反映した倫理的なものであった。自然科学者の知見にもとづくこの倫理的結論は、本書第一章２においてすでに引用したが、世界中で人種差別が横行する時代に繰り返し引用されるに値する。

「人類が一つであることを主張することにより、われわれは、高次の人間と劣った人種がいるといういかなる不愉快な想定にも反対する。より柔軟に形成可能な、より高く教化された、精神文化により洗練された民族は存在するが、より高貴な部族などけっして存在しない。すべての部族は平等に自由へと定められており、この自由は、比較的粗野な状態においては個人に、国家生活においてさまざまな政治制度を享受している場合は国民全体に権利として備わっている。」

これはフンボルトによるコスモスの統一理念が人類全体へ適用されたものである。それが人間の起源だけではなく、その道徳的・社会的発展の目標にも向けられている限り、ヘルダーのフマニテートの理念および理想とも一致している。そして、それはまた彼が同時にヴィルヘルム・フォン・フンボルトの『カーヴィ語序論』から借用した、世界文化遺産と名づけても差し支えないような歴史思想でもある。

第八章　『コスモス』成立の精神史的背景

全く疑いもなく私にとって大きな喜びであるに違いないのは、内外の親しい優れた友人たちに、生きている間にこの真面目な冗談（『ファウスト』第二部）を捧げ、内容を伝え、その反響を知ることです。しかし時勢はまったく混迷の度を深めておりますので、私の確信するところ、この奇妙な作品のために払った私の長年にわたる誠実な苦労は報われるところ少なく、難破船の破片のように海岸に打ち上げられ、とりあえず時間という砂丘の中に埋もれてしまうことでしょう。

（一八三二年三月十七日付ヴィルヘルム・フォン・フンボルト宛ゲーテ最後の書簡から）

1　近代的「自然の書」としての『コスモス』

本書第二章の冒頭に掲げた万能の天才的な自然研究者アレクサンダー・フォン・フンボルトに対す

るゲーテの賛辞は、これまでの叙述により多かれ少なかれ確証されたと思われる。「フンボルトの著作に見出される多くの個々の自然知は今日の見地からみて時代遅れであるかもしれない。自然研究と科学技術は驚嘆すべき進歩を遂げたかもしれない。しかしフンボルトの著述は再三再四あらたに、時代を超え独特の風格をそなえた思想家および研究者の形姿を明らかにしている。」（ルドルフ・ツァウニック）これが究極において、フンボルトのゲーテ的自然研究の姿勢にもとづくものであることは疑いを容れない。それはこのクレーナー版編者により引き続き確認されている。「彼は依然として感性以外のものと感性的なものとの仲介者であり、自然をエレメント的（古代の元素的）・経験的・分析的に分解しはするが、それを同時にコスモス的自然考察において合成する。フンボルトは自然を解釈するのである。これに伴い、認識されたものは初めてその全き効果を発揮する。個々のものの総体から新しい綜合が生じてくる。科学的研究は、ゲーテの意味で芸術作品にまで高まる。」すなわち、ゲーテが詩人的科学者であったように、フンボルトは転義的な意味で科学者的詩人だったことが判明するのである。

実際、彼の死後すぐ一八六〇年にベルリンで、この偉大な科学者を顕彰するためフンボルト財団が創設され、まず何よりもドイツ自然科学者たちの外国における研究旅行を資金援助することをめざした。それは第一次世界大戦後の混乱のなかで自然消滅したあと、一九二五年に外国人学生援助のため再創設され、ボンにおける一九五三年の再建いらい現在のような多種多様な高度の学術的・文化的活動を開始した。それはまことにフンボルトの高邁な精神に即したものであった。真にグローバルなインターネット時代到来のはるか以前、彼は『コスモス』第二巻の末尾に未来への展望として書いていた。

「想像力の魔力的圏内にある芸術が元来まったく心情の内部にあるのに反し、知識の拡大はなかんずく、外界との接触にもとづいている。その拡大は諸民族の交流が増大するにつれて多種多様かつ緊密になる。新しい観測機器がつくり出されると、人間の精神的な、しばしば自然学的な威力も増してくる。閉鎖電流は光よりも速く、思想と意思を地の果てまで伝達する。その静かな営為が今われわれの五官には知覚できないさまざまな力が、認識され利用され高次の活動へと目覚まされるならば、いつか夥しい数の手段に用いられ、これらは個々の自然分野の支配と、世界全体のより生きいきとした認識に近づけてくれることであろう。」

第二次世界大戦後、西ドイツにおけるアレクサンダー・フォン・フンボルトの人格と功績を再発見する試みは、東ドイツのそれと併行して、一九五九年五月六日の没後百周年の機会にはじまった。この年に、かつてゲーテの『自然科学論集』（グンター・イプセン編）を逸早く出版していたシュトゥットガルトのクレーナー書店から、その学術叢書の一巻として、フンボルトの著作全体からの選集『コスモス的自然考察』がルドルフ・ツァウニックにより刊行されたのである。またその翌年にはフリッツ・クラウスが『コスモスとフマニテーテ』というフンボルトの一巻選集を出版した。そのさい人文学的科学者フンボルトの名において両者から切実に必要とされたのは、現実のなかの醜い人間性ではなく、理想としての美しい人間性（フマニテート）である。そして、その世界観的基盤が、やはり理想としての秩序と調和的美のある森羅万象「コスモス」である。前者の理想を提唱した先駆者がカントに学んだヘルダーであり、彼のフマニテート理念は、歴史における人間性の起源・形成・実現を包括する概念である。彼のある程度まで進化論的な人間観は、社会学者アルノルト・ゲーレン（一九

○四―七六）により絶賛された『言語起源論』にもとづく次の命題に言い表されている。
「動物は身をかがめた奴隷にすぎない。たとえそのいくつかの高貴なものは頭をもたげ、少なくとも首を伸ばして自由を憧れているにしてでもある。そのまだ理性へと成熟していない魂は、必要に迫られた衝動に仕え、この奉仕をしながらまず、五官とさまざまな傾きを自分で使用する用意をしている。人間は被造世界最初の自由にされた者である。彼は直立しているのである。」（ヘルダー『人類史哲学考』第一部から）
そして、コスモスとバランスを保った理想的な人間性を文学的に美しく描き出したのが、とくに同時代のゲーテとシラーであり、その理想像を理念的な自然全体のなかに追求したと考えられるのが、ほかならぬアレクサンダー・フォン・フンボルトである。彼の近代的自然像において、人間はもはや世界の中心ではない。また地球は静止した確固たる大地でもない。中世キリスト教の神学的世界像がトマス・アクィナスいらい静的な「存在」に基づいていたとすれば、フンボルトの科学的自然像はルネサンスの思想家ジョルダーノ・ブルーノやゲーテの同時代者カール・G・カールス（一七八九―一八六九）の場合のように、むしろ動的な「生成」のプロセスにある。ここに疑いもなく「有機体の形成と形態変化（メタモルフォーゼ）」を追求したゲーテの形態学との接点がある。違いはゲーテが自然のなかになお内在的な神性を探し求め、少なくとも晩年の思想詩集「神と世界」において、「隠れキリスト者」と陰口されたロマン派哲学者シェリングの自然哲学と無縁でなかったことである。この点フンボルトは、科学者として遥かに実証主義的な十九世紀の人間であった。最新の高価な測定機器を用いて熱心に観測した彼は、時折、シェリングやヘーゲルの観念論的な自然哲学と暗に一線を画している。しかし彼は、だからといって自分が人間として世界のなかで卑小な存在にすぎないとは感じていなかった。なぜなら、人間は精神の力により自然科学的な世界像を描くことができるからである。

あまり論じられることのないフンボルトの宗教的態度と関連して付言すれば、キリスト教の無からの創造という「クレード」（信仰告白）に替わって現れてきた近代の合理的信仰が、前述のように（第二章4）理神論といわれるものである。神は摂理のように人間の運命に配慮したり歴史に介入したりすることはなく、天体も永遠の法則に従ってひとりでにその軌道を回り続ける。自然が被造物としてなおかつ神の精巧な作品であるならば、知的能力をそなえた人間がそれを認識しようと努力するのは、むしろ神に嘉される当然な責務である。中世において偉大な神学者アルベルトゥス・マグヌスはすでにアリストテレス的見地から「自然の書」を著していたが、理神論いらい神の被造物かつ人間の認識対象である自然は世俗化された第二の聖書とみなされるようになった。

この近代ヨーロッパ人の相対的な自律性を的確に宣言しているのが、ヘーゲルのかの誇らしい哲学的命題である。「宇宙の閉ざされた本質は自律的な力をもたず、これは勇気ある認識に抵抗することができない。それは認識のまえで自分を明らかにし、これにその富とその深みを呈示し、享受することがなさなければならない。」（第二章4）「明らかにする」とはほんらいキリスト教の「啓示」と同じ言葉であり、「享受」は啓蒙主義的な理性の充足を含意している。フンボルトはたしかに『コスモス』第二巻「世界観の歴史」の古代ローマ人の項Ⅳにおいて、キリスト教についてきわめて好意的な所見を記している。

「強制という外的手段、巧みな国家制度、長い隷属の習慣はもちろん統合に適し、それらは諸民族のばらばらの存在を止揚することができた。しかし全人類の連帯と一致、そのあらゆる部分が同等の権利を有しているという感情には、より気高い起源があった。それは心情と宗教的確信の内的衝動にもとづいている。人類が一つであるという概念を呼び起こすことに主として寄与したのはキリスト教である。それによりキリスト教は、諸民族の風俗習慣と諸制度を〈人間化する〉ことに有益な作用をおよぼした。しかし初期キリスト教の教義と深く織り合わされて、フマニテートの概念は徐々にしか形をなすことができなかった。というのは、新しい信仰が政治的な動機からビザンツで国家宗教へ高められた時代に、その信奉者たちはすでに惨めな党派争いに巻き込まれており、諸民族の遠隔交通は妨げられ、帝国の基盤は外敵の攻撃により幾重にも揺り動かされていたからである。人間の各階級の個人的自由さえ、長いあいだキリスト教諸国、聖職者たちの所有地と修道会において、いかなる保護も見出さなかった。」

しかし彼の著作のなかで、創造主としての神という言葉が使われることはほとんどない。そのため彼は、ベルリンの一部の聖職者たちから宮廷民主主義者あるいは無神論者呼ばわりされたのである。ダーウィンの進化論も、たんに旧約聖書創世記の歴史的ではないという意味でヘブライ神話的な文言と一致していないという非科学的な理由から、一部の偏狭なキリスト教徒たちから無神論的と見なされるようになった。『種の起源』は奇しくもフンボルトが死去した年に刊行されたのであるが、進化論はとりわけエルンスト・ヘッケルの似非宗教的な一元論（モニスムス）と結び付けられることにより、スピノザの汎神論と同様に近代の無神論そのものであるかのようにされてしまったのである。

ゲーテにより高く評価されたウルリヒ・フォン・フッテン（一四八八―一五二三）は、かつて科学の進歩を目前にして、ルネサンスに「生きることは楽しみである」と語った。ヘーゲルからの引用においてで中立的な意味で享受と訳した Genuß という言葉が『コスモス』第一巻の序論的考察における「自然研究の楽しみ」をすぐ連想させるように、人文主義者のこのような態度も疑いもなく近代科学を鼓舞したものに違いない。それはかの時代に創造性の意味で人間の自律性を高め、客体として古典物理学における天体だけではなく、地上の自然の物理学的・化学的・生物学的研究に積極的に立ち向かわせることになった。その際、伝統的な数学が、人間生活を美化するのに役立つ工業ないし科学技術のためにも依然として有用であったのはいうまでもない。事実、フンボルトはつとに「人間が自然に働きかけ、その力を自分のものにできるのは、自然の法則をその数量的関係において知悉している場合のみである」と明言している。古代ギリシアのピタゴラス学派の人々が天体空間における数の調和を探究し、天体の音楽のようなものを考えていたことから分かるように、数学はほんらい高次の存在の秩序と尺度の美、すなわちコスモスの反映であった。コペルニクスとケプラーが天体の軌道計算に没頭したとき、彼らは創造主の思想を読んでいると信じていた。ヨーロッパにおいて、数学はパスカルからライプニッツまでそのようなものであった。高次の認識手段である数学の見方にさえ、近代と現代においてはこのように大きな違いがある。誤って数学嫌いといわれる名誉医学博士ゲーテさえ、「プラトンは幾何学を学んだことのない者を彼のアカデミアに入れようとしなかった。もし私に学苑をつくることが可能ならば、なんらかの自然研究を真摯に専門に選ばなかった者は容認しないであろう」（『イタリア紀行』アルバノ、一七八七年十月五日）と言っている。

しかしながら、ニュートンやライプニッツの微積分的数学を適用した自然認識が精密科学をへて科学技術の段階にまで進んだとき、科学はその二面的相貌をあらわにし、第二の三十年戦争ともいうべき二つの世界大戦においてその破壊的な悪影響をもたらした。それはフロイトが第一次世界大戦の結果として診断を下した「文化の不快感」をはるかに上回るものであった。人間はファウストに変装した悪魔メフィストが新米学生を嘲って言ったように、「神の如くなって善悪を知る」ようになっただけではなく、神に似ていることに不安を感じ始めた。ピエティスト的牧師の家系ニーチェのほんらい克己の意味の超人思想に先立つ、理神論における神の事実上の喪失とともに、ゲーテ時代に現存しているように思われたコスモスと人間性のバランスが崩れてしまったのである。有機的・綜合的自然研究と無機的・分析的自然科学の不可分の共存だけではなく、物質研究の科学と人間の精神文化の共生を探求し見出したフンボルトの現代的意義を改めて指摘するのは焦眉の課題と思われる。

そのうえ、この仕事に先立ち地質学者かつ植物学者フンボルトは、イベロアメリカ旅行を通じて、自然地理学者からさらに人文地理学者へと発展していった。彼は南米への出発五年まえに、のちに数学教授となる友人のフリードリヒ・プファッフ（一七六五―一八二五）宛に「これまで知られていなかった普遍的世界史の部分」について二十年後に本を出すと伝えていたが（第五章3）、植物地理学研究のほか彼は地表のさまざまな形態、それらの成立と変化にさいし作用している種々の力を探究し、地図を作成し、天文学的な経緯度の測定および気温と地磁気の測定をおこない、それらの動植物界への影響を研究しただけではなかった。それに劣らぬ綿密さで彼は、自然環境に規定された人間の生活様式をも研究した。彼が注目していたのは、南米のベネズエラとエクアドルおよびペルーにおいては原始林と山岳の探検が主であったのに対し、キューバとメキシコにおいて彼はむしろ、これらの国々の政治的状態について関心をよせ、統計的な数字を考慮しながら初めて経済的・政治的問題を論ずるようになった。人間社会の面においても彼は、たんなる個々の事実の報告に終わらず、それらに関する包括的な考察を怠らなかったのである。

そのさい彼が身をもって教えたのは、たんに自然を支配して技術を発達させることではなく、自然を研究することによって人類の福祉安寧に寄与することであった。空気の組成と土壌の性質を調べて坑道ガスを排除したり、農業生産を増進したりする努力については前述のとおりであるが、フンボルトは海流についての正確な知識が船舶の航路を簡便にし、大陸間の交通を促進することも教えた。それを記念するのが南米大陸の西海岸に沿って流れる寒流「フンボルト海流」の名称である。彼は同じ目的のためにパナマの地峡を貫通して大西洋と太平洋のあいだを通行可能にすることを提案し、パナマ運河が実際に建設されたとき、彼の描いた見取り図のひとつが利用された。彼がそのほかにも、南北アメリカ各地の場所名に残っているように、新大陸の交通路を街道や運河の建設により容易にしようと努めたのは自明である。彼がとりわけ夢見たのは、水理学的測量術を駆使して水路網を開発し、ベネズエラのオリノコ川とブラジルのアマゾン河のあいだの原始林地帯を交易のため利用可能にすることであった。

フンボルトがキューバとメキシコに関する論文に「政治的状態に関する試論」という表題を付けたとき、「政治的」とはまだ古典的な「共同体に依存した生活」の意味であった。しかし彼の研究活動は、現実の人間生活とかかわっているうちに、ある程度まで狭義の政治の領域にも介入していかざるをえなかった。彼はもともとプロイセンの狭隘な精神的・政治的共同社会のなかで成長したとはいえ、進歩的精神をもった市民階級出身の人々との交友、プロイセンの現実とは対蹠的なフランス市民革命の理想により、政治や社会の諸問題を見る彼の目はしだいに鋭くなっていった。とくにラテンアメリカの植民地体制に出会ったことは、彼にほんらいの意味で政治的な立場を明確にするよう決定的なきっかけを与えた。もとより、財政的な理由からもパリからドイツへ帰国し、国王の侍従としてさまざまな外交的課題に直面するようになったため、フンボルトは南米におけるスペインからの独立運動にも批判的な態度をとるだけに止めざるをえなかった。しかし「アメリカ旅行記」のなかで彼は、「旅行した国々の歴史家として私がたいてい暗示するだけに限定したのは、市民的あるいは宗教的な諸制度のうちで欠陥がある、あるいは人類にとり有害であると思われたことである」と明言したのである。

フンボルトが植民地における現状および個々の事実として記述したことは、植民地統治の政治的動機と方法を暴露することにほかならなかった。彼が見た限り、さまざまな植民地の征服と支配に導いたものはヨーロッパ人の貪欲以外の何ものでもなかった。植民地勢力には自分たちの利害しか眼中になく、植民地の健全な自己発展をあえて阻害するのは、たんに自分自身の経済的利益を確保するためである。彼らが常識に反した禁令や命令を出すのは、たとえば近隣の他の植民地との交易を阻止するためである。これは自分自身の植民地を助成し自分の安寧に不利ではないかもしれないが、植民地として支配されている地域の独立を招きかねないからである。これらの植民地が長いあいだ静穏であったのは、原住民が徹底的に支配されていたからにすぎない。しかしそれが起因するのはまた、白人の植民地経営者たちが不和で、富の追求と一定の階級の特権が移民たちを分散させているからである。所有者階級はスペインの経済的圧迫を嘆いてはいるが、無理に独立したばあい自分たちの財産を失うことを恐れている。古くから定住している現地人家族は一種の貴族階級を形成し、平等の権利にもとづく憲法を嫌悪している。他方で一部の移民たちは、自分たちのプランテーションで安穏無事に暮らしてさえいれば満足しているのである。

2　フンボルト自然研究の人文主義的特徴

いま理念的世界遍歴であるフンボルトの『コスモス』に限定すれば、それは中世の教会博士アルベルトゥス・マグヌスの書名に倣った百五十年以上まえの自然科学書である（第二章4）。それは十八世紀の古典主義的ヒューマニズムと当代の代表的自然研究者の科学精神が合一したものとして、ドイツでは今でも知識階級のあいだで高く評価されてはいる。しかし、それはドイツ文学史家による自然の新しい科学的見方の再発見あるいは科学史家による文学的再評価が主であって、現代自然科学者たちのフンボルトに対する関心のあらわれとは考えられない。彼らにとってフンボルトはあくまで過去の自然地理学者であって、十九世紀における精密科学の台頭以後、自然科学は比較にならないほど進歩しているだけではなく、その専門性の必要からますます細分化され、しかも社会的意義の要請のため、自然認識そのものの探究というよりは技術的応用が主眼となっているように見受けられる。フンボルト研究の泰斗であるボン大学のハンノー・ベックの評価も、結局、人文ないし歴史地理学的なものに止まらざるをえない。

「『コスモス』はドイツ語で書かれた最も含蓄のある深慮に富む命題をいくつも含んでいる。それは未熟な判断を避け、やむをえないさまざまな批判をも注意深く大きな種々の関連のなかへ組み入れているので、コンキスタドール（十七世紀スペインの征服者たち）さえ新しい脚光を浴びることになる。フンボルトは汲めど尽くせぬ問題をかかえた地理学者かつ自然研究者であると同時に、世界史への道を明るく照らすヨーロッパの刺激的な歴史家のひとりである。彼は現代のしばしば露骨なイデオロギー的偏狭さを免れており、直面するあらゆる問題に対して胸襟を開いている。それゆえ、彼のきわめて有名なこの著作から読者は、一般に期待されているものよりはるかに多くのことを読みとることができる。」（現代のための『コスモス』短縮版手引き）

フンボルト自身は、自然史的著作の雄大な構想を、ゲーテ崇拝者として知られたプロイセンの外交官で文筆家の親友ファルンハーゲン・フォン・エンゼに一八三四年十月二十四日付で「畢生の書である自分の著作の印刷を始めました」と伝えていた（第二章3）。この導入の文章には、フンボルトが在来の自然学的地球記述と異なり「世界」という言葉でフランス語 "Physique du monde" におけるように天と地の被造世界を包括しているだけではなく、この外界が人間の内面と密接なかかわりを持ち、知識とともに心情に喜びをもたらすことも示されている。そのうえ、物質世界の個々の事実によって精神のうちに触発された理念、すなわちドイツ・イデアリスムスにおいて観念といわれるものの連鎖が人類の精神的発展にほかならないと簡潔に指摘されている。ファルンハーゲン・フォン・エンゼがこの意図をより良く把握できるように、フンボルトの企画は引きつづき以下のように詳述されている。

「プロレゴメナ（序説）はほとんど出来上がっております。すなわち、全くあらたに手直しした、思いのままの構想、しかしその日のうちに口述筆記させた序文、自然絵画、時代精神に即した自然研究への刺激手段（三様の手段）、1現代旅行記における自然景観の記述的ポエジーと生きいきとした叙述、2風景画、異国的自然の感性的描写、その成立、その欲求と喜び、激情的古代（悲劇作家）がそれを必要としなかった理由、3植物栽培、植物観相学によるグループ分け（植物園ではない）。自然学的世界記述の歴史、世界と諸現象の関連の理念が諸民族に何世紀も閲して明瞭になった様相。このプロレゴメナが主要な関心事で、概論を含み、特殊論がそれに続きます。個々の事柄（一覧表を部分的に添付）。宇宙空間―自然学的天文学の全体―われわれの地球体、内部、外部、内部の電磁気。火山現象、すなわち惑星（地球）内部のその表面への反作用、種々の量塊の区分。地層構造学摘要―海―大気圏―気候風土―有機的なもの―植物地理学―動物地理学―人種と言語。それから、これらの自然学的有機組織（音声の文節化）は知性により支配される（言語はその産物、開示）。特殊論の部分においてはすべてが数量的成果で、ラプラースの宇宙体系論におけるように厳密になされます。これらの各論は、自然知の一般的理念結合と同じような文学的描写を取りえないので、事実的なものだけが簡潔な文章でほとんど一覧表のように分類されるだけです。その結果、たとえば気候風土や地磁気について、熱心な読者が僅かのスペースのなかで圧縮されて見出さなければならない全成果は、多年にわたる研究だけが提供できるものです。概論的部分との形式的類似性（文体的一致）は特殊論の各章に添えられた短い序論により保たれます。オトフリート・ミュラーは彼の卓越した考古学において同じ方法にたくみに従っています。」

もとより、当初の執筆計画は一巻や二巻にまとめることはできず、配列の順序（構図）においてもそのまま実現されることはほとんどなかった。とりわけ特殊論においてラプラースの数学的叙述形式を適用することは、一般読者を視野に入れた『コスモス』のような啓蒙的科学書においては不可能であった。むしろ彼が付記として添えた所見「自然についての書物は自然そのもののような印象を呼び起こさなければならない」のとおり、完成したこの著作は最終的に四巻に膨れあがり（第五巻は千百頁に及ぶエドワルト・ブッシュマンの索引が主）、読者は深い森のなかを遍歴するように、複雑多岐にわたる叙述のなかで、しばしば道を見失う恐れを感じざるをえない。フンボルトは、それが詩的な表現に陥りがちであると同時に、分詞構文を多用しつつ、思想と感情を一つの重層文に集中する自分の文体に起因することを自覚している。しかし他方で彼は、「私の個性にねざすこの根源的悪弊が、それとならんで併存している真摯な簡素さと一般化（あえてこう言ってよければ観察の上を浮遊すること）により軽減されている」と信じている。それゆえ彼は、南米から帰国後の最初の科学的エッセイ集『自然の諸相』いらい、「いつも真実性をもって記述し、表示し、科学的に真実であってさえも、知識という無味乾燥な領域に入っていかないよう努めて」いたのである。

一般読者の理解を得るため最終的に必要とされるのは明晰な言語であって、そのためフンボルトは文筆家ファルンハーゲンの助力を積極的に求め、ゲーテ晩年の文体を指針としていた。フンボルトはみずから出版者のコッタに宛てて書いている。「私の切実な関心事は、大衆への効果、観念の普及、老齢になってから、理性と心情を同時に鼓舞するものをつくり出したという感情です。」とはいえ、天と地を反映する自然絵画『コスモス』が森羅万象そのもののように空間的かつ時間的に多方面にわたり、それを説明する言語がフンボルトの個性にねざす文体上の「悪弊」を完全に免れえないのはいかんともしがたかった。『自然の諸相』初版への序言にはさらに、「さまざまな博物学的研究テーマのこの美的な取り扱い方は、ドイツ語の柔軟な表現能力にもかかわらず、構図という大きな困難を伴っている」とも記されている。まして大著『コスモス』の歴史的価値は、いずれ時代遅れになるかもしれない科学的自然知を、ゲーテ時代の観念論的な自然観およびローマ時代のルクレティウス（前九八頃―前五五）いらいの文学的形式と結びつけたことにあった。それは著者自身が原著序言の結びにおいて洞察していたことであった。

「しかし自然研究への真の愛とその崇高な価値に鼓舞されている人は、未来における人知の完成を思い起こさせる何物によっても意気阻喪することはない。この知識の多くの重要な部分は、天体空間における諸現象においても地上の諸関係においてもすでに、ほとんど揺るぎない確固とした基盤を得ている。他の諸部分においては一般的法則が特殊な法則にとって替わり、新しいさまざまな力が探究され、元素とみなされた種々の物質が増加されたり分解されたりするであろう。自然を生きいきとその崇高な偉大さにおいて叙述し、自然学的変転が波状的に繰り返し交替するなかで不変なものを探究する試みは、それゆえ、後代においても全く無視されることはないであろう。」

そこで、この引用の後半に控え目ながら多少の自負をもって主張されている『コスモス』の不滅の部分を時代の変遷をこえて取り出し、それぞれの「現代の読者」に提供しようとする試みが第三者によりしばしば行なわれてきた。その嚆矢と目されるのは、一九〇五年頃に出版された斬新なユーゲント様式の装丁と多数の版画をほどこされたパウル・シェットラーの短縮版である。それは大部分抜粋のかたちで、第一巻の原著序言、序論的考察、第三巻と第四巻の序論、第一巻の第二序論にあたる「自然学的世界記述の限定と科学的取り扱い」、それに本論である自然絵画と自然学的世界観の歴史を部分的に顧慮している。どちらかと言えばポピュラーサイエンス的傾向かつ教訓詩的趣味を体現しているとはいえ、それは十九世紀の自然認識を世紀末の表現主義的な新しい芸術感覚と結びつけたものとして、成功した試みといわなければならないであろう。とくに既刊の二巻を要約した第三巻の序論とこれから刊行される第四巻の展望をあたえる序論を第一巻の二つの序論のあいだに挿入したのは原著者の意にかなっているに違いない。

しかしながら、ベックの比較的大部の全体をバランスよく抜粋した現代版をはじめ、テクストの途中箇所を割愛した他の版はその基準がどうしてもある程度まで主観的かつ不明確である。シェットラー版に収録されている「自然絵画」のテクストを全部除外しているとはいえ、原著第二巻の全文を一字一句省略せずに復刻している、一九一三年に刊行されたベルリンの「ドイツ叢書」所収のヴィルヘルム・ベルシェ（一八六一―一九三九）編『コスモス』は、副題の「自然学的世界記述の草案」に示されているように、第一巻の二つの序論的考察を除き本論「自然絵画」をすべて割愛する代わりに、第二巻を全部取り上げている。すなわち、本論の「自然学的世界観の歴史」だけではなく、三つの論考から成る文学史的・美術史的・熱帯植物栽培的序論「自然研究への刺激手段」をも収録し、全体として今日まで「読むにあたいする」（ハンノー・ベック）と評価されている「編者の手引き」が付されている。編者の科学史的立場は冒頭に次のように言い表されている。

「人間の精神史には、数世紀に勝る数十年の時期がある。コロンブスからマゼランまでの約三十年間は、地理学にとって明確に、先行する千年以上を意味していた。しかしこの見地から十九世紀のなかば三十年間ほど比較されてよいものはない――全自然科学における二〇年代の終わりから六〇年代の初めまでである。」いうまでもなく、アレクサンダー・フォン・フンボルトが一八二九年のロシア旅行のあと『コスモス』執筆に取りかかり、彼の没年にダーウィンの『種の起源』が出版された時期である。

第二次世界大戦後には、『コスモス』からの抜粋を含む少なくとも三つの『フンボルト選集』が出ている。ルドルフ・ツァウニック編『コスモス的自然考察』（クレーナー叢書、一九五八年）、フリッツ・クラウス編『コスモスとフマニテート』（ブレーメン、一九六〇年）、ヘルベルト・スクルラ編『自然の諸相』（第三版、ベルリン一九七七年）の後半部分。最初のものはフンボルトの著作全体を手際よく纏めているのであるが、『コスモス』からは初期の著作も顧慮する関係で「原著序言」、第一巻の「序論的考察」、第二巻の序論から第一章「自然記述――異なった時代と部族における自然感情」を収録しているだけである。これに対し第二のものは『自然の諸相』のほか、『コスモス』第一巻と第二巻の本論を含むかなりの部分、それに第三、第四、第五巻の序論をも取り上げて、この著作の全貌を具体的に示すよう努めている。最後に挙げたものは旧東独におけるフンボルト復興運動の一環として刊行されたものであって、「フンボルトの著作活動の展望」という副題のもとに、中南米旅行の個々の旅行記を初心者のために懇切丁寧に解説している。そして『コスモス』からも第一巻から第三巻まで、序論を中心にフンボルトの全体像を明らかにするため適切な最低限度の抜粋を取り入れている。

『コスモス』短縮版でもっとも大部なものは、ハンノー・ベック編『現代のためのコスモス』（シュトゥットガルト、一九七八年）である。彼にとって『コスモス』の使い物になる版は、フンボルトの出したコッタ版以後ベルシェのものしかない。しかしこの版とても、第一巻の自然絵画の主要部分と第二巻をのぞく後続の諸巻および フンボルト自身の詳細な科学的注解をいっさい欠いているため、今日の学問的要求に応えるものではない。彼みずから認めているように、フンボルトは天文学や物理学や理論化学において比較地理学におけるように専門的研究成果を上げていないため、それらの部分は省略されてさしつかえなかったのである。そこでベックは一九八九年以降ダルムシュタット版『フンボルト選集』七巻(全十冊)を出すまえに、『コスモス』前半二巻における本質的部分のみの抜粋と第三巻序論最初の文章を加味した一巻本を、現代人に生産的刺激をあたえる意味で刊行したのである。

しかし『選集』中の完璧な注解つき二巻本と比べると、この短縮版も今となってはもはや専門的な使用に堪えない。ここでも「読むにあたいする」のはベルシェのばあいと同様に、主として「編者の手引き」である。人文学的自然科学者のこの晩年の大著がはらむ問題性は、ベックにより明確に指摘されている。「フンボルトがもともと追求していたのは自然学的地理学(自然地理学)であった。これを彼は『コスモス』において比類のない文学的形式に装ったが、これは彼の青年期の地理学的・創造的力が弱まったあとで初めて、彼の晩年における著述家的円熟が許容したものであった。『コスモス』のなかで天才的な研究旅行者は地上の諸現象の賢者らしい観察者へと変容した。青年時代から計画されていた著書『自然学的地理学』を彼がもはや執筆できなかったのは、それが老学者の可能性を超えていたからである。しかし彼はそれを老年にふさわしい最高に魅力的な『コスモス』の(人文地理学的)フォルムに改鋳したのである。」

地理学者としてハンノー・ベックが、『コスモス』を当時の自然科学的認識全般の集大成とみなすことに反対し、とりわけフンボルトにおける自然地理学から人文地理学への進展に注目しているのに対し、自然哲学者であるヴィルヘルム・ベルシェはむしろ、十九世紀における不安を感じさせずにおかないほど急速な科学技術の一面的進歩に早期に警鐘を鳴らしているように見える。この短い期間における著しい研究成果として彼が列挙しているのは、エネルギー保存の法則、クラウジウスの熱力学理論、スペクトル分析、電磁気理論、ライエルによる現代地質学の基礎付け、アガシの氷河理論、細胞の発見による生物学の発達、ベアによる近代発生学、ダーウィンの進化論、ブーシェ・ド・ペルテによる洪積層年代人間（ケルト人）の発見などである。人類はこの例を見ない時期の到来により、目に見える万有の輪郭について過去三千年のあいだに予感していた以上のことを知ったといわれる。シラーとゲーテの死後、このような時代背景のなかで成立したのがフンボルトの『コスモス』である。

「さて、十九世紀後半に当たるのがまた、この万有についての、これまで人間の手によって書かれた最も注目すべき書物である。しかし正にこの本の極めて意義深いことは、それが一方で同時代の日進月歩する新機軸の新しい科学精神に担われていたと同時に、この時代を先行する時代と結びつけたことである。この時代の勝利は何かある科学分野というよりは、人類の一般的文化理想が進展するなかで美的かつ倫理的ヒューマニズムの地盤にもとづいていたのである。この時期の終わりに高齢であったこの人物は、それを老人として書いた。彼がかろうじて書き込むことができた最後のものは、発見されたばかりのエネルギー保存の法則であった。しかしこの同じ人物は成人したときすでに、シラーの文芸雑誌『ホーレン』に寄稿し、ゲーテの親友であった。『コスモス』の著者アレクサンダー・フォン・フンボルトは一七六九年に生まれ、シラーよりわずか十歳年下であった。『コスモス』の第一巻は一八四五年に、最終巻は著者の没年一八五九年に未完のまま公刊された。」

自然科学の門外漢である本書の著者も、少なくともゲーテ研究者としてこれらの言葉にまったく同感である。なぜなら、歴史のはじまりから、自然は宗教的・文学的・美術的見地からも人間の重大な関心事であって、一方的に科学技術的見地からのみ研究されるのは、人間と自然のかかわりを著しく歪めることになる。もちろん、科学者が自然を描いた詩文や絵画に親しむだけではなく、人文系の人間も多かれ少なかれ科学者による自然認識に関心を持たなければならないのは当然である。ゲーテの受容史を繙くまでもなく、この詩人を愛読し、世界観や人生観において彼から深い精神的影響を受けた内外の近代科学者は枚挙にいとまがないのである。

3　専門的科学者たちのゲーテ的自然研究への賛否

これに対し、十九世紀後半において因果論的・機械論的・実証主義的傾向の自然科学者たち、とりわけエミール・デュ＝ボア・レイモンのような生理学者が自然科学者ゲーテを口をきわめて断罪し、それゆえ間接的に同僚のフンボルト的自然科学をも批判する悪影響をおよぼした。一八八二年、すなわちゲーテの没後五十周年にたまたまベルリン大学総長となったデュ＝ボア・レイモンは悪評たかい就任演説「果てしのないゲーテ」の結びで、ゲーテにおいて詩人と比べると自然研究者は取るに足らないとして、次のように述べた。「もういい加減に後者を不問に付して、彼のことを判断力のない大衆にむかって繰り返し褒めそやすことを止め、批判的精神の持主たちの反論を喚起すべきだ。」デュ＝ボア・レイモンはとくに『色彩論』を目の敵にして「独学のディレッタントによる死産で生まれた子供だまし」と呼んでいたが、彼の師であった偉大な生理学者ヨハネス・ミュラーは少なくとも「生理的色彩」の観察結果を正しいと認めていた。科学史においては一般に、たとえばフロギストン説（燃素説）のように謬説はいつかひとりでに葬られてしまうので、彼の攻撃のきかっけとなったのはむしろ、文学史家カール・ロベルト・マンデルコウによれば、当時刊行された最初の注釈付きヘンペル版ゲーテ全集がゲーテの自然科学論集を全面的に取り上げ、在野の学者サロモン・カーリッシャーが詳しい解説と注釈を書いたことにあったといわれる。カーリッシャーは人口に膾炙していたビルショウスキーのゲーテ伝における、著者の死による未完の章「ゲーテの自然研究」をも担当していた。私見によれば、ヘンペル版の彼の詳細な注解はルドルフ・シュタイナーによるワイマール版第二部が刊行される以前に多数の資料を網羅した、啓発されるところ多い画期的な業績であったと思われるが、彼に対する批判には、ユダヤ系ドイツ人に対する個人的偏見が多少とも根底あるいは背景にあったのかもしれない。

そこで問われるのは、大学人としてのデュ＝ボア・レイモンの基本的立場である。一八七〇年の普仏戦争後の科学的実証主義、泡沫会社氾濫時代、プロイセンによるカトリック教会に対する文化闘争という時流を反映して、彼は演説のはじめに、「学生は教えたり実践したりしないと同様に政治活動などすべきではない。学生は分に応じ愛国心に燃えて、必要とあれば祖国のために死ぬべきであるが、日常の党派活動からは遠ざかっているべきである」と述べている。かつてのような非政治的教授と異なり、学生たちを国家目的のために駆り立てる愛国主義的な訓示である。彼の文学趣味は、『ファウスト』が心理的なまやかしだと指弾する一方で、「たとえいかに散文的に響こうとも、おなじく真実なのは、ファウストが（第二部において）宮廷に出仕したり、紙幣をつくりだしたり、母たちのいる四次元の世界に降りていったりせずに、グレートヒェンと結婚して自分の子供を認知したほうがいいのだ」と、かつてのニーチェのファウスト批判のように辛辣な発言を弄していることに表れている。小市民的な立場からのファウストのいかがわしい道徳性に対する非難である。

デュ＝ボア・レイモンは一切の形而上学を拒否し宗教的に不可知論を唱えていたが（第六章1）、科学的認識衝動は、マクデブルクの市長であったオットー・フォン・ゲリッケのように実用的な発電機や真空ポンプを発明するのであれば容認されるものであった。そして、ゲーテの時代遅れの自然研究を嘲っている所見も欠けてはいない。「ゲーテが愕然として背を向けたに違いないのは、始原の産出によりカント・ラプラース宇宙論に境を接するダーウィニズム、永遠このかた数学的に規定された原子の戯れによる人間の混沌からの成立という見方、寒気による世のおわりなどで、これらのイメージをわれわれの世代は、（たとえば詩人アイヒェンドルフのように）猛烈な速度の鉄道旅行になれっこになっているように平然と注視している。」それは技術と結びついた精密科学と称する新しい諸原則にもとづく自然科学的思考の思い上がった発言であって、精神史的に見ればゲーテ・シラーの高い文化の時代につづくドイツ史上最低の凡庸な時代であった。

このように浅薄なイデオロギー的時代精神が無謀な第一次世界大戦となって露呈し、第二次世界大戦を誘発する第三帝国において致命的な破綻を来したのである。それゆえ、当時の近代科学と対比し、その一方的評価からゲーテ的自然研究を過小評価するのは正鵠を得たものとはいえないであろう。とくに第二次世界大戦後の決定的な批判と思われるのは、実存主義の哲学者カール・ヤスパース（一八八三―一九六九）が一九四七年の講演「われわれの未来とゲーテ」において自然科学者ゲーテに対して下した厳しい価値判断である。彼は詩人ゲーテを多かれ少なかれ無条件に認め、ゲーテ崇拝をきっぱり否定しながらもいちおう次のように述べている。

「ゲーテにふさわしいのは、毎年彼を読むことである。さまざまな作品・書簡・対話を読みながら彼の人生に参加することである。彼はわれわれの道連れとなり、われわれの生涯のすべての時期に助けてくれる。ゲーテとともに生きることにより、われわれは本来はじめてドイツ人になり、ドイツ人となって人間となるであろう。」しかしこれは、そのような生き方を今後の指針として否定するためである。「問題は、われわれがゲーテの限界をわれわれ自身のものとし、そのなかで全力を尽くしてゲーテの精神的な富を新たにしようとするのか否かということである。優れた人々は今日もなお、自分をこの理想的人間性フマニタスと同一視することが許されると信じ、そのなかでゲーテとともに成長すること以上に努力しがいのあるものはないと思っている。われわれはそれを信じない。」

ヤスパースはこうして人間ゲーテのさまざまな限界を指摘するのであるが、彼の批判の矛先が向けられるのは、とりわけゲーテの自然研究である。もちろんここでも、彼はまず自然研究者ゲーテのポポジティブな面を称揚する。「ゲーテの自然観の創造的な形成は異論の余地がない。彼の形態学、彼の色彩論、根源現象と呼ばれるものの直観により、彼は不朽のことを成しとげた。彼のこれらの言説の真理は今日あまねく認められている。」しかし形態学と色彩論のゲーテ的特質に言及することなしに、それに続いて直ちに、彼はこれらの認識が自然科学的であることを否認するのである。「しかしこの認識全体は現代特有の自然科学となんの関係もない。ゲーテにとってニュートンの名前と業績により体現されているこの科学は、彼のうちに敵対者を見出した。ゲーテは理解しなかっただけではなく、拒否したのである。驚くべきであるとともに、なんら偶然でないのは、ゲーテがここで憤激して執拗に戦い、激情のあまり、ニュートンの道徳的人格まで疑ったことである。」

ヤスパースにとって自然科学とは何よりもニュートン的科学であり、これは技術時代と直結するものであった。現代のこのような自然支配の基盤が直接の人間生活と自然界からの抽象であって、ゲーテがそれを拒否していたのは確かである。しかしその証しとして、彼が顕微鏡や天体望遠鏡を嫌悪したからというのは、彼の形態学研究や天文学への真剣な興味を知らないことからくる誤解にすぎず、彼が科学技術に理解がなかったというのも、イルメナウ鉱山開発事業のさいの詩人による経験科学的地質学研究を知らないためである。それにもかかわらずヤスパースは、自然研究者ゲーテに誤って固執するのは現実を見ないロマンティックな時代遅れの人々だけであると非難し、この点に関するゲーテ批判を次のように結んでいる。

「現代特有の考え方――それは依然として少数の者にしか保持されていないのであるが――そこから生じてきた、以前のあらゆる技術と異なる大規模な科学技術に対しゲーテが無理解であり、それを暗い予感にみちた恐れで拒否したことにより、彼はわれわれにとって、すばらしく閉鎖された、しかし過ぎ去った世界へ追いやられる。この世界は、今やとにかくわれわれの運命であり、人間の偉大さを意味するものの前で消滅している。われわれは生存しようと思うならば、この新しい未曾有の課題に立ち向かっていかなければならない。」

比較的公正な見地からの判断として、形態学的生物学者アドルフ・ポルトマン（一八九七―一九八二）によれば、「ゲーテはその自然科学的活動において自然研究の枠をこえており、この点にまさに、彼の科学的営為の偉大さと限界がある」。また精密科学の立場からゲーテの自然研究における限界とみなされるのは、レクラム版『ゲーテ自然科学論集』の編者ミヒャエル・ベーラーが指摘しているように、とりわけ次のような現代科学の諸原理からの逸脱である。

㈠　合理的知性を人間の心情と精神のさまざまな力から分離・独立させること、すなわち、感じることなしに考える能力を涵養すること。これにより、感情の関与なしに世界をありのままに考えることが必要とされる。

㈡　自然全体から個々の研究対象が分離・独立されることにより、これらは孤立した現象として単純化される。そして科学的・数学的論理のシステムと合理性により把握され、したがって意のままに操作可能になる。

㈢　人間と自然、主体と客体を仲介する自然な諸器官を排除し、人為的システムで代替する。自然的な仲介器官とは、人間が主体として自然環境と接触するさいの種々の手段、要するに客観的世界を受け入れ知覚する諸器官である。すなわち五官と言語である。

しかしながら、理性的知見の伴わない単なる物質世界は原子の数学的戯れのように混沌としている。また進化論的適者生存は倫理的に弱肉強食につながり、綜合能力を欠いた知性の専門化はおのずから研究の細分化を伴う。ドイツでは大学紛争のころ学生たちにより「ファッハイディオート」（専門バカ）ということが言われた。ところが、人間は昔から全世界において、自然と宗教的・文学的・美術的なさまざまな見地から密接なかかわりを保ってきた。いま自然がたんに合理的知性の認識対象に制限されるならば、人間と自然の関係はいかに単純化され、内容希薄となってしまうことであろうか。極端なばあい、人間は純然たる自然科学者となるために、心情と精神を失った存在でなければならないであろう。もし万一そのようなことが可能であり、実際に起こるならば、人間性の欠如した科学者はたとえば捕虜の生体解剖を平然とおこなった医学者のように、愛国主義から毒ガスを製造し原子爆弾を開発した化学者や原子物理学者たちのように、戦争目的のあらゆる自然研究をなんの良心の痛痒もなしに実行することであろう。換言すれば、「厳密に自然科学的思考の方法論がめざしているのは、(自然な)観察手段を変質化し、表記手段を(言語によらずに)非人間化することである。

ゆえにこの意味で十九世紀後半の自然科学の世界は、非人間化された、倫理なき絶対的なシステムであった。その結果、二十世紀に至りいかなる自然破壊と環境汚染が惹き起こされることになったかは、衆目の一致するところである。ナチスにより教職を追われた卓越した教育学者テオドール・リット(一八八〇―一九六二)がかつて「計数的自然科学の帝国主義的征服欲」について語ったのは、コンピューター技術がまだ発達していなかった限り、痛烈な文明批評であった。ポルトマンもエコロジーの見地から「ゲーテの控え目な謙虚な研究の仕方ではなく、攻撃的な自然研究が後代におけるわれわれ自身の時代の顔を決定した」と述べている。

これに反し、ゲーテ的自然研究の後継者かつ完成者であるアレクサンダー・フォン・フンボルトの自然科学は、ゲーテのばあいと同様に、上記三つの実証科学的原理と正反対の特徴をそなえていた。なるほど彼は、地理学者としてあくまで個別研究の枠内にとどまり、精緻な観察にもとづき、経験科学的な研究成果を発表するように心がけていた。しかし彼は自然の統一性を洞察しようとして、絶えず個々の事実の関連とその全体性を把握するように努力していた。現象の観察にもとづかないロマン主義的自然哲学と異なり、それは彼がとくに『コスモス』のなかで追求していた、経験に依拠する高次の「自然の哲学」であった（第二章4）。しかも彼は人間として、ロマン派的な生活感情を抱いて自然のなかを遍歴していただけではなく、自然のさまざまな文学的記述を愛読し、自然景観と同時に美術館を訪れて風景画を見るのを好んだ。それればかりではなく、彼の旅行記や理論的考察の随所に紀行文的な美しい自然描写が見出される。彼はまだ十九世紀の前半に生きていたとはいえ、このようなことは、純然たる実証主義的自然科学者たちのもとでは考えられないことである。

フンボルトがゲーテの科学方法論的論文「エルンスト・シュティーデンロートの精神現象解明のための心理学」（一八二四）あるいは「（ハインロート）の適切な一語（対象的）による著しい促進」（一八二三）を知っていたかどうかの所見はどこにもない。しかし、とくに「人間存在の開示された能力は、感性・理性・想像力・悟性であるが、たとえこれらの特性のうちの一つが彼の内部で優勢であっても、これらすべてを統一ある全体へと形成していかなければならないということを確信できない人がいる。（中略）こうして、いわゆる精密科学のために生まれ教育された人が、彼の理性ないし悟性の高みに到達しても、決して理解できないのは、精密な感性的空想（ファンタジー）というものがありえて、これなしには本来いかなる芸術も考えられないことである」という前者において言い表されたゲーテの見解には全く賛同したと思われる。その際、想像力は外来語「ファンタジー」のドイツ語化にすぎず、認識論的に理性が想像力にねざし、悟性が感性から生ずるというような派生的関係にあり、なんらかの形で相互に依存している。詩人の自家用機関誌『自然科学一般』誌の第一巻第一冊（一八一七）

には次のように明言されている。

「だれも容認しようとしなかったのは、科学と詩歌が一致しうるということである。科学が詩歌から発展したということが忘れ去られ、人々がよく考えようとしなかったのは、時代が変われば両者がまた親しい関係になり、互いに裨益しあい、高次の次元でふたたび出会うことがありうるということである。」

もとより、さまざまな経験的および科学的現象の観察とそれにもとづく理論構築にさいし詩的ファンタジーが主導的役割を果たしているというわけではない。しかし「精密な感性的空想」が構想力である理念的結合を含意しているとすれば、想像力は創造的ファンタジーに通じ、たとえばケプラーにおいてそうであったように、独創的な着想を生み出すことが大いに考えられる。これに着目したのが数理哲学者のエルンスト・カッシーラー（一八七四―一九四五）で、「ゲーテと数学的物理学。認識論的研究」（『理念と形態』ベルリン、一九二一年、所収）において左記のように述べている。それは詩人的科学者ゲーテだけではなく、比較地理学者フンボルトにも当てはまるものである。

「ゲーテと自然科学の争いに決着をつけるため、しばしば適用される安易な方策は、ゲーテの功績を詩的ファンタジーのなせる業とみなし、したがってそれを承認し、同時に片づけてしまったと思うことである。その際、精密科学には客観性および〈真実性〉という優位が容認される。しかし同時に、世界を把握するだけではなく、それに主観的感情で透徹し、この感情から改造する芸術家の権利も認められる。しかしながら実際には、もろもろの葛藤のこのような解決はまったく問題の表層にとどまっている。なぜなら、そこで前提にされている芸術的ファンタジーの見方はゲーテには疎遠で、そればかりでなく彼により本来の意味で克服されているからである。ここで理解されている、現実のものに対比されているような〈たんに想像されたもの〉にゲーテは詩人としてすでに、まして自然研究者として反撥していた。もちろん彼は、想像力なしに真に偉大な自然研究者は考えられないと明言している。しかし、それは〈精密な感性的空想〉であった。彼がそのさい注目していたのはリアルなものの現実性に対するファンタジーであって、彼はこれを自分のために要求していたのである。実際、彼にはいつも至るところで自然の見方の根本的誤りと思われたのは――それが立ち現れてくるのが芸術においてであれ科学においてであれ――それが現実においてはるかにかけ離れている諸要素を、〈陰鬱なファンタジーと才気ぶった神秘主義〉を用いて結び合わせようと試みる場合、――対象的なものの規則と導きから離れ、なんらかの主観的な考察方法に身をゆだねる場合である。」

4　フンボルト的自然科学研究の現代的意義

一九九九年にフンボルトの中南米旅行への出発二百周年が祝われたとき、さまざまな記念行事が催された。たとえば、その年の夏にベルリンの「文化の家」で行なわれた国際会議のさいには「アレクサンダー・フォン・フンボルト――知のネットワーク」という展示会が大きなカタログとともに企画され、また翌年にはオットマー・クレッツ著の図鑑的伝記『アレクサンダー・フォン・フンボルト　科学者・世界市民・革命的精神』が出版された。そして二〇〇四年九月十三日にはフンボルトのヨーロッパへの輝かしい帰国を祝して、有力な時事評論誌『シュピーゲル』が表紙ポートレートとマティアス・マトゥセクの巻頭論文を掲げ、彼を究極的万能の天才のドイツ的模範とたたえた。同年には、ハンス・マグヌス・エンツェンスベルガーにより初めて『コスモス』の大型一巻本も出版された。フンボルトの没後百年（一九五九年）と生誕二百年（一九六九年）のあいだに刊行された出版物は、恐らくゲーテの各種記念祭に匹敵するほど夥しい数にのぼった。

しかしながら、フンボルトに対する人気の高まりがいかに喜ばしいとはいえ、十九世紀いらいの世界を合理的に把握しようとする科学者の努力のみ促進されるならば、ドイツ十八世紀の哲学・文学・音楽・美術においてあのように豊かであった心情の陶冶が必然的にないがしろにされる恐れが多分にある。現代スイスの生物学者アドルフ・ポルトマンはそれを「精神化された感覚生活の萎縮」と呼んでいたが、フンボルトが十九世紀半ばにいわば精神的遺産として畢生の大著『コスモス』のなかで試みたことはまさに、危機に瀕した人間のコスモス世界とのバランスを回復しようとすることであったと考えられる。世界の全体性を見失い、そのため自己喪失の危機に陥った人間には、まず自然の理念的統一性が示されなければならなかった。そして、次にそれと相対する人間そのものの内部に知性および心情の全体性と統一性が再発見されなければならなかった。

一八一一年当時におけるヴィルヘルム・フォン・フンボルトの判断によれば、「弟は本来いつも自分の知見の中心におり、その限界領域のどこかに立ち止まることはなかった。彼は本当に、あらゆる方面から同時に接近できる一つのことを探究するため、すべてを包括しようとだけ努め、個々のものが孤立したままでいる限り、それを真から嫌悪していた」。

人間は原則として、理性と悟性という知的能力により外界の自然を精確に認識するだけではなく、内面に映る自然を新鮮な心情で受け止め、それをまた鋭敏な想像力ないしファンタジーを用いて創造的に再現しなければならない。両者がともに人間存在に不可欠な能動的活動である。もちろん、詩人と科学者では出発点が異なっており、ゲーテがなによりも想像力を働かせて創作し、それを科学的研究で補ったのに対し、フンボルトは知性的に科学研究を行なうかたわら、文学作品および絵画と充分に親しんだのである。率直にいえば、これは政治家であれ経済人であれ、教養ある人々が昔からだれでも感じてきた内面的欲求であり、それぞれの方向性であえて言うまでもないことである。それが種々の理由からことさら強調されなければならなくなったところに時代の精神的病弊があり、それが深層あるいは無意識にまで抑圧されると、さまざまな欲求不満やノイローゼあるいは熱狂的な独裁者崇拝の誘因になってくる。あるとき政治学者フリードリヒ・L・フォン・ラウマーに宛てて書かれていたように、知識と思考から権力が生ずると考える「宮廷民主主義者」フンボルトの科学的啓蒙主義の政治的原則は、「知識とともに思考がやって来る。思考は民衆に真剣さと力を付与する」であった。

科学者としてのフンボルトは生まれながらのリアリストであった。彼は自分が宗教的・教義的立場あるいは何かある特定の自然哲学から出発するのではなく、自分の自然研究の前提が現実体験であることを絶えず力説していた。しかし自然全体の理念的統一性を確信している彼は、広義の文学的自然体験と経験的自然研究を問題なく両立させるすべを心得ていた。たとえば、統一ある秩序という考えから、彼はカントのように美と崇高の観念を万有のなかへ導入することができた。かつてケプラーは、ゲーテが『箴言と省察』のなかで称揚しているように、外界の至るところに見出す神を自分の内面で同じように認めたいと希求したのである。こうしてフンボルトにとり、ドイツ古典主義的イデアリスムスに内包されている二重の考え方ないし見方（観念と理想）に同調するのは容易であった。「彼は先行する文学の黄金時代を鼓舞し鍛えた偉大な指導理念に共鳴した。それはヘルダーに始まりゲーテにおいて頂点に達するが、わが国の最高の遺産としてそこから究極的に文化全体に影響を及ぼすことになった。それが予期される精密科学の勝利により損なわれることは、重大な禍となりえたであろう。」（W・ベルシェ）

興味深いのは、ヴィルヘルム・フォン・フンボルトと早くから親交のあったイデアリストのシラーが、一七九四年に知り合ったばかりのまだ若い弟のアレクサンダーを駆け出しの科学者（リアリスト）として手厳しく批判していて、まさに自然研究における感性と想像力の欠如を指摘していたことである。兄からは一八一七年の手記において芸術の理解がないとまで言われていたアレクサンダーが、（第二章4）中南米探検旅行における自然体験ののち、自然の理解におけるファンタジーの役割を重んじ、文学における自然感情の表出だけではなく、美術における自然描写にも大きな注意を払うようになるのである。親友のクリスティアン・G・ケルナー宛の手紙のなかでシラーは、同年に次のように記している。

「彼の抜群の才能と倦むことのない活動にもかかわらず、私の恐れるのは、彼が彼の科学においては決してなにか偉大なことを為し遂げないだろうということである。落ち着きのない姑息な虚栄心が彼の活動全体を鼓舞しているからである。私は彼に、純粋な客観的興味のなんらの火花をも認めることができない。たとえいかに奇妙に響こうとも、莫大な素材の豊富さにもかかわらず私が彼のうちに見出すのは、感性の乏しさで、これは彼の取り扱っている研究テーマのばあい最悪のものである。彼はよく切れる剝きだしの悟性で、いつも不可測で、あらゆる点において畏敬にあたいし徹底している自然を、恥知らずに計測してしまおうとし、私の理解に苦しむ厚かましさで自分のさまざまな公式をその尺度にしてしまうが、それらは往々にして空虚な言葉、狭隘な概念にすぎない。（中略）彼には想像力がない。ゆえに彼には、私の判断によれば彼の科学に必須不可欠の能力が欠けている。なぜなら、自然はその個々の現象においてもその最高の諸法則においても直観され、感受されなければならないからである。」

酷評に近いこれらの言葉が書かれたとき、それらは多かれ少なかれ、イェーナで奇矯を装う有能な青年フンボルトに当てはまったに違いない。しかしケルナーが返信において好意的に予言していたように、豊かな感性、綜合する理性、統一する法則性など、後年『コスモス』の長所とみなされるものはすべて、シラーの厳しくとも的確な、究極的に思いやり深い批判にこたえて改善された美徳であることが判明する。『自然の諸相』の傍らに師友ゲオルク・フォルスターの姿が絶えず見え隠れしていたのに対し、晩年の主著の背後にはフンボルトから偉大なことを期待しているゲーテの光とともにシラーの影がさしていると言えるであろう。一八〇五年に死去してしまったこの犀利な批評家が若いフンボルトをやはり高く評価していたことは、彼の創刊した文芸雑誌『ホーレン』にかの「生命力あるいはロードス島の守護神物語」を寄稿する機会をあたえたことでも分かる。異常肥大した科学技術と萎縮した人文学的教養のギャップがいかに大きな危険性を秘めているかは、トーマス・マンの長編小説『ファウスト博士』において語り手ゼレーヌス・ツァイトブロームにより、天文学的数字の空虚さにことよせた超越性の不当な権利要求に対する人文学的プロテストのニュアンスをこめて言い表されている。以下の引用において、物理的な大きさ（天体のばあい直径）と精神的偉大を含意する同一の形容詞 groß はゲーテの社会小説『ヴィルヘルム・マイスターの遍歴時代』第一巻第十章に見出される「われわれが神に乞い求めるべきものは、偉大な思想と純真な心である」を示唆している。

「ピラミッドは大きい、モンブランもペーターースドームの内陣も大きい、この形容詞を一般的にむしろ道徳的・精神的世界、崇高な心と思想のために留保しておこうというのでなければ。宇宙という被造世界に関するデータは、われわれの知性を数字で爆撃して麻痺させるようなものであって、それに備わっている彗星の尾のような二ダースものゼロは、あたかもそれでもなお、尺度と悟性と何か関係があるかのようなふりをしている。この非実在的なものには、私のような者に善良・美・偉大なものとして語りかけてくるようなものは何もない。私に決して理解できないのはあのホザンナという歓呼の声で、ある種の人々は、いわゆる『神の業』によりそれらが世界の自然学である限り、その気分に駆られるのである。そもそも『それでかまわない』とでもホザンナとでも言えるようなある催し物が神の業とみなせるだろうか。私には最初のほうが二番目のより、一あるいは七のあとにくる二ダースものゼロに対する正しい返答のように見える。結局、どちらでも同じだからである。とにかく私には、一〇〇万の五乗という数字を崇拝して跪く理由はないのである。」（Ⅱ、二七）

これに対しアレクサンダー・フォン・フンボルトが、奴隷制を理論的に最初に肯定したアリストテレスの権威に逆らってまで掲げた人間学的理想は、第一章2ですでに引用したように人類の全体性であった。彼が「すべての部族は平等に自由へと定められている」ことを強調したのは、アメリカ大陸に奴隷制度がなお厳然として存続していた時代にたしかに破天荒なことであった。しかし、その背景には社会的経緯だけではなく、言語学者の兄から学んだ民族性と言語にかかわる複雑きわまる自然的かつ歴史的な問題も横たわっていた。

「ポジティブな民族学的研究が、歴史の深遠な知見にささえられて教えているのは、諸民族と、諸民族が特定の時代に用いてきた言語を比較するさいに、ひじょうに慎重でなければならないことである。征服、長い共同生活、ある他宗教の影響、さまざまな種族の混血は――たとえしばしば、少数の比較的強力で、より教化された移住者たちのもとでとはいえ――両大陸において一様に新たにされる現象を呼び起こした。すなわち、まったく異なったさまざまな語族が一つの同じ人種のもとで見出され、血統がきわめて異なる諸民族のもとで、同じ語族のさまざまな特有語法が見出されることである。アジアからの世界征服者たちが、このような諸現象にもっとも強い作用を及ぼした。言語はしかし、精神の自然学の一部である。精神はたとえ自由闊達に、幸いなる無拘束のなかで、自分の選んださまざまな方向性を、種々異なった自然学的影響のもとで絶えず追求し、地上の威力を免れようとしきりに努めても、束縛を脱することはけっして完全にはできない。なにがしか残っているのは、血統からの自然的素質、気候、晴天の青さ、島のような世界の水蒸気に曇った大気圏に属するものである。ところが、言語構造の豊かさと優美さは思想および精神の繊細な花から展開されるので、われわれが望まないのは、両方の範域、すなわち自然学的範域および知性と感情の範域を結び合わせる親密な絆があるにもかかわらず、われわれの自然画に、血統と言語の関係に関する、ここでもちろん暗示されただけの考察がそれに付与することのできる親しみ深い光と色彩が欠如することである。」(「人類と言語」)

科学者としてのフンボルトの立場は、ゲッティンゲンとハンブルクあるいはフライベルクの学生時代から不変であった。認識の基盤は経験のみ、すなわち、あらゆる感覚器官を用いた現実のものの観察と考察だけである。また水成論と火成論のように対立する見解が存在するとき、その論拠に相対的な正しさが認められないか否かを検証することである。そこから成立するのが自然絵画の哲学である。ただ自然は、彼が一八二七年にファルンハーゲン・フォン・エンゼに宛てて書いていたように、あくまで「生きいきと真実に(観察されたものと厳密に一致して)叙述されなければならない」。彼は生涯の目標として、古典主義的イデアリスムスの精神と台頭する経験科学の精神を合一しようとしたのである。とはいえ、フンボルトが『コスモス』執筆中の時代に、自然科学は精神科学としての人文学ともはや一致できないほど反自然哲学的になっていった。またそれは専門的にますます細分化し、個人の科学者が自然の全体を理念的に展望することはしだいに不可能になった。老齢のフンボルトは、四散していく糸を結びつけようといかに努力しても、時代の趨勢に抗することはもはやできなかった。総論的な原著第一巻の本論「自然絵画」と第二巻の本論「自然学的世界観の歴史」はまだ彼の最初の構想にしたがって書き下ろすことができた。ここで著者は、それまでの専門的な自然認識を知識人のために集大成すると同時に、読者の「心情を楽しませる」という目的をも追求していた。しかし、この人文学的科学者のもともとの構想も、訳出が不可能な第三巻の天文学部門、第四巻の地球学部門における特殊な研究成果の記述になると、やや逆説的ながら、他の多くの研究者との共同研究あるいはチームワークとならざるをえなかった。

科学者フンボルト個人と彼の人文学的な研究方針は、いわば専門的な研究成果の大海に呑み込まれ、これは好むと好まざるにかかわらずあらゆる方面から彼のほうに押し寄せてきたのである。彼は友人たちから寄せられた数多くの大小の寄稿を本文や注に取り入れ、感謝してその出典を記した。彼は自分の課題を依然として、「つねに真実性をもって記述し、表示しながら科学的に真実であろうとし、無味乾燥な知識の領域に入っていかない」ことにあるとした。それは自然知が高度の専門用語および数式で表される科学の聖域と通俗的なポピュラーサイエンスの領域に分裂する直前の最後の段階であった。しかしながら、そのために全四巻にわたる本文への注は専門家用の二千五百をこえる膨大な数にのぼった。また教養ある一般読者のために書き始められた『コスモス』の注解部分は、こうしていつの間にかギリシア語・ラテン語・フランス語・イタリア語・スペイン語・英語の引用で埋まるようになった。それらは、たとえ本文のなかでも、ドイツ人の刊行者によっても大部分は翻訳されないままである。

『コスモス』においてフンボルトが壮大に示したのは、結局、人間の魂のなかに外的自然が反映されること、したがって精神的なものは物体的なものから切り離されえず、物質的世界が精神的世界と分かちがたく関連していることである。これにより彼は本質的にゲーテ的な自然観を踏襲することになったが、自然の実践的研究において両者は異なった道を歩むことになった。これを見究めることが、この著作を科学史的考古学に貶めないために、二十一世紀の現代においてフンボルトのコスモス思想を研究することの意義であると考えられる。第六章２で言及したように、一九七八年から八二年にかけて五回にわたりフンボルト・コロキウムを開催したウィーンの新しい宇宙学会（Academica

Cosmologica Nova）がプロイセン科学アカデミーの委嘱で準備しているといわれる『コスモス』の総合科学的現代版が鶴首して待たれるところである。

フンボルトの遺言のように見えるのは、ある科学者の肖像画のために求められて書かれた八十七歳のフンボルトの意義深い文章である。

「繊細な心情をもった人間が若々しくも大胆に、自然の意味を推し測りたいという希望を抱いて、崇高な神の国を研究しながら予感にみちて探し廻っていると、どの地帯においても高次の精神的な享受へと刺激されるように感ずる。眼差しを上の天体空間の永遠の光に向けようと、下の有機的植物組織の細胞のなかの種々の力の静かな営みに向けようと同じである。これらの印象はひじょうに強いので、個々ばらばらに作用する。長い波乱万丈の人生のあとで老齢と体力の減退により安息がふさわしいとしても、収集したものの内実を増大し豊かにするのは、みずから獲得した成果の堆積である。また以前の研究者たちが書き記した著作とそれらを苦労して比較することである。精神は素材を自分のものにし、経験的知見が大量に築き上げたものを、少なくとも部分的に理性的認識に委ねようと努める。次の目標はそれから、自然の全体のなかに法則的なものを見つけだすことである。自然を理解しようとする科学的努力のまえで次第に、しかしたいてい後日ようやく、象徴化するさまざまな神話の積年の夢が消失していく。」

フンボルト参考文献

原　典

Alexander von Humboldt: Ansichten der Natur, mit wissenschaftlichen Erläuterungen. J. G. Cotta'scher Verlag. 1. Band (1859) und 2. Band (1860) in einem Band. Stuttgart und Augsburg.

Alexander von Humboldt Studienausgabe in 7 Bänden. Band 5. Herausgegeben und kommentiert von Hanno Beck. Wissenschaftliche Buchgesellschaft. Darmstadt 1987.

Ansichten der Natur mit wissenschaftlichen Erläuterungen. Von Alexander von Humboldt. Herausgegeben von Wilhelm Bölsche. Universal-Bibliothek 2948-2950. Verlag von Philipp Reclam jun. Leipzig o. J.

Alexander von Humboldt: Ansichten der Natur. Herausgegeben von Adolf Meyer-Abich. Universal-Bibliothek Nr. 2948. Philipp Reclam jun. Stuttgart 1969.

Alexander von Humboldt: Ansichten der Natur. Ein Blick in Humboldts Lebenswerk. Ausgewählt und eingeleitet von Herbert Scurla. 3., veränd. Aufl. Verlag der Nation. Berlin 1977.

Alexander von Humboldt: Ansichten der Natur, mit wissenschaftlichen Erläuterungen. Eine Andere Bibliothek.

編　著

Alexander von Humboldt's Reisen in Amerika und Asien. Eine Darstellung seiner wichtigsten Forschungen von H. Kletke. 4 Bände. Hasselberg'sche Verlagsbuchhandlung. Berlin o. J.

Alexander von Humboldt. Reise in die Äquinoktial-Gegenden des Neuen Kontinents. Herausgegeben von Ottmar Ette. 2 Bände. Insel Verlag. 2. Aufl. Frankfurt a. M. und Leipzig 1991.

Paul Kanut Schäfer (Hrsg.): Alexander von Humbodt. Die Wiederentdeckung der Neuen Welt. Erstmals zusammengestellt aus dem unvollendeten Reisebericht und den Reisebüchern. Carl Hanser Verlag. München/Wien 1992.

Jürgen Starbatty (Hrsg.): Alexander von Humbodt. Die Reise nach Südamerika. Vom Orinoko zum Amazonas. Lamuv Verlag. Bornheim-Merten 1985.

Hanno Beck: Alexander von Humboldts Reise durchs Baltikum nach Rußland und Sibirien 1829. Lizenzausgabe. Wissenschaftliche Buchgesellschaft. Darmstadt o. J. (1983)

Hanno Beck: Alexander von Humboldts Amerikanische Reise. Lizenzausgabe. Wissenschaftliche Buchgesellschaft. Darmstadt o. J. (1985)

Hanno Beck: Alexander von Humboldts Reise durchs Baltikum nach Rußland und Sibirien 1829. Lizenzausgabe. Edition Erdmann. Lenningen 1983.

Hanno Beck: Alexander von Humboldts Amerikanische Reise. Edition Erdmann. Lenningen 2003.

Manfred Osten: Alexander von Humboldt. Über die Freiheit des Menschen. it 2521 Inselverlag. Frankfurt am Main und Leipzig 1999.

Alexander von Humboldt: Die Kosmos-Vorträge 1827/28. Herausgegeben von Jürgen Hamel und Klaus Harro Tiemann. it 3065 Insel Verlag. Frankfurt am Main und Leipzig 2004.

書 簡

Goethe's Briefwechsel mit den Gebrüdern von Humboldt. (1795-1832) Im Auftrage von Goethe'schen Familie herausgegeben von F. Th. Bratranek. F. A. Brockhaus. Leipzig 1878.

Goethe's Briefwechsel mit Wilhelm und Alexander v. Humboldt. Herausgegeben von Ludwig Geiger. Hans Bondy Verlag. Berlin 1909.

Briefwechsel zwischen Alexander von Humbodt und Carl Gustav Jacob Jacobi. Herausgegeben von Herbert Pieper. Akademie-Verlag. Berlin 1987.

図鑑類

Halina Nelken: Alexander von Humboldt. Bildnisse und Künstler. Eine dokumentierte Ikonographie. Dietrich Reimer Verlag. Berlin. 1980.

Otto Krätz: Alexander von Humboldt. Wissenschaftler-Weltbürger-Revolutionär. Callwey Verlag. München 1997.

Stefan Fröhling/Andreas Reuss: Die Humboldts. Lebenslinien einer gelehrten Familie. Nicolaische Verlagsbuchhandlung. Berlin 1999.

Wolfgang-Hagen Hein（Hrsg.）: Alexander von Humboldt. Leben und Werk. Weisbecker Verlag. Frankfurt am Main 1985.

Alexander von Humboldt: Ansichten der Kordilleren und Monumente der eingeborenen Völker Amerikas, Paris 1810/13. Deutsche Ausgabe. Die andere Bibliothek. Eichhorn Verlag. Frankfurt am Main 2004.

H. Walter Lack: Alexander von Humboldt und die botanische Erforschung Amerikas. Prestel Verlag. München/Berlin/London/New York 2009.

伝　記

Hanno Beck: Alexander von Humboldt. Band I: Von der Bildungsreise zur Forschungsreise 1769-1804. Band II: Vom Reisewerk zum "Kosmos" 1804-1859. Franz Steiner Verlag. Wiesbaden 1959/1961.

Karl Bruhns（Hrsg.）: Alexander von Humboldt. Eine wissenschaftliche Biographie. 3 Bände. Reprint Otto Zeller Verlag. Osnabrück 1969.

Hermann Klencke: Alexander von Humboldt. Leipzig 1852.

Hermann Klencke: Alexander von Humboldt's Leben und Wirken, Reisen und Wissen. Ein biographisches Denkmal. Sechste Auflage. Zweiter Abdruck. Verlag von Otto Spamer. Leipzig 1870.

Hermann Klencke: Alexander von Humboldt's Leben und Wirken, Reisen und Wissen. Ein biographisches Denkmal.

Siebente Auflage. Zweiter verbesserter Abdruck. Verlag von Otto Spamer. Leipzig 1882. Reprint Melchior Historischer Verlag. Wolfenbüttel.

Helmut de Terra: Alexander von Humboldt und seine Zeit. F.A. Brockhaus. Wiesbaden 1959.

Douglas Botting: Alexander von Humboldt. Biographie eines großen Forschungsreisenden. Prestel Verlag. München 1974.

Herbert Scurla: Alexander von Humboldt. Sein Leben und Wirken. Verlag der Nation. Berlin 1965.

Herbert Scurla: Alexander von Humboldt. Eine Biographie. Claassen Verlag. Düsseldorf 1982.

Alexander von Humboldt: Aus meinem Leben. Autobiographische Bekenntnisse, zusammengestellt und erläutert von Kurt-R. Biermann. Urania-Verlag. Leipzig/Jena/Berlin 1987.

Alexander von Humboldt: Aus meinem Leben. Autobiographische Bekenntnisse, zusammengestellt und erläutert von Kurt-R. Biermann. Verlag C. H. Beck. München 1987.

Manfred Geier: Die Brüder Humboldt. Eine Biographie. Rowohlt Verlag. Reinbek bei Hamburg 2009.

研究書

Kurt Schleucher: Alexander von Humboldt. Preußische Köpfe. Stapp Verlag. Berlin 1988.

Kurt Schleucher: Alexander von Humboldt. Der Mensch. Der Forscher. Der Schriftsteller. Eduard Roether Verlag. Darmstadt o.J.

Hanno Beck: Einführung in die Studienausgabe, besonders Alexander von Humboldt. Schriften zur Geographie der Pflanzen. Studienausgabe Band 1. Wissenschaftliche Buchgesellschaft. Darmstadt 1989.

Adolf Meyer-Abich: Alexander von Humboldt in Selbstzeugnissen und Bilddokumenten. rm 131. Rowohlt Taschenbuch Verlag. Reinbek bei Hamburg 1967.

Kurt-R. Biermann: Alexander von Humboldt. Biographien hervorragender Naturwissenschaftler, Techniker und

Mediziner Band 47. Teubner Verlagsgesellschaft. Leipzig 1980.
Walther Linden: Alexander von Humboldt. Weltbild der Naturwissenschaft. Hoffmann und Campe Verlag. Hamburg 1940.
Friedrich Muthmann: Alexander von Humboldt und sein Naturbild im Spiegel der Goethezeit. Artemis-Verlag. Zürich und Stuttgart 1955.
Anneliese Dangel: Alexander von Humboldt. Sein Leben in Bildern. Verlag Enzyklopädie. Leipzig 1959.
Adolf Meyer-Abich: Die Vollendung der Morphologie Goethes durch Alexander von Humboldt. Ein Beitrag zur Naturwissenschaft der Goethezeit. Vandenhoeck & Ruprecht. Göttingen 1970.
Heinrich Pfeiffer (Hrsg.): Alexander von Humboldt. Werk und Weltgeltung. R. Piper & Co Verlag. München 1969.
Gerhard Harig (Hrsg.): Alexander von Humboldt. Eine Auswahl. Urania-Verlag. Leipzig/Jena 1959.
Alexander von Humboldt: Ueber einen Versuch den Gipfel des Chimborazo zu ersteigen. Herausgegeben und mit einem Essay versehen von Oliver Lubrich und Ottmar Ette. Eichborn Verlag. Frankfurt am Main 2006.
Klaus Hammacher (Hrsg.): Universalismus und Wissenschaft im Werk und Wirken der Brüder Humboldt. Vittorio Klostermann. Frankfurt 1976.
Alfred Gebauer: Alexander von Humboldt. Beginn der Südamerikareise. Seine Woche auf Teneriffa 1799. Stapp Verlag. Berlin 1985.
Alexander von Humboldt. Inspirador de una nueva ilustración de América. Patrimonio Cultural Prusiano, Berlin 1988.

啓蒙書

M. Z. Thomas: Alexander v. Humboldt erforscht die Welt. Franz Schneider Verlag. München 1957.
Volkmar Vareschi: Geschichtslose Ufer. Auf den Spuren Humboldts am Orinoko. F. Bruckmann Verlag. München 1959.

邦語文献

アレクサンダー・フォン・フンボルト『新大陸赤道地方紀行』全三巻、エンゲルハルト・ヴァイグル編、大野英二郎・荒木善太訳（岩波書店、二〇〇一／二〇〇三年）
ピエール・ガスカール『探検博物学者フンボルト』沖田吉穂訳（白水社、一九八九年）
ダグラス・ボッティング『フンボルト――地球学の開祖』西川治・前田伸人訳（東洋書林、二〇〇八年）
西川治『人文地理学入門　思想史的考察』（東京大学出版会、一九八五年）
西川治『地球時代の地理思想――フンボルト精神の展開』（古今書院、一九八八年）
手塚章編『続・地理学の古典――フンボルトの世界』（古今書院、一九九七年）
山野正彦『ドイツ景観論の生成――フンボルトを中心に』（古今書院、一九九八年）
ダニエル・ケールマン『世界の測量　ガウスとフンボルトの物語』瀬川裕司訳（三修社、二〇〇八年）
フンボルト『自然の諸相　熱帯自然の絵画的記述』木村直司編訳（筑摩書房、二〇一二年）
佐々木博『最後の博物学者　アレクサンダー・フォン・フンボルトの生涯』（古今書院、二〇一五年）
アンドレア・ウルフ『フンボルトの冒険』鍛原多恵子訳（NHK出版、二〇一七年）
W・フンボルト『教養への道――或る女友達への書簡』上・下巻、小口優他訳（モダン日本社、一九四二年）

木村直司（きむら なおじ）
1934年札幌生まれ。1965年ミュンヘン大学 Dr. phil.
現在，上智大学名誉教授，ドイツ文芸アカデミー通信会員，ウィーン文化科学研究所（INST）副会長。
著訳書：
『ヘルダー言語起源論』（大修館書店，1972年）
『ゲーテ研究 ── ゲーテの多面的人間像』（南窓社，1976年）
『続ゲーテ研究 ── ドイツ古典主義の一系譜』（南窓社，1983年）
『ゲーテ研究余滴 ── ドイツ文学とキリスト教的西欧の伝統』（南窓社，1985年）
『ドイツ精神の探求 ── ゲーテ研究の精神史的文脈』（南窓社，1993年）
『ゲーテ色彩論』（ちくま学芸文庫，2001年）その他。
『ドイツ・ヒューマニズムの原点 ── 欧州連合の精神史的背景』（南窓社，2005年）
『ドナウの古都レーゲンスブルク』（NTT 出版，2007年）
『ゲーテ・スイス紀行』（ちくま学芸文庫，2011年）
『フンボルト自然の諸相』（ちくま学芸文庫，2012年）
『ソフィアの学窓』（南窓社，2013年）
『屋根裏のコックピット』（南窓社，2015年）
『イザールアテンの心象風景』（南窓社，2016年）
『ロゴスの彩られた反映』（南窓社、2016 年）
Goethes Wortgebrauch zur Dichtungstheorie im Briefwechsel mit Schiller und in den Gesprächen mit Eckermann. Max Hueber Verlag, München 1965.
Jenseits von Weimar. Goethes Weg zum Fernen Osten. Peter Lang Verlag, Bern 1997.
Der „Ferne Westen“ Japan. Zehn Kapitel über Mythos und Geschichte Japans. Röhrig Universitäts-Verlag. St. Ingbert 2003.
Der ost-westliche Goethe. Deutsche Sprachkultur in Japan. Peter Lang Verlag, Bern 2006.
Spiegelbild der Kulturen. Philologische Wanderjahre eines japanischen Germanisten. Peter Lang Verlag. Bern 2018.

フンボルトのコスモス思想
――自然科学の世界像――
二〇一九年三月十五日発行
著　者　木村直司
発行者　岸村正路
発行所　株式会社南窓社
東京都千代田区西神田二―四―六
電　話（〇三）三二六一―七六一七
FAX（〇三）三二六一―七六二三
E-mail nanso@nn.iij4u.or.jp

ISBN 978-4-8165-0448-8

木村直司著

青少年期における精神的彷徨のあと、自立的な人生の旅を歩みはじめたミュンヘン留学時代、半世紀ちかい母校における教職活動、海外におけるさまざまな旅行体験および長い研究生活の自己反省を包括する自伝的論文集。

自伝的論文集『未名湖』

第1部　『イザールアテンの心象風景』312 頁
第2部　『ソフィアの学窓』288 頁
第3部　『屋根裏のコックピット』292 頁
第4部　『ロゴスの彩られた反映』344 頁
第5部　『フンボルトのコスモス思想』328 頁

各　四六判　本体 2500 円